김유나

- 김유나세무회계 대표세무사
- (전)경기도청 지방재정계획 심의위원
- (전)마포세무서 국세심사위원
- E-mail : kimyntax@hanmail.net
- Tel : 02) 337-1497

김정현

- 세무법인 인포택스 다산지점 대표세무사
- (전) 계양세무서 국세심사위원회 위원
- (전) 계양구청 지방세 심의위원
- E-mail : dssemu@naver.com
- Tel : 02) 549-0550

박상용

- 세무그룹다솔티앤씨 대표공인회계사
- (전)삼정회계법인, (전)안진회계법인 근무
- 상속 · 증여 및 가업승계 자문 전문
- E-mail : sangyong@dasoltnc.com
- Tel : 02) 3662-9942

박수진

- 세무법인 다솔티앤씨 소속세무사
- 건설 · 부동산 컨설팅 전문
- 양도 · 상속 · 증여 자산관리 전문
- E-mail : hq@dasoltnc.com
- Tel : 02) 588-6800

박혜경

- 세무법인 다솔티앤씨 강남지점 대표세무사
- 성균관대학교 경영학부 졸업
- (전) 성북세무서 국세심사위원회 위원
- E-mail : taxdasolphk@naver.com
- Tel : 02) 544-0159

서선진

- 투모로법무사합동 서초점 대표법무사
- 대한법무사협회 통합도산법 교수
- 서울중앙지방법원 산하 조정센터 민사조정위원
- E-mail : tomolaw@daum.net
- Tel : 02) 3471-8820

이기돌

- 콜택스 세무회계 대표세무사
- calltax 프로그램 설계
- 용산노인종합복지관 상속 증여 양도 상담위원
- E-mail : moveston@naver.com
- Tel : 031) 907-7304

이영은

- 광교세무법인 안양지점 대표세무사
- 중앙대 경영학부 및 고려대 법무대학원(석사)
- (전)대림대학교 겸임교수
- E-mail : sayyoungeun@nate.com
- Tel : 031) 459-1700

이주현

- 세무법인위더스 송파지점 대표세무사
- 고려대학교 정책대학원 졸업(석사)
- (전)한국세무사회 조세제도 연구위원
- E-mail : taxart73@gmail.com
- Tel : 02) 560-4801

조윤주

- (현)감정평가법인 태인 대표이사
- (현)세무법인 온지 세무사
- (전)국세청평가심의위원회 위원
- E-mail : taxnvalue700@gmail.com
- Tel : 02) 2168-3060

황유미

- 세무법인 다솔티앤씨 세담지점 대표
- (전)강서세무서 국세 심사위원
- (전)강서구청 지방세 심의위원
- E-mail : sedamtax@sedamtax.com
- Tel : 02) 6247-3369

세금천재 17명이 풀어쓴 리얼 케이스

자녀가 읽어주는
상속·증여

TAX CLUB 17 하이엔드 상속세 전략연구소 저

SAMIL | 삼일인포마인

누군가의 삶이 끝나는 순간, 그 뒤에는 언제나 또 다른 삶이 이어집니다.

어떤 가족은 서로의 손을 더 꼭 잡고 앞으로 걸어가고, 어떤 가족은 말하지 못한 마음을 품은 채 시간 속에서 천천히 멀어지기도 합니다.

우리는 그 갈림길에서 수없이 많은 가족을 보았습니다. 상속세라는 이름의 숫자와 규정 너머에 사람들의 숨결, 눈빛, 오래된 기억들이 조용히 숨어 있다는 것을 알게 되었습니다.

2025년 3월, 우리는 한 가지 공통된 사명을 품고 한자리에 모였다.

세무사, 회계사, 변호사, 법무사, 감정평가사까지 각 분야에서 오랫동안 이론과 실무를 갈고 닦아 온 17명의 전문가가 '스터디'라는 이름 아래 마음을 모은 이유는 단 하나였다.

"대한민국 상속세·증여세 분야의 최고 전문가가 되기 위해."

상속세는 단순히 세금을 계산하는 기술이 아니다.

가족의 역사와 감정이 담겨 있고, 세대 간 자산의 흐름을 조율하는 섬세한 예술이며, 국가의 법질서와 조세정책이 교차하는 고도의 전문 분야다.

하지만 현실에서는 부정확한 정보, 단편적인 조언, 인터넷이나 유튜브에 떠도는 오해들로 인해 많은 이들이 상속세 앞에서 두려움을 느끼고, 때로는 불필요한 갈등을 겪는다.

우리는 이러한 문제의식을 외면할 수 없었다.

그래서 가족법과 상속세·증여세 전반을 처음부터 다시 열어 공부하며, 실무와 판례, 제도 변화와 실제 사례까지 치열하게 연구했다. 상속세를 둘러싼 복잡한 법적 구조, 가족 간의 미묘한 감정선, 그리고 무엇보다 실제 삶에서 벌어지는 리얼 케이스를 중심으로, 전문가 17명이 함께 토론하고 분석하며 하나의 지식 체계를 만들어 갔다.

그 과정에서 우리는 한 가지 사실을 더 깊이 깨닫게 되었다.

상속·증여의 진짜 핵심은 재산이 아니라 가족이라는 것을

그리고 아름다운 상속은 재산을 나누는 것이 아니라 미래를 준비시키는 것이라는 진리였다.

이 책은 그런 배움과 고민 끝에 탄생했다.

세금 천재 17명이 풀어쓴 리얼 케이스 『자녀가 읽어주는 상속·증여』는 대중적인 이해를 돕

기 위해 어렵고 복잡한 상속에서 발생하는 쟁점들을 누구나 읽고 바로 활용할 수 있도록 구성한 책이다. 실제 상담·현장·분쟁·해결 사례를 바탕으로, 독자가 마치 "전문가 17명에게 직접 상담받는 듯한 경험"을 느낄 수 있도록 풀어냈다.

특히 이번 책에서는 상속을 당사자의 시각만이 아닌, 자녀의 시선에서 읽어주는 방식으로 재구성해 가족 간의 대화를 돕고, 오해를 줄이며, 더 따뜻하고 현실적인 상속 설계를 가능하게 했다.

이것은 세무 전문가가 아닌 삶의 길잡이로서, 우리가 사회에 내놓는 작은 기여이기도 하다. 앞으로도 우리는 전문성을 넘어 사람과 사람 사이, 세대와 세대를 잇는 아름다운 상속·증여 문화의 변화를 위해 계속해서 연구하고 실무경험을 나누겠다.

이 책이 그 첫걸음이며,
대한민국의 모든 가정이 갈등 없는 상속, 준비된 미래, 지혜로운 재산과 가업승계를 이루는 데 도움이 되기를 진심으로 바란다.

이 책이 독자 각자에게
"가족을 지키는 가장 따뜻한 공부"로 남기를 소망하며,
오늘도 우리는 더 나은 상속문화를 위해 묵묵히 연구를 이어간다.

2026년 2월

이강오 | TAX CLUB 17 하이엔드 상속세 전략연구소장

수석연구원

최왕규, 김소연, 곽세진, 곽준영, 권혁진, 김유나, 김정현, 박상용,
박수진, 박혜경, 서선진, 이기돌, 이영은, 이주현, 조윤주, 황유미

추천의 글

『자녀가 읽어주는 상속·증여』의 출간을 진심으로 축하합니다. 상속과 증여는 단순히 부의 대물림이라는 경제적 의미를 넘어, 한 사람의 평생이 정리되고 그 사랑과 노력이 다음 세대로 이어지는 과정을 의미합니다. 그러나 현실 속의 상속과 증여는 너무나 복잡하고 어려워서 일반 국민에게는 두려움의 대상이고, 때로는 가족 간 갈등의 진앙지이기도 합니다.

우리나라 세법은 양이 많고 체계가 난삽하며 내용이 복잡한데다가 계속 바뀌는 바람에, 일반인은 도저히 그 내용을 알 수 없고 전문가들조차 그 의미를 정확히 이해하기가 어렵습니다. 이런 마당에 때마침 상속·증여 분야의 최고 전문가 17명이 많은 노력과 정성을 들여 출간한 『자녀가 읽어주는 상속·증여』는 일반인을 위한 상속 및 증여 분야의 최고의 지침서라고 생각합니다.

이 책은 몇 가지 면에서 기존의 상속·증여 서적과는 다른 특징과 장점을 가지고 있습니다.

첫째, 이강오 'TAX CLUB 17' 소장(세무사·법학박사)을 중심으로 17명의 다양한 전문가(세무사, 공인회계사, 변호사, 법무사, 감정평가사 등)가 함께 여러 달을 치열하게 공부하고 토론·연구한 결과물이기 때문에 그 내용이 풍부하고 정확합니다.

둘째, 상속·증여에 관한 법률문제와 세무문제를 모두 다룬 알찬 내용을 담으면서도, 기존의 전문서적과 같은 구태의연한 서술을 벗어나 쉬운 문장과 그림, 표 등으로 구성되어 있기 때문에 비전문가라도 쉽게 이해할 수 있습니다.

셋째, 상속·증여 분쟁에 관한 업무경험이 풍부한 전문가 17명이 실제 취급한 사례를 토대로 책을 집필하였기 때문에, 그 내용이 생생하고 구체적이어서 많은 사람들에게 직접적이고 실질적인 도움이 되는 내용으로 구성되어 있습니다.

법을 어기면서 재산의 대물림을 꾀하는 것은 불법이지만, 가족법이나 세법을 잘 몰라서 불이익을 당하거나 안내도 될 세금을 내는 것은 어리석은 일입니다. "상속·증여의 진짜 핵심은 재산이 아니라 가족"이라는 메시지를 담고 있는 이 책은, 재산을 나누는 기술을 넘어 미래를 준비하는 지혜를 담고 있습니다. 이 책이 가족 간의 불필요한 오해를 줄이고 부모와 자녀가 함께 더 따뜻하고 현명한 미래를 설계할 수 있도록 돕는 훌륭한 길잡이가 되기를 기원합니다.

끝으로, 어려운 전문 지식을 대중의 언어로 풀어내 사회적 기여를 실천한 17명의 전문가 여러분의 노고에 찬사를 보내며, 이 책이 독자들의 많은 사랑을 받기를 기대합니다.

2026년 2월

이전오 | (전) 성균관대학교 법학전문대학원 교수
(강남대학교 세무전문대학원 특임교수, 재정경제부 세제발전심의위원장)

추천의 글

세무사·회계사·변호사·법무사·감정평가사 등 각 분야의 전문 지성이 유기적으로 결합된 이 책은, 제도와 실무를 아우르는 균형 잡힌 시각으로 상속·증여의 복잡한 난제를 한 번에 풀어줄 가장 완벽하고도 입체적인 지침서가 될 것입니다.

김윤희 | 단국대학교 대학원 겸임교수, 매경부동산사업단 자문위원단장

숫자와 규정으로만 보이던 상속·증여를, 가족의 언어와 삶의 이야기로 풀어낸 보기 드문 책입니다. 상속을 '분쟁의 끝'이 아닌 '대화와 준비의 시작'으로 이끌어 주는, 지금 우리 사회에 꼭 필요한 안내서라 자신합니다.

박민수 | 유튜브 '채널 제네시스박' 운영

제도는 공정해야 하고, 국민이 이해할 수 있어야 합니다. 이 책은 상속과 증여를 둘러싼 복잡한 제도를 삶의 언어로 풀어냅니다. 준비없는 상속이 아닌, 책임있는 선택을 돕는 의미 있는 안내서입니다.

박용진 | (전)국회의원

상속·증여는 결국 받은 것에 대한 감사와, 다음 세대에 대한 나눔의 방식을 정리하는 일입니다. 이 책은 세금을 줄이는 기술을 넘어, 가족과 사회에 무엇을 어떻게 남길 것인가를 깊이 생각하게 합니다.

박점식 | 세무사, 천지세무법인 회장

각 분야의 전문가들이 실무 경험을 녹여 준비되지 않은 상속은 왜 위험한지, 준비된 상속이 어떻게 가족을 지키는지를 차분히 보여줍니다. 상속을 고민하는 가정에 현실적인 방향을 제시해 주는 믿을 수 있는 지침서입니다.

박풍우 | 세무사, 상속세증여세 실무의 저자

자산의 가치를 매기는 전문가로서, 부(富)의 이전이 단순한 대물림을 넘어 사회적 선순환으로 이어지길 늘 소망해 왔습니다. 전문가 17인이 부모와 자녀를 잇는 가교가 되어 집필한 이 책이, 대한민국에 성숙한 상속 문화의 마중물이 되길 바랍니다.

양길수 | 감정평가사, 한국감정평가사협회 회장

부동산 현장에서 수많은 상속과 증여를 마주해 온 입장에서, 이 책은 제도와 실무를 균형 있게 짚어 준 신뢰할 만한 안내서입니다. 상속이 곧 부동산 문제로 이어지는 현실에서 중개사와 국민 모두에게 큰 도움이 될 책으로 추천합니다.

유재원 | 공인중개사협회 동작구지회장

이 책은 상속·증여를 단순한 세무 문제가 아닌 가족과 세대를 잇는 설계의 영역으로 끌어올린 보기 드문 작업입니다. 현장의 리얼 케이스와 깊이 있는 통찰이 결합되어, 전문가와 일반 독자 모두에게 큰 울림을 줍니다.

윤영미 | 한국수입협회 회장

이 책은 피상속인의 사망 순간부터 상속절차의 진행, 상속세 신고와 절세 전략, 그리고 사후 관리에 이르기까지 전 과정을 체계적으로 안내하는 완벽한 로드맵입니다. 불필요한 분쟁과 과도한 과세를 미리 예방하고, 보다 현명하고 안정적인 자산 이전을 설계하는 데 든든한 길잡이가 되어줄 것입니다.

윤태철 | 세무사, 세무법인다솔티앤씨 원주지점 대표

국민의 재산권을 수호하는 5대 전문직이 경계를 허물고 소통하며 일궈낸 소중한 기록물입니다. 법에 기반하되 치열한 실무현장의 고민과 해석이 완벽한 조화를 이루고 있어, 누구나 읽어보면 상속과 증여에 대한 공감과 배움을 얻기에 충분한 책입니다.

이강천 | 법무사, 대한법무사협회장

어렵고 멀게만 느껴졌던 상속과 증여라는 주제를, 조세전문가들의 풍부한 경험과 깊이 있는 전문성을 바탕으로 일반인의 눈높이에 맞게 풀어낸 책입니다. 이 책은 준비된 상속 설계와 가족을 지키는 든든한 지침서가 될 것이라 확신합니다

최기영 | 세무대학 4기 동기회장, (전) 강서세무서장

이 책은 상속을 개인의 문제에 그치지 않고, 우리나라 상속문화를 바꿔보자는 바람을 담아 품격 있게 풀어낸 저작입니다. 작은 인식의 변화가 큰 갈등을 막을 수 있음을 분명히 보여주며, 가문의 미래를 깊이 고민하는 분들께 정중히 권합니다.

최상석 | (주)지오라이트루미안 회장, (사)중소기업융합서울연합회 회장

세금 천재들이 구체적인 사례를 통해 자녀 입장에서 상속 및 증여에 대한 세금문제 해법을 알려준다는 관점이 너무 신선합니다. 이 책이 상속 및 증여에 대한 세금 문제로 고민하는 많은 납세자들에게 친절하고 재미있으며 유익한 가이드가 될 것으로 확신합니다.

최원석 | 서울시립대교수, (전)한국세무학회·한국납세자연합회 회장

가족의 역사와 감정을 숫자와 제도로만 보지 않고, 상속·증여를 둘러싼 진짜 고민을 따뜻하게 풀어쓴 책입니다. 실무 전문가의 치열한 연구가 녹아든 이 책은 갈등 없는 상속을 꿈꾸는 이들을 위한 필독서입니다

한원교 | 변호사, 법무법인(유한) 율촌 조세전문변호사

Contents

Part 1.
새로운 시대의 바람직한 상속세
미래의 상속세, 어떻게 변화할까?

Part 2.
상속인과 상속재산의 범위
상속, 누가 받고 어떤 재산이 포함될까?

Part 3.
상속재산의 분할
유산분배, 가족 갈등의 시작과 끝

Part 4.
상속공제
절세의 기술, 상속공제를 활용하라!

Contents

Contents

Part 11.
상속세의 신고와 납부
신고는 끝났는데, 상속세는 어떻게 내야 할까?

Part 12.
상속세(증여세) 세무조사
상속의 마무리, 피상속인의 삶의 흔적이 드러난다.

Part 1.

새로운 시대의
바람직한 상속세

미래의 상속세,
어떻게 변화할까?

상속세, 이제는 유산취득세 전환을 진지하게 논의해야 할 때다

　2025년 3월 12일, 기획재정부는 상속세 과세 방식을 현행 유산세 방식에서 유산취득세 방식으로 전환하는 방안을 발표했다. 비록 세수 감소 우려로 보류되었지만, 이번 발표는 그동안 미뤄져 왔던 상속세 구조 개편논의를 본격적으로 공론화했다는 점에서 의미가 크다.

　대한민국의 상속세는 '세계 최고 수준의 세율'이라고 비판받아왔지만, 단순히 세율 문제를 넘어 과세 방식의 구조적 한계를 먼저 살펴볼 필요가 있다. 현행 유산세 방식은 피상속인의 전체 재산을 기준으로 과세해 상속인별 취득 규모나 부담 능력을 반영하지 못한다. 반면 증여세는 이미 재산을 받은 사람 기준으로 과세하는 유산취득세 방식을 채택하고 있다. 동일한 자산 이전임에도 상속과 증여에 서로 다른 과세 방식이 적용되고 있는 셈이다.

　유산취득세 방식은 상속재산이 여러 상속인에게 분산되어 개별 과세표준이 낮아져 전체 세 부담이 줄어드는 구조다. 이는 단순한 절세 효과를 넘어 '많이 받은 사람은 많이 내고 적게 받은 사람은 적게 낸다.'라는 조세의 기본 원칙에 가장 부합하는 방식이다. 또한 다수의 OECD 국가가 이미 유산취득세 방식을 채택하고 있어 국제적 정합성 측면에서도 장점이 있다.

그런데도 정부가 전환을 주저하는 가장 큰 이유는 세수 감소에 대한 우려 때문이다. 특히 고액 자산가의 세 부담 완화 가능성이 문제로 지적된다. 그러나 상속세 부담이 과도할수록 오히려 절세 회피의 시도가 높아지며, 자산가의 해외 이주와 국부 유출로 이어질 수 있다는 역설도 존재한다. 이는 장기적으로 국가의 세수 기반을 약화시키는 요인이 된다.

이제 상속세는 더 이상 일부 고액 자산가만의 문제가 아니다. 수도권에서 주택 한두 채만 보유해도 상속세 신고 대상이 되는 현실 속에서 중산층 역시 상속세 부담을 체감하고 있다. 저출산·고령화로 전통적 세원이 감소하는 상황에서 향후 베이비붐 세대의 대규모 자산 이전은 우리 경제 구조에 중대한 영향을 미칠 것이다.

현재 정책 논의는 부의 대물림 억제를 위한 고세율 유지론과 상속세 부담 완화론이 첨예하게 대립하고 있다. 어느 한쪽만이 정답이라 할 수는 없지만, 현행 유산세 방식이 시대 변화와 조세 정의를 충분히 반영하지 못하고 있다는 점은 분명하다.

따라서 장기적으로 상속세는 유산취득세 방식으로의 전환을 검토해야 한다. 동시에 상속공제 구조와 최고세율을 현실에 맞게 재설계해 조세 형평성과 국제 경쟁력의 균형을 찾아야 한다. 상속세는 단순한 세금 문제가 아니라, 고령화·저출산 시대에 대한민국이 선택해야 할 사회적 방향을 보여주는 지표이기 때문이다. 이제는 상속세의 철학을 새롭게 정립할 시점이다. 그리고 그 출발점은 유산취득세 방식 전환에 대한 진지한 사회적 논의에서 시작될 것이다.

상속세, 언제 바뀌나요? 유산취득세 전환과 상속공제 상향 논의

✎ 상속세 개편, 언제 이루어질까?

우리나라 상속세는 1950년 「상속세법」 제정 이후 약 75년간 유산세 방식으로 운영되어왔다. 현행 체계에서는 피상속인이 남긴 전체 유산을 기준으로 세금을 산출하고, 상속인별로 안분해 부담한다. 정부는 2025년 상반기 「상속세 및 증여세법 개정안」을 국회에 제출하였으나, 세수 감소 우려와 조세 형평성 논란 등으로 현재까지는 장기 개편 과제로 논의가 이어지고 있다.

✎ 미래의 상속세, 어떻게 변화될까?

가장 큰 변화는 상속세의 과세 기준이다. 지금까지는 피상속인이 남긴 전체 재산을 기준으로 세금을 계산해 왔다. 이에 따라 상속인이 실제로 받는 금액과 관계없이 높은 세 부담이 발생하는 문제가 있었다. 앞으로는 각 상속인이 실제로 취득한 재산을 기준으로 개별 과세하는 방식으로의 전환이 논의되고 있다. 이는 상속세에 **'받은 만큼 세금을 낸다.'**라는 원칙을 반영하려는 취지이다.

✎ 유산취득세로 바꾸면 상속세 얼마나 달라질까?

상속재산 100억 원, 자녀 4명이 25억 원씩 상속받는 경우(세율은 현행세율로 가정함)

구분	유산세 체계 자녀 4명	유산취득세 체계 자녀 4명
과세표준	100억 원 – 5억 원 = 95억 원	25억 원 – 5억 원 = 20억 원
세율	50%	40%
상속세 총액	약 43억 원	약 25.6억 원 (6억 4천만 원 × 4명)
1인당 세금	약 10억 7천만 원(43억/4명)	6억 4천만 원
상속인별 취득재산	25억 원 – 10억 7천만 원 = 14억 3천만 원	25억 원 – 6억 4천만 원 = 18억 6천만 원

결과적으로 유산취득세로 개편 후에 상속인별 취득재산이 훨씬 늘어나게 된다. 상속재산이 100억 원이고 자녀 4명이 균등하게 상속받는 경우를 가정해 보면, 현행 유산세보다 개편 후 유산취득세가 훨씬 합리적이며 부담 능력에 맞는 방향이다.

✎ 상속세 개편논의, 세금 철학으로 방향을 잡아야!

상속세 개편은 단순한 세율 조정이 아니라, 세금 철학의 근본적 변화라고 할 수 있다. 전체 유산을 기준으로 한 과세에서, 각 상속인이 실제로 받은 금액을 기준으로 한 과세로 전환함으로써 '받은 만큼 납세'라는 원칙이 제도화된다.

결국 상속은 단순히 '물려주는 일'이 아니라, '어떻게 물려줄 것인가'를 설계하는 과정이다. 제도 변화가 활발히 논의되고 있는 지금은 가족 구조·자산 규모·증여 이력 등을 꼼꼼히 점검하면서 시행 시점을 반영한 전략적 상속 설계가 필요하다.

앞으로의 상속세 개편논의는 우리 사회의 자산 이전 방식을 크게 바꿀 수 있는 전환점이 될 것이며, 공정성과 형평성, 합리성을 함께 고려한 새로운 제도의 정착 여부가 중요한 과제가 될 것이다.

✎ 상속세 폐지 논쟁, 전면 폐지보다는 제도 합리화와 중장기적 대안 모색해야

상속세는 이중과세와 기업 승계 부담을 이유로 폐지를 주장하는 쪽과 부의 대물림 억제와 조세 정의를 위해 존치해야 한다는 쪽이 맞서는 대표적 사회적 논쟁이다.

폐지론은 높은 세율로 인한 국제 경쟁력 약화, 낮은 세수 기여도, 자산의 해외 유출을 핵심 문제로 지적한다. 존치론은 상속세가 자산 집중을 완화하고 편법 증여와 탈세를 억제하는 **사회적 안전장치**라고 강조한다. 국제적으로는 상속세를 유지하되 공제 확대나 가업승계 지원 등으로 부담을 조정하는 방식이 일반적이다. 한국 역시 전면 폐지보다는 제도 합리화와 중장기적 대안 모색을 통해 사회적 합의를 이뤄야 한다.

상속의 절차

✎ TAX CLUB 17 하이엔드 상속세 전략연구소 상속 절차도

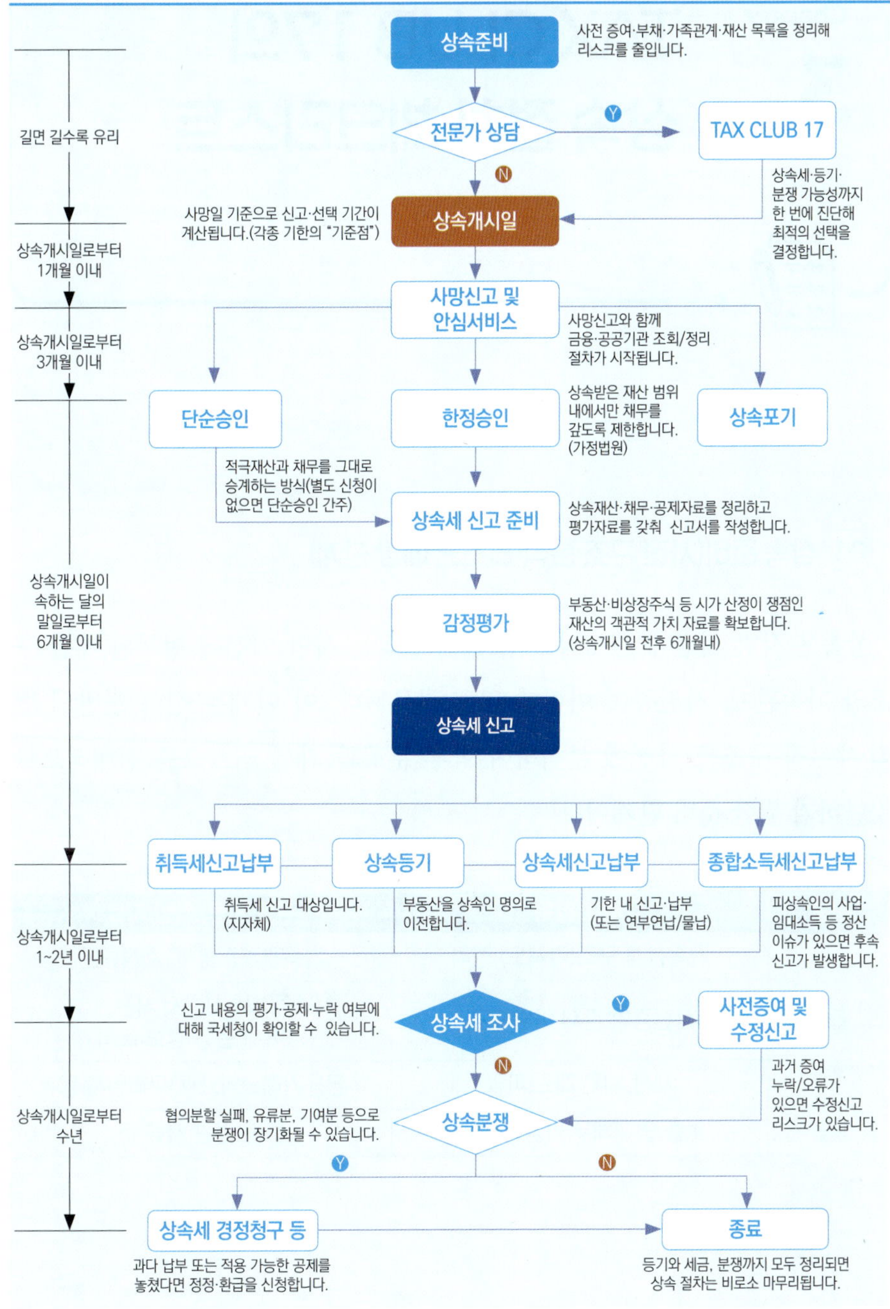

TAX CLUB 17의 상속 절차 체크리스트

01 상속 준비(사전 구조 분석·리스크 예방 단계)

상속은 사망 시점에 개시되지만, 실제 결과는 사망 이전에 형성된 재산 구조와 가족관계, 사전증여 이력에 의해 좌우된다. 이 단계는 상속 전반의 법적·세무적 구조를 사전에 분석하여 향후 분쟁과 과세 리스크를 전체적으로 차단하기 위한 준비 단계이다.

구분	체크 항목	주요 서류/확인 자료
확인	가족관계 구조(가계도) 정리	가족관계증명서, 제적등본
	사전증여 존재 여부 점검	증여세 신고서 사본, 증여세 결정 정보 조회
	재산·채무 개요 파악	금융거래요약표·채무확인서 등
판단	보증·연대채무 가능성 점검	보증 관련 서류 등

02 TAX CLUB 17인 전문가 상담(통합 설계 단계)

상속은 세무, 법무, 상속등기, 감정평가, 분쟁 대응이 동시에 얽힌 복합 절차이다. 이 단계에서는 상속 선택, 절세 전략, 분쟁 예방, 일정 관리를 하나의 로드맵으로 통합 설계한다.

구분	체크 항목	주요 서류/확인 자료
분석	상속 구조 종합진단	기초 재산 목록
판단	절세 전략 방향 설정	사전증여·간주상속 자료
	분쟁 가능성 사전 검토	가족관계·유언 관련 자료
관리	전체일정·기한 관리 계획수립	상속 타임라인

03 상속개시일(법정 기한 기준점)

상속개시일은 상속세 신고, 한정승인·상속포기 등 모든 법정 기한의 기준이 된다. 기한 누락은 실권과 가산세로 직결되므로 정확한 확정이 필수이다.

구분	체크 항목	주요 서류/확인 자료
확인	사망일 확정	사망진단서
관리	법정 기한 산정	기한 관리표

04 사망신고 및 안심상속 원스톱 서비스(1개월 이내)

사망신고는 상속 절차의 공식적인 출발점이며, 안심상속 원스톱 서비스는 재산 누락을 방지하기 위한 1차 데이터 확보 단계이다.

구분	체크 항목	주요 서류/확인 자료
실행	사망신고 완료	사망진단서
	안심상속 원스톱 서비스 신청	신청인 신분증
	사업자등록 정정	정정신청서
	국민연금, 건강보험 해지 및 청구	청구 및 해지 신청서
	신용카드 해지	해지 통지
확인	재산조회 결과확보	통합조회 결과서

05 상속 선택(3개월 이내)

상속 선택은 상속인의 법적 책임 범위를 확정하는 중대한 결정으로, 채무와 보증 관계에 대한 충분한 검토가 선행되어야 한다.

구분	체크 항목	주요 서류/확인 자료
판단	단순승인 가능성 검토	재산·채무 목록
	한정승인·상속포기 검토	채무·보증 자료
실행	가정법원 제출	법원 제출 서류

06 상속세 신고 준비(전략 설계 단계)

상속재산의 과세 범위 확정, 공제 적용 여부 판단, 평가 전략 수립을 통한 상속세 부담을 구조적으로 설계하는 핵심 단계이다.

구분	체크 항목	주요 서류/확인 자료
확인	상속재산 전수조사	등기부등본·잔액 증명서 등
	채무·공제항목 정리	부채증명서, 임대차계약서
판단	사전증여·추정상속 검토	과거 금융거래

07 감정평가(방어 증거 확보)

감정평가는 상속세 조사 및 분쟁에 대비하기 위한 방어 수단으로 평가대상과 방식의 전략적 선택이 중요하다.

구분	체크 항목	주요 서류/확인 자료
판단	감정평가 대상 선정	재산 목록
실행	감정평가 의뢰	감정평가서

08 상속세 신고(복합 절차 동시관리)

취득세, 상속등기, 상속세, 종합소득세 신고가 동시에 진행되므로 통합 관리가 필요하다.

구분	체크 항목	주요 서류/확인 자료
실행	상속재산분할협의	분할협의서
	취득세 신고·납부	취득세 신고서
	상속등기	등기서류
	상속세 신고·납부	상속세 신고서
	종합소득세 신고·납부	소득세 신고서

※ 배우자가 상속재산분할기한(상속세 신고기한부터 9개월 이내)까지 분할하고 납세지 관할 세무서장에게 신고해야 실제 상속받은 재산(법정 상속범위 내)을 배우자 상속공제를 받을 수 있다.

09 상속세 세무조사 대응

국세청 세무조사 시 재산평가자료, 사전증여자료, 금융거래 내역을 근거로 체계적으로 대응해야 한다.

구분	체크 항목	주요 서류/확인 자료
확인	조사통지 확인	조사통지서
실행	소명자료 제출	재산평가·금융 자료

10 사전증여 및 수정신고

누락이나 오류가 확인되면 선제적 수정신고를 통해서 가산세 및 추징 리스크를 최소화한다.

구분	체크 항목	주요 서류/확인 자료
확인	누락 증여 확인	증여 자료
실행	수정신고 진행	증여세 수정신고서

11 상속 분쟁 대응

유류분 및 분할 분쟁 발생 시 법무·세무 전문가가 협업하여 상속인의 권리를 보호한다.

구분	체크 항목	주요 서류/확인 자료
확인	분쟁 발생 여부 확인	협의 기록
실행	소송·조정 대응	소송 서류

12 상속세 경정청구

상속세 신고 이후 과다 납부가 확인되면 경정청구를 통해 환급받을 수 있으며, 이는 마지막 절세 기회가 될 수 있다.

구분	체크 항목	주요 서류/확인 자료
판단	과다 납부 여부 검토	신고 및 납부 내역
실행	경정청구 제출	상속세 경정청구서

13 종료(완결성 점검)

모든 절차 종료 후 상속 모든 과정에 대한 법적·세무적 완결성을 최종 점검한다.

구분	체크 항목	주요 서류/확인 자료
확인	사후관리 리스크 점검	관리 체크리스트
	문서·신고 누락 여부	전체 신고자료

상속세
계산 흐름도

 상속세 계산 흐름도

총상속재산가액
- 상속재산가액(본래의 상속재산＋간주상속재산)＋추정상속재산
※ 거주자인 경우 국내·외 모든 재산 포함

（－）

비과세 및 과세가액 불산입액
- 비과세 : 금양임야 등
- 과세가액 불산입재산 : 공익법인 등에 출연한 재산 등

（－）

공과금·장례비용 채무
- 장례비 최소 500만 원 최대 1,500만 원 공제

（＋）

사전증여재산
- 합산대상 사전증여재산(상속인 10년, 상속인 외의 자 5년, 창업자금, 가업승계주식 등은 기한 제한 없이 합산)

（↓）

상속세 과세가액

（－）

상속공제
- (기초공제＋그 밖의 인적공제)와 일괄공제(5억 원) 중 큰 금액
- 가업·영농상속공제·배우자 상속공제·재해손실공제·금융재산 상속공제·동거주택 상속공제
※ 단, 상속공제 합계 중 공제 적용 종합한도 내 금액만 공제 가능

（－）

감정평가수수료
- 감정평가법인 등의 수수료는 500만 원 한도 등

（↓）

상속세과세표준

（×）

세율

과세표준	1억 원 이하	5억 원 이하	10억 원 이하	30억 원 이하	30억 원 초과
세율	10%	20%	30%	40%	50%
누진공제	–	1천만 원	6천만 원	1억 6천만 원	4억 6천만 원

（↓）

산출세액
- (상속세 과세표준×세율) – 누진공제액

（＋）

세대생략할증세액
- 상속인 또는 수유자가 피상속인의 자녀가 아닌 직계비속(손자녀)이면 할증(30% 또는 40%) 단, 직계비속의 사망으로 손자녀에게 대습상속하는 경우 제외

（－）

세액공제 등
- 신고세액공제(3%), 증여세액공제, 단기재상속세액공제, 외국납부세액공제, 문화재 등 징수유예액

（－）

분납·연부연납 등
- 분납, 연부연납, 가업상속납부유예, 물납, 문화유산 등의 물납, 지정문화유산 등에 대한 징수유예

（↓）

자진납부할세액

상속 절차에서 반드시 발생하는 질문들 : TAX CLUB 17이 정리한 10문 10답

Q1 사망일 이후 사망신고전 예금을 인출해도 되는가?

A1 사망신고를 하기 전에 피상속인 명의의 예금을 임의로 인출하는 것은 원칙적으로 금지된다. 사망과 동시에 예금은 상속재산이므로 은행 예금은 피상속인의 재산이 아니라 상속인 전원의 공유재산이 된다.

따라서 특정 상속인 1인이 상속인 간 협의 없이 단독으로 예금을 인출하는 행위는 민사상 부당이득 또는 상속재산 처분 문제가 될 수 있다. 즉, 사망신고 전에 피상속인의 계좌에 있던 돈을 상속인 계좌로 이체 또는 인출하는 행위는 상속을 승인하는 행위로 간주될 수 있다. 만약 피상속인의 부채가 재산보다 많아 한정승인이나 상속포기가 필요한 경우라면, 계좌 이체 또는 인출하는 행위는 한정승인 상속포기에 제한을 가할 수 있으므로 상당한 주의를 요한다.

다만, 실무적으로는 장례식장 비용, 화장·매장 비용, 봉안당 비용과 병원비 미정산분의 경우는 예외적으로 상속인 전원의 이익을 위해 사용되는 상속재산 보전과 처리를 위한 필수적인 비용으로 보아 지나치게 과도한 금액이 아닌 사회 통념적인 범위 내로 인출하여 처리한다면 문제가 되지 않을 수 있다.

될 수 있는 대로 사망신고 후 금융기관별 절차에 따라 예금을 인출하거나 이체하도록 하여야 하며, 병원비나 장례비 등은 영수증과 이체 내역 등 증빙서류를 꼼꼼히 준비하는 자세가 필요하다.

Q2 **사망한 자의 인감증명서를 사망신고 직전 대리 발급받아 사용한다면 어떤 문제가 있나?**

A2 사망한 자의 인감증명을 사망신고 이전에 대리로 발급받아 사용한 후 사망신고를 하는 경우 전산시스템에 의해 전산 검색이 가능하여 인감 증명청에 의해 수사기관에 고발 조치된다. 대법원 판례에 따르면, 사망한 사람 명의의 문서를 마치 생존한 사람에 의해 작성된 것처럼 꾸몄다면 문서의 공신력을 해하므로 '사문서위조 및 동행사죄'가 성립한다고 봤다. 또한 허위 위임장을 제출하여 공무원을 속이고 인감증명을 발급받았으므로 '위계에 의한 공무집행방해죄'가 성립한다. 나아가 이 인감증명서를 사용하여 부동산 이전 등기 등 이를 사용하는 행위로 나아갔다면 '공정증서원본부실기재죄 및 동행사죄'가 추가로 적용될 수 있다. 따라서 법적 처벌이 불가피한 중범죄가 될 수 있으므로 절대로 해서는 안 된다.

Q3 상속포기와 한정승인은 언제까지 해야 하나?

A3 상속포기와 한정승인은 상속 개시가 있음을 안 날로부터 3개월 이내에 피상속인의 최후 주소지 관할 가정법원에 서면으로 신청하여야 한다. 이때 '안 날'이라 함은 상속개시일 기준이 아니고, 사망 사실과 상속인이 된 사실을 안 날이 기준이 된다.

하지만 상속 개시가 있음을 안 날로부터 3개월이 지난 경우는 단순승인으로 간주하여 상속포기와 한정승인은 불가능하다. 다만, 상속채무가 상속재산을 초과하는 사실을 중대한 과실 없이 위 기간 내에 알지 못한 경우에는 그 사실을 안 날로부터 3개월 이내에 한정승인이 가능하지만, 증명 책임의 부담이 크다.

또한 사망일부터 사망신고일 전에 예금을 인출한 경우 단순승인으로 볼 위험성이 있으므로 피상속인의 부채가 재산보다 많은 경우로서 상속포기와 한정승인을 염두에 두고 있다면 이 부분은 조심해야 한다.

Q4 상속인 간 협의 분할의 기한은 언제까지인가?

A4 상속인 간 협의분할의 기한은 별도로 정해진 것이 없고, 개시 후 수년이 지나 협의분할이 완료되어도 그 자체는 유효하다고 본다. 다만, 배우자상속공제를 받는 것과 같은 세법상의 효과는 협의분할의 기한을 매우 중요하게 보므로 주의를 요한다. 상속세 신고기한부터 9개월 이내(이하 '배우자상속재산분할기한'이라 함) 협의

분할과 등기가 이루어져야 배우자 상속공제를 최대한도인 30억 원(법정 지분한도)까지 적용받을 수 있음에 유의하여야 한다.

상속인 간의 다툼에 따른 소송 등 부득이한 사정으로 배우자상속재산분할기한까지 분할이 되지 않으면 '상속재산 미분할신고서'에 배우자상속분을 분할하지 못하는 사유를 작성하여 납세지 관할 세무서장에게 신고하여야 한다. 이처럼 부득이한 경우로 분할을 할 수 없는 경우에도 배우자상속재산분할기한(부득이한 소 제기나 심판청구 등의 경우 소송 또는 심판청구가 종료된 날)의 다음 날부터 6개월이 되는 날까지 상속재산을 분할하여 신고하여야 배우자 상속공제를 제대로 받을 수 있다.

게다가 협의 분할이 제대로 이루어지지 않아 상속세 신고만 하고 납부를 하지 않는 경우도 현실에서 많이 발생하는 바 상속재산 규모가 큰 경우 납부 지연에 대한 가산세만 해도 수억 원이 되는 때도 있으니 상속인 간 원활한 협의 분할이 꼭 필요하다.

Q5 상속 개시 이후 협의 분할에 의해 상속등기를 한 경우와 상속등기 후 상속세 신고기한을 지나서 재분할하는 경우 세법상 문제점은 무엇인가?

A5 상속 개시 후 최초로 협의 분할에 의한 상속등기를 한 경우, 특정 상속인의 법정상속분을 초과하여 재산을 취득하더라도 증여세가 부과되지 않는다. 그리고, 협의 분할에 의한 등기 이후에도 상속세 및 취득세의 신고기한 내에 재분할 협의를 통해 그 지분에 변동이 생기더라도 이를 새로운 증여행위로 보아 과세하지는 않는다. 다만, 신고기한을 지나서 재분할 협의를 다시 진행한다면, 당초 협의된 상속분을 초과하여 취득하는 부분은 상속분이 감소

된 상속인으로부터 증여받은 것으로 보아 증여세 및 증여에 해당하는 취득세까지 부과한다.

한편, 공동으로 소유하던 부동산을 대금을 받고 지분을 정리하면 양도소득세가 부과될 수 있다.

Q6 상속재산 중 금융재산과 금융부채는 협의 분할이 안 된다는 이야기가 있던데 어떻게 해야 하나?

A6 금융재산과 금융부채를 민법상 가분(可分)채권, 가분(可分)채무라고 한다. 한자대로 해석하면 분할이 가능한 채권과 채무를 의미한다. 금융재산과 금융부채는 채권·채무의 목적이 분할 가능하여 일부씩 행사하거나 이행하여도 된다. 따라서 민법에서는 가분채권인 금융재산과 가분채무인 금융부채는 상속 개시와 동시에 법정상속분에 따라 공동상속인 각자에게 귀속되는 것이므로 상속재산분할의 대상이 될 여지가 없는 것으로 보고 있다.

다만, 특정 상속인의 특별수익이 존재하거나 기여분이 인정되는 경우 등의 특별한 사정이 있다면 가분채권도 상속재산분할 대상이 될 수 있다고 대법원에서 판시한 사례가 있으며, 과거의 국세청 예규에서도 피상속인의 금융채권을 배우자가 상속받은 것으로 하는 경우 분할이 가능하다는 해석도 있다.

실무적으로 금융재산과 금융부채에 대한 상속인 간 협의분할서를 부동산과 별개로 작성하여 상속세 신고 시 제출하는 경우 과세관청에서 협의 분할된 대로 배우자 상속공제(배우자가 실제 받은 재산 기준)를 인정해주고 있으며, 민법을 근거로 이를 부인하는 사례를 경험한 바 없다.

따라서 상속재산협의분할서 작성 시 금융재산과 금융부채를 부동산 등의 협의분할서에 이를 포함하든 별도의 협의분할서를 작성하여 상속세 신고 시 제출하는 것이 협의 분할과 관련된 세법적 혜택을 받기 위한 안전한 방법으로 판단된다.

Q7 상속재산 중 부동산의 취득세 신고는 언제까지 해야 하고, 취득세 신고 시 주의사항은?

A7 상속으로 부동산을 취득한 경우의 취득세 신고기한은 상속세 신고기한과 같다. 원칙적으로 상속개시일이 속하는 달의 말일부터 6개월 이내(상속인이 비거주자일 때 9개월 이내)에 신고·납부 하면 된다. 신고·납부 의무를 다하지 않을 경우, 무신고·과소신고 가산세와 납부지연가산세가 부과될 수 있다.

무신고가산세는 납부할 세액의 20%, 과소신고가산세는 과소신고분 세액의 10%가 적용되며, 납부지연가산세는 미납세액에 지연 일수와 이자율을 곱하여 산정한다. 협의가 되지 않은 상태에서도 법정상속분에 따라 신고 및 납부를 기한 내에 할 수 있으므로 협의가 되지 않았음을 이유로 이와 같은 불이익을 피할 수는 없으므로 협의 여부와 상관없이 반드시 신고하는 것이 좋다.

신고기한 내 협의 분할이 완료되면 협의 분할 내용대로 각 상속인이 취득세 신고를 하는 것이며, 농지 외의 상속 취득세율은 2.8%(농어촌특별세 및 지방교육세 별도)이다. 특히 주택의 경우 무주택자인 상속인이 주택을 상속받으면 취득세 특례 세율 0.8%(농어촌특별세 비과세, 지방교육세 별도)를 적용받을 수 있어 절세에 도움이 된다.

예를 들어 피상속인이 1세대 1주택자로서 상속인이 자녀 3명인 경우 첫째와 둘째가 주택을 소유하고 있는데, 막내가 무주택자라고 가정을 하자. 이 경우 상속인 자녀 3명이 공동으로 상속을 받게 되면, 취득세 세율적용 시 주된 소유자의 판단은 다음과 같이 한다.

지분이 가장 큰 자 → 해당 주택 거주자 → 최연장자

만약 1/3씩 똑같이 상속받게 되는 경우 최연장자인 첫째의 소유로 보아 상속 취득세율은 2.8%를 적용하는 반면, 지분비율을 조절하여 첫째, 둘째, 막내의 지분율을 각각 33/100, 33/100, 34/100로 하여 무주택자인 막내의 지분율을 높인다면, 주된 소유자를 막내로 보아 상속 취득세율은 전부에 대하여 0.8%의 특례 세율이 적용되어 절세에 도움이 된다.

증여 취득세의 과세표준은 시가인정액으로서 감정평가금액이나 매매사례가액 등이지만, 상속 취득세의 과세표준은 공동주택공시가격 등의 시가표준액이므로 시가로 과세하는 증여 취득세보다는 상대적으로 적은 편이다.

Q8 사업을 운영하던 피상속인이 사망하였을 때 폐업 신고하지 않고, 상속인이 그 사업을 이어받아서 운영하려면 어떻게 해야 하며, 이후 세금 문제는 어떻게 되는가?

A8 피상속인이 개인사업을 운영하다가 사망을 한 경우 세법상 유의할 점은 다음과 같다.

❶ 사업자등록 정정

일반적으로 개인사업자의 경우 공동사업 등의 예외적인 경우를 제외하고 대표자 변경이 어려우므로 대표자를 변경하려면 폐업하고 신규로 사업자등록을 내야 한다. 다만, 사망 등으로 인하여 상속이 이루어지는 경우 예외적으로 사업자등록번호를 유지하면서 대표자 변경이 가능하다.

공동상속인 중 1인이 사업을 승계하면 공동상속인 중 사업 승계인을 협의하여 선정하고 대표자 변경을 하면 되며, 공동상속인 2인 이상이 사업을 승계하는 경우 공동상속인 중 주된 대표사업자를 선정한 후 출자지분 및 손익분배 비율 등이 기재된 동업계약서를 제출해야 한다.

사업자등록 정정 시 필요서류는 다음과 같다.

㉠ 사업자등록 정정신고서
㉡ 피상속인 사망진단서
㉢ 상속인 신분증
㉣ 상속재산분할협의서
㉤ 임차인을 상속인으로 변경한 사업장 부동산 임대차계약서
㉥ 신고 등 업종인 경우 영업신고필증 등

상속 개시 후 사업장을 승계하지 않는 경우 상속개시일을 폐업일로 하여 일반폐업신고와 동일하게 진행하면 된다.

❷ 부가가치세

상속이 개시된 이후 피상속인의 개인사업자가 부가가치세법상 과세사업자일 경우 부가가치세 신고를 진행하여야 한다. 부가가치세 신고 내용과 방식 등은 일반적인 경우의 부가가치세 신고와 같다.

다만, 피상속인의 사업을 폐업하는 경우 폐업일이

속하는 달의 말일부터 25일 이내에, 과세기간 개시일부터 폐업일까지의 부가가치세를 신고·납부 하여야 한다.

❸ 종합소득세

실무적으로 놓치기 쉬운 부분이다. 일반적인 종합소득세 신고는 다음 연도 5월 말까지 하는 것이지만 예외적으로 상속이 개시된 이후 피상속인의 종합소득세 신고·납부 기한은 상속세 신고·납부 기한과 마찬가지로 상속개시일이 속하는 달의 말일부터 6개월 내로 종합소득세를 계산하여 신고·납부 하여야 한다. 전자신고는 불가능하므로 서면 신고만 가능하다.

그리고 종합소득세 신고를 통하여 피상속인의 종합소득세와 지방소득세가 확정된 경우 해당 세금은 상속세 신고 시 공과금으로 반영하여 상속세를 줄이는 데 도움을 준다.

❹ 상속세

피상속인이 사망 전까지 사업장을 운영하고 있었다면 상속세 신고 시 고려해야 하는 부분이 있다. 개인재산뿐만 아니라 사업 관련 채권과 사업장의 재고자산, 유형자산 등 또한 피상속인의 상속재산가액에 포함된다. 다만, 상속개시일 현재 피상속인에게 귀속된 채권이라 하더라도 전부나 일부가 상속개시일 현재 회수 불가능할 것으로 인정되는 경우에는 소송이나 채권추심업체 의뢰 등으로 회수 불가능함을 입증하면 상속재산에서 제외할 수 있다.

또한 해당 개인사업체의 영업권이 상속재산에 포함될 수 있는데, 이를 제외하고 상속세를 신고하는 경우 추징의 위험성이 있을 수 있으므로 감정평가사에게 의뢰하거나 「상속세 및 증여세법」에 따라 영업권 가치를 평가하여 상속재산에 포함하는 것이 안전하다.

Q9 상속인 중 외국인이 있는 경우 부동산등기에 필요한 서류는 어떻게 달라질까?

A9 상속인임을 증명해야 할 서류로 제적등본, 가족관계 증명서류가 제출되어야 하는 것은 일반적인 상속등기와 동일하다. 다만, 대한민국처럼 인감증명 제도가 없는 나라가 대부분이므로 인감을 날인해야 하는 서류인 상속재산분할협의서상 공증을 받아야 하고, 주소증명 서면도 대한민국처럼 주민등록등(초)본과 같은 주소를 증명할 공문서가 없는 곳이 대부분이므로 공증서류로 준비한다. 외국 국적을 취득하면서 성명이 바뀐 경우에도 동일인임을 증명하는 서류를 공증받아 준비한다. 해당 국가가 대한민국과의 아포스티유 협약국인 경우(예: 미국, 중국, 일본, 호주, 캐나다, 싱가포르 등)에는 위와 같이 공증받은 각 서류를 아포스티유 발행 권한 기관에서 한 번 더 인증하여야 하며, 협약을 체결하지 않은 국가는 해당 국가에 주재하는 대한민국 영사관에서 인증받아야 한다.

대한민국에 외국인등록이나 국내거소신고를 한 외국인의 경우에는 외국인 등록번호나 국내 거소신고번호를 주민등록번호에 갈음하여 사용할 수 있으나, 그렇지 않은 경우에는 별도로 등기용 등록번호를 부여받아 등기부상 주민등록번호에 대용한다.

Q10 사망신고는 언제까지 해야 하며 안심상속 원스톱 서비스를 신청해야 하나?

A10 사망 사실을 안 날로부터 1개월(30일) 이내에 반드시 사망신고를 해야 한다. 법정 기한을 넘겨 사망신고를

하면 최대 5만 원 이하의 과태료가 부과된다.

상속 절차의 실질적인 출발점으로 활용할 수 있는 제도가 「안심상속 원스톱 서비스」다. 이 제도는 피상속인의 사망신고와 동시에 금융재산, 부동산, 자동차, 국세·지방세 체납 내역 등을 한 번에 조회할 수 있도록 마련되어 있다. 상속인이 개별 금융기관이나 관공서를 일일이 방문하지 않아도 상속재산의 전체적인 윤곽을 파악할 수 있어, 초기 정리 단계에서 실무 활용도가 매우 높다. 다만, 이 서비스는 어디까지나 상속재산의 존재 여부를 확인하기 위한 자료 제공 절차에 불과하다. 상속재산의 평가, 공제 적용 여부의 판단, 상속세 신고 및 납부를 대신해 주는 기능은 아니다.

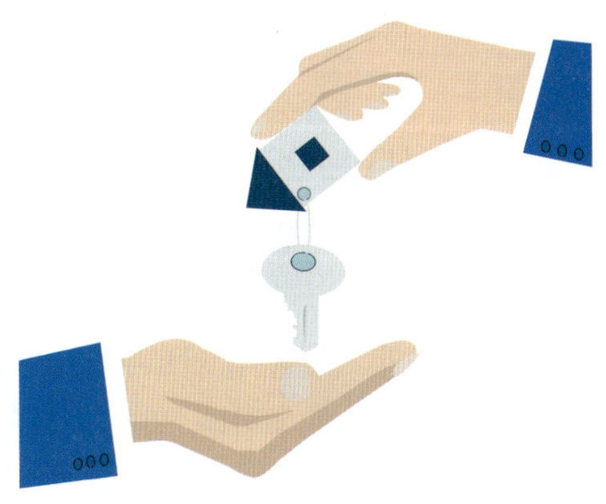

Part 2.

상속인과
상속재산의 범위

상속, 누가 받고 어떤 재산이 포함될까?

상속세 상담을 진행하다 보면 '누가 상속인이 되는가?', '어떤 재산이 상속 재산에 포함되는가?'라는 질문을 자주 받는다. 상속세는 상속인의 범위와 상속재산의 범위가 확정되는 순간 세 부담이 거의 확정되기 때문에, 이 두 요소는 상속세 실무의 핵심이자 출발점이다. 특히 생전 자금 이동이나 증여가 얽혀 있는 경우에는 상속세 세무조사를 대비해야 하므로 더욱 세심한 주의가 요구된다.

누가 상속인이 되는가?

상속인의 범위는 민법이 정한 법정상속인을 기준으로 판단한다. 피상속인의 사망과 동시에 상속이 개시되며, 사망 시점에 존재하는 법률상 가족관계가 상속권을 결정한다. 직계비속이 1순위 상속인이 되며, 직계비속이 없다면 직계존속이 2순위 상속인이 된다. 배우자는 1순위나 2순위 상속인과 공동상속인의 지위를 가진다. 1, 2순위 상속인이 없다면 형제자매, 방계혈족의 순으로 상속이 진행된다. 혼인신고가 되어 있지 않은 사실혼 배우자는 상속인이 될 수 없으며, 반대로 인지된 혼외자는 법정상속인으로 인정된다. 태아 역시 출생을 전제로 상속권을 가진다.

✎ 어떤 재산이 상속재산에 포함되는가?

상속재산이란 피상속인에게 귀속되어 있던 모든 재산을 의미하며, 금전적으로 평가할 수 있는 경제적 가치가 있는 유형의 물건뿐만 아니라 재산적 가치를 지니는 법률상·사실상의 권리까지 폭넓게 포함한다. 다만, 특정 개인에게만 귀속되는 일신전속적 권리와 같이 피상속인의 사망과 동시에 소멸하는 권리는 그 성질상 상속의 대상에서 제외된다. 상속재산의 범위를 확인할 때는 명의에 표시된 재산만을 기준으로 판단해서는 안 된다. 상속세는 실질과세 원칙이 강하게 적용된다는 점이 실무상 가장 큰 특징이다. 등기부등본이나 통장에 나타난 재산뿐 아니라, 피상속인이 사실상 관리·지배하던 재산, 사망 직전에 인출되었으나 사용처가 명확하지 않은 자금, 타인 명의로 보유한 명의신탁 재산까지도 모두 상속재산으로 판단될 수 있다. 결국 '명의상 소유자가 누구인가'보다 **'실질적으로 누구의 재산이었는가'**가 과세 판단의 핵심이 된다.

✎ 본래의 상속재산, 사전증여재산, 추정상속재산, 간주상속재산

피상속인이 생전에 보유하던 부동산, 예금, 유가증권, 비상장주식, 보증금과 같은 적극재산은 물론, 사망 전 일정 기간 내에 가족에게 증여한 재산 역시 상속세 계산에 포함될 수 있다. 상속인은 사망 전 10년 이내, 상속인 외의 자는 5년 이내에 받은 재산을 상속재산에 합산해야 하는데, 이는 사망 직전

증여를 통해 상속세를 회피하는 것을 방지하기 위한 제도다. 또한 사망을 앞두고 대규모 현금이 인출되었으나 사용처가 명확히 입증되지 않는 경우, 국세청은 이를 상속재산으로 추정하여 과세할 수 있다. 더불어 퇴직금이나 사망보험금과 같이 사망을 계기로 지급되는 금액도 상속재산으로 간주하여 과세 대상에 포함된다.

※ 사전증여재산 확인 방법

홈택스에 로그인한 후 상단 메뉴에서 '세금 신고'를 선택한다. 이어서 좌측 메뉴에서 '증여세 신고'를 클릭하고, 그 하위 메뉴 중 '증여세 결정 정보 조회'를 선택한다. 여기서 조회하고자 하는 기간과 수증자를 선택할 수 있다. 예를 들어 '신고자료별 조회'를 선택하면, 수증자별로 최근 10년간 신고된 사전증여 내역을 확인할 수 있다.

증여세 신고

증여세 신고(일반증여, 창업자금/가업승계)

신고도움 자료 조회 ∧

- **증여세 결정정보 조회**
- 시가인정 심의 진행상황 조회
- 비상장주식 보유내역 조회
- 가상자산 일평균 가격조회
- 오피스텔 및 상업용 건물
- 건물 기준시가(양도)
- 건물 기준시가(상속, 증여)

【상속세 및 증여세 사무처리규정 별지 제33호 서식】

<table>
<tr><td colspan="2">관리번호   - </td><td colspan="2" align="center">상속재산 및 사전증여재산 확인 신청서</td><td>처리기간
7일</td></tr>
</table>

상속재산 및 상속세 합산대상 사전증여재산 확인을 위해서는 신청인과 피상속인의 주민등록번호를
포함한 개인정보의 수집·이용 제공에 동의하여야 하며 이를 원하지 않을 경우 정보 제공이 불가능 합니다.

신청인 (상속인)	① 성 명		② 주민등록번호	
	③ 피상속인과의 관계		④ 관계증명서류	【 】 제출 【 】 미제출
	⑤ 전 화 번 호	(자 택)	(휴대전화)	
	⑥ 주 소		⑦ 전자우편	

※ 상속재산 및 상속세 합산대상 사전증여재산 확인 신청은 민법상 1순위 상속인(사망자의 직계비속·배우자) 중 상속인들의
　동의를 받은 상속인에 한해 신청할 수 있으며, 1순위가 없을 경우에는 2순위 상속인(사망자의 직계존속, 배우자), 1·2순위가
　없는 경우에는 3순위 상속인(형제·자매), 1·2·3순위가 없는 경우에는 4순위 상속인(4촌 이내의 방계혈족) 순으로
　상속인들의 동의를 받은 상속인에 한해 신청 가능

피상속인	⑧ 성 명		⑨ 주민등록번호	
	⑩ 주 소		⑪ 상 속 개 시 일	
신청대상	⑫	【 】 상속재산 및 상속세 합산대상 사전증여재산		
제공대상	⑬	【 】 신청인에게만 제공 【 】 상속인 전부에게 제공		

· 상속세 신고를 위한 도움자료 성격이므로 동 서비스를 통해 제공되지 않은 상속재산도 세법에
　따라 빠짐없이 상속세를 신고·납부하시기 바라며, 신청인(세무대리인 포함)은 이 건으로 취득한
　상속재산 및 상속세 합산대상 사전증여재산 조회 결과를 상속세 신고 목적 외 용도로 사용해서는
　안 됩니다.
본인은 상기 유의사항에 대해 확인하였으며, 상속재산 및 상속세 합산대상 사전증여재산 자료 제공을
신청합니다.

✎ 명의신탁 재산

우리나라 상속세 실무에서 가장 오해가 많은 부분은 명의신탁 재산이다.
부동산이나 금융자산을 자녀나 친척 명의로 보유하면서 실제로는 본인이 관
리·운영해 왔다면, 이는 세무조사에서 상속재산으로 인정될 가능성이 매우
크다. 이 경우 명의자가 누구인지는 본질적인 기준이 아니며, 자금의 원천이
누구인지, 수익이 누구에게 귀속되었는지, 그리고 실질적인 관리 주체가 누
구였는지가 핵심 판단 요소가 된다. 명의신탁 재산이 사후에 상속재산으로

편입되면 상속세 추가 부담뿐 아니라 각종 가산세까지 부과될 수 있어, 생전 정리가 꼭 필요하다.

상속세는 사망 이후 갑자기 발생하는 세금이 아니다. 생전의 재산관리 방식, 가족관계의 정리 여부, 자금의 흐름, 명의와 실질의 일치 여부 등이 이미 상속세의 결과를 상당 부분 결정하고 있다고 볼 수 있다. 따라서 상속인의 범위와 상속재산의 범위를 정확히 이해하는 일은 단순한 법률 해석을 넘어, 분쟁 없는 자산 이전과 합리적인 절세의 출발점이 된다. 상속은 누구에게나 찾아오지만, 준비의 정도에 따라 결과는 크게 달라진다. 전문가의 역할은 이러한 기본 구조를 명확히 안내하고, 생전부터 상속세 리스크를 체계적으로 관리할 수 있도록 돕는 데 있다.

수십 년 전에 돌아가신 시아버지 땅까지 한 번에 등기할 수 있을까?

M씨는 갑작스러운 남편의 사망 이후 정신없이 시간을 보내다 뒤늦게 상속 절차를 정리해야겠다는 생각에 법무사 사무실을 찾았다. 낯선 절차와 생소한 서류들 앞에서 긴장한 듯, 그녀는 손에 쥔 서류 봉투를 꼭 쥔 채 조심스레 말을 꺼냈다.

"법무사님, 남편 사망으로 상속등기를 의뢰하려고 합니다. 필요한 서류는 대부분 준비해 왔어요. 그런데 정리하다 보니 시아버지 명의로 된 땅이 하나 더 있더라고요. 남편도 생전에 그 땅이 있는 줄 몰랐던 것 같아요. 어차피 우리 아이들이 상속받을 테니, 이번 기회에 남편 명의 재산과 시아버지 명의 땅을 모두 한꺼번에 등기하면 어떨까요?"

남편의 사망으로 인한 상속등기만으로도 벅차지만, 발견된 시부 명의 재산까지 함께 처리하여 깔끔히 정리하고 싶은 마음이 M씨로서는 충분히 이해되는 상황이다. 가족으로서는 결국 모두 한 핏줄로 이어지는 재산이니, 최종적으로 손자 세대에게 넘어갈 것이라고 자연스럽게 생각할 수 있기 때문이다.

이런 요청은 실무에서 자주 접하지만, 바람대로 진행할 수는 없다. 상속은 **'사망할 때마다 각각 독립적으로 개시되는 별개의 법적 사건'**이기 때문이다. 즉, 남편의 상속과 시아버지의 상속은 법적으로 동일한 절차로 묶을 수 없고, 각각의 사망 시점에 따라 권리관계와 상속인의 범위가 달라지기 때문에 별도의 상속 절차를 거쳐야 한다.

✒️ 상속은 피상속인 사망으로 각각 개시된다.

「민법」 제997조는 **'상속은 사망으로 인하여 개시된다.'**라고 규정하고 있다. 즉, 시아버지가 돌아가신 순간 시아버지의 상속이 이미 개시되고, 그 이후 남편이 사망했다면 남편의 사망을 기준으로 또 한 번 새로운 상속이 개시되는 것이다. 이 두 사건은 시간적으로도 다르고, 발생시키는 법률관계도 완전하게 다르다.

더 쉽게 설명하면, 시아버지가 사망했을 때의 상속인은 시어머니와 그 자녀들이며, 며느리인 M씨는 여기에 포함되지 않는다. 반면 남편이 사망한 시점에서는 상황이 완전히 달라진다. 이때는 배우자인 며느리, 즉 M씨가 상속권자에 포함되며 남편의 재산에 대한 상속을 주장할 수 있다.

따라서 시아버지의 상속과 남편의 상속은 필연적으로 구별하여 정리해야 한다. 상속인이 서로 다르고, 법적 권리관계 또한 각각 독립적으로 형성되므로, 두 사건을 하나의 등기로 묶어 동시에 처리하는 것은 법적으로 불가능하다. M씨의 입장에서는 한 가계의 재산처럼 보이더라도 법은 사망마다 별개의 상속 절차를 요구하는 것이다.

✏️ 상속의 법률효과는 사망 당시의 법률을 따른다.

상속에는 **'사망한 시점의 법'**이 적용되며, 상속등기를 진행하는 시점의 법이 적용되는 것이 아니다. 예를 들어 시아버지가 1975년에 사망하고, 남편이 2025년에 사망했다면 시아버지의 상속에는 1975년의 당시 민법이, 남편의 상속에는 2025년의 현행 민법이 각각 적용된다. 이처럼 사망 시점에 따라 적용되는 법률이 달라짐에 따라 상속인의 범위, 상속지분, 배우자의 법적 지위까지 모두 달라진다.

실제로 1970년대의 당시 민법은 남녀 간 상속분을 차등하는 구조로 되어 있었다. 당시 법은 '동일 가(家) 내의 여자는 남자의 1/2, 출가한 여자는 1/4'만 상속받도록 규정했으며, 가문의 명맥을 잇는 호주승계인에는 기본 상속분의 5할을 추가로 더 주도록 하고 있었다. 가족제도가 강하게 유지되던 시대적 분위기가 반영된 규정이다.

반면, 1991년 개정된 현행 민법은 남녀평등과 가족 구성원의 공동생활을 원칙으로 삼는다. 배우자는 다른 상속인보다 5할의 상속분을 더 인정받고, 출가 여부나 성별에 따른 차별은 완벽히 폐지되었다. 시대의 가치관이 변화함에 따라 민법 역시 가족을 바라보는 기준이 근본적으로 바뀐 것이다.

✏️ 법의 변화가 보여주는 가족의 변화

1960년 신민법이 처음 시행되던 시기만 해도 우리 사회에는 유교적 가족

질서가 강하게 자리 잡고 있었다. 가(家)를 중심으로 한 호주제가 가족제도의 바탕을 이루고 있었고, 출가한 딸은 '이미 다른 집의 사람이 되었으니 본가의 상속을 받을 수 없다.'라는 인식이 사회 전반에 자연스럽게 퍼져 있었다. 당시의 상속 구조는 가문의 유지와 남성 중심의 혈통을 우선하는 관념이 깊이 반영된 결과였다.

이후 1979년에 도입된 유류분 제도는 상속법의 중요한 전환점이 되었다. 유언이나 생전 증여를 통해 특정 상속인이 지나치게 소외되는 상황을 막기 위해 법정상속분 중 일정 지분을 최소한으로 보장하는 장치를 마련한 것이다. 이는 상속인의 지위를 단순한 '가족 내 역할'이 아니라 법이 보호해야 하는 실질적 권리로 보았다는 점에서 매우 큰 의미가 있다.

1991년의 민법 개정은 상속제도가 근본적으로 변화하는 결정적 계기가 되었다. 이 개정으로 배우자의 상속분이 다른 상속인의 1.5배로 확대되었고, 성별이나 혼인 여부, 출가 여부에 따른 차별 규정은 완전히 사라졌다. 법률 체계가 드디어 **가족 내 평등과 공동생활의 원칙**을 상속 법리에 적극적으로 반영한 것이다.

상속등기에서 등기원인일은 사망일이며 세법에서 취득일의 기산점이다.

상속등기 절차에서 가장 핵심이 되는 요소는 바로 '원인일자', 즉 상속의 원인이 된 사망일이다. 부동산등기부에는 **'원인: 상속 / 원인일: 사망일'**이라는 문구가 반드시 기재되어야 하며, 이 날짜가 어떤 시점의 법을 적용하여 어떤 상속인이 권리를 갖는지, 상속지분이 어떻게 나뉘는지를 모두 결정한다.

그래서 시아버지 명의 재산을 상속등기하려면 시아버지가 사망한 날짜가 원인일자가 되고, 남편 명의 재산을 등기할 때는 남편의 사망일이 그 등기의 법적 기준점이 된다. 각각 전혀 다른 시점에 발생한 독립된 상속 사건이므로, 당연히 적용 법규도 다르고, 상속인 구성과 지분도 완전히 다를 수밖에 없다.

이처럼 상속등기는 사망일을 기준으로 촘촘하게 법률관계가 정리되는 절차이기 때문에, "어차피 최종적으로는 자녀들이 상속받을 테니 한 번에 묶어서 처리하자."라는 가족적 관점의 접근은 법적으로 허용되지 않는다.

〈시대별 상속제도 및 상속 비율 변화〉

구분	상속 비율	주요 상속원칙	예시
① 구민법 (1960. 1. 1. 이전)	장남 1, 배우자·기타 자녀 0	호주상속 1인 단독승계	호주승계 장남 1, 나머지 0
② 제정 민법 초기 (1960. 1. 1.~ 1978. 12. 31.)	① 출가 전 여자는 남자의 1/2 ② 출가한 여자는 남자의 1/4 ③ 호주승계인은 고유 분에 5할 가산 ④ 배우자는 자녀와 공동상속 시 남자의 1/2	공동상속 제도 도입. 그러나 남녀 차별 및 가적 내외를 구분하여 상속	호주승계 장남 6/15 차남 4/15 배우자 2/15 장녀(출가) 1/15 차녀(출가 전) 2/15
③ 개정 민법 (1979. 1. 1.~ 1990. 12. 31.)	① 동일 가적 내* 여자는 남자와 균등 상속 (남녀 1:1) ② 출가한 여자는 남자의 1/4 ③ 호주승계인은 고유 분에 5할 가산 ④ 배우자는 자녀와 공동상속 시 자녀 상속분에 5할 가산(1.5)	형식상 공동 상속 균등 원칙 강화 유류분 제도 도입	호주승계 장남 6/21 차남 4/21 배우자 6/21 장녀(출가) 1/21 차녀(출가 전) 4/21
④ 현행 민법 (1991. 1. 1. 이후)	① 자녀는 남녀 구분 없이 동일비율(호주제도 폐지) ② 배우자는 다른 상속인의 상속분에 5할 가산(1.5)	자녀 간 완전 평등상속 원칙 확립 호주제도 폐지	장남(호주제 폐지), 차남, 출가 장녀, 출가 전 차녀 모두 각 2/11, 배우자 3/11

*'동일 가적 내'란 상속인이 속한 가족의 같은 가문(즉, 같은 본가 또는 친가)에 함께 있는 사람을 의미한다.

유증으로 인한 취득세, 상속 취득세율 적용되는 줄 알았다간 낭패!

상속이 개시되면 일반적으로 상속인이 상속재산을 취득하게 된다. 그런데 피상속인이 유언을 통해 상속인이 아닌 손자녀나 며느리, 사위 등에게 유증을 남긴다면 이야기가 달라진다.

유증은 유언에 의한 재산 이전이며, 민법상 특정유증과 포괄유증으로 나뉜다. 특정유증은 피상속인이 특정재산을 특정인에게 남기는 유증이며, 포괄유증은 피상속인의 재산 전부 또는 일정 비율을 유증하는 것으로 상속과 유사한 법적 성질을 갖는다.

유증으로 인한 취득세는 **'누구에게' 주느냐**가 핵심이다. 「지방세법」에서는 피상속인이 상속인에게 유증한 때에만 상속으로 본다고 명시하고 있다.

즉, 손자녀나 며느리, 사위 등 상속인이 아닌 자에게 유증한 경우는 **'상속'이 아닌 '무상 취득'(증여)**으로 보아야 하며, 이에 따른 취득세도 달라진다.

구 분	취득세율(일반)	특이사항
상속인에게 포괄유증 또는 특정유증	2.8% + 교육세·농특세 (→ 약 3.16%) 단, 무주택 상속인이면 0.96% 특례 가능	취득세 과세표준은 시가표준액

구　　분	취득세율(일반)	특이사항
상속인이 아닌 자에게 특정유증	무상 취득(증여)으로 보아 3.5% 적용 다주택자 증여라면 최대 13.4%(지방교육세 및 85㎡ 초과 시 농어촌특별세 포함) 중과	감정평가액 등 '시가' 과세표준 적용

　다주택자인 피상속인이 조정대상지역 내 공시가격 3억 원 이상의 주택을 손자녀에게 유증한 경우, 이는 상속이 아닌 '증여'로 보기 때문에 12.4%(지방교육세 포함) 또는 13.4%(지방교육세 및 85㎡ 초과 시 농어촌특별세 포함)의 중과세율이 적용된다.

　또한 과세표준도 일반적인 시가표준액이 아닌 감정평가액 등 실질 시가를 기준으로 하므로 세 부담이 매우 커질 수 있다. 단순히 **"유언에 따른 증여니까 상속세율이겠지"**라고 생각했다간 예상치 못한 세금 폭탄을 맞을 수 있다.

<상속·유증시 취득세 신고·납부 기한의 차이>

구　　분	취득세 신고·납부 기한
상속	상속개시일이 속하는 달의 말일부터 6개월 이내
유증(증여로 간주)	유증일(취득일)이 속하는 달의 말일부터 3개월 이내

※ 신고기한을 넘기면 가산세가 부과되므로 반드시 기한을 지켜야 함

　유증을 통해 부동산 등을 취득할 경우 상속인 여부, 특정유증인지 포괄유증인지, 조정대상지역 소재 주택 여부, 수증자의 보유 주택 수 등을 종합적으로 고려해야 적정한 취득세율을 적용받을 수 있다.

　유언장이 있다고 해서 모두 상속 취득세율이 적용되는 것이 아님에 주의하고, 실무에서는 반드시 유증의 성격과 수증자의 지위를 따져 사전 시뮬레이션과 제때 신고하여 불필요한 가산세는 내지 않도록 하자!

상속세 부담 줄이는 똑똑한 방법, 가족 간 저가 양도 활용법

부모와 자녀 간과 같은 특수관계자 사이에서 이루어지는 자산 거래는 증여세 및 상속세와 직결되기 때문에 세심한 검토가 필요하다. 특히 저가 양도 후 양도자가 사망한 경우, 해당 거래 차액을 상속재산에 포함해야 하는지는 실무에서 자주 논란이 된다. 부모가 돌아가시기 전에 부동산을 자  녀에게 저가 양도를 한 후 금융재산으로 상속하는 경우 검토할 사항과 상속세에 미치는 영향은 다음과 같다.

✎ 특수관계자 간 저가 양도와 증여세 과세 기준

상속세 및 증여세법은 특수관계자에게 자산을 시가보다 낮은 가격에 양도하는 경우, 일정 부분을 증여로 간주한다. 다만, 다음 두 가지 금액 중 적은 금액까지는 증여세가 과세하지 않는다.

Min[시가의 30%, 3억 원]

즉, 시가와 거래가액의 차이가 위 기준 금액을 넘지 않으면 증여세가 발생하지 않는다.

✒ 사망 시 상속재산 포함 여부

문제는 저가 양도 후 양도자가 사망했을 때이다. 「상속세 및 증여세법」 제35조와 같은 법 시행령 제26조에 따르면, 증여세 과세가 이루어진 저가 양수 금액은 상속재산에 다시 가산해야 한다. 이는 부당하게 상속세를 회피하는 것을 방지하기 위함이다. 또한 국세청 유권해석에서 저가 양수로 인해 수증자에게 증여세가 과세되는 경우에는 상속재산에 포함된다고 명시하고 있다.

✒ 증여세가 과세되지 않는 경우의 쟁점

그러나 만약 저가 양도로 인해 양수자에게 증여세가 과세되지 않는 경우 상속세 과세가액에 포함해야 하는지에 대해서는 해석이 엇갈릴 수 있다. 법문상으로는 '증여세 과세 대상이 되는 경우'에 한해 상속재산에 포함하게 되어 있기 때문이다.

예를 들어, 시가 10억 원의 부동산을 자녀에게 7억 원에 양도했다고 가정해 보자.

시가 차액 3억 원은 시가의 30%와 3억 원 중 적은 금액이므로, 증여세 과세가 이루어지지 않는다. 그 후 부친이 사망했다면, 저가 양도로 인한 차액이 상속재산에 포함되지 않으므로 저가 양도 후 금융재산으로 상속하는 경우 절세효과가 있다.

위 사례를 구체적으로 계산하면 다음과 같은 차이가 발생한다.

<상속세액 비교 사례>

【단위: 원】

구　　분	부동산을 그대로 상속하는 경우 (부동산 10억 원 상속)	생전 저가 양도 후 사망 (금융재산 7억 원만 상속)
총상속재산	1,000,000,000	700,000,000
(−)일괄공제	(500,000,000)	(500,000,000)
(−)금융재산상속공제	–	(140,000,000)
(=)과세표준	500,000,000	60,000,000
(×)세율	20%	10%
(−)누진공제	(10,000,000)	–
(=)산출세액	90,000,000	6,000,000
(−)신고세액공제	(2,700,000)	(180,000)
(=)총 상속세 납부세액	87,300,000	5,820,000

결과적으로 동일한 10억 원의 재산임에도 불구하고, 상속세 부담은 8,730만 원에서 582만 원으로 줄어들어 저가 양도를 통한 절세 효과가 무려 8,148만 원에 달한다.

따라서 부모가 1세대 1주택 비과세 요건이 충족되고, 시가가 약 12억 원 정도가 되는 주택이 있으면서 부모가 건강이 악화되어 조만간 상속이 예상되는 경우 증여세가 나오지 않는 정도로 저가 양도한다면, 1세대 1주택 비과세로 양도소득세도 절세 효과가 있고 상속받는 자녀 역시 상속재산의 감소와 더불어 금융재산상속공제를 활용하면 상속세를 상당히 절세할 수 있으므로 매우 효과적인 컨설팅 방법으로 생각된다. 다만, 저가 양도로 진행하는 경우 반드시 자녀는 양도대금을 지급할 수 있을 정도의 자금이 여유가 있어야 하고, 자녀가 다주택자면 취득세가 중과될 수 있으므로 다양한 상황을 고려하면서 절세할 방법을 모색하여야 한다.

긴 병에 효자 없다, 상속인이 부담한 의료비와 기여분의 경계

M씨는 평생 성실히 살아온 가장이었다. 젊은 시절부터 가정을 위해 묵묵히 일했고, 은퇴 후에는 소박한 일상에서 손주들을 돌보며 여생을 보냈다. 그러나 몇 년 전부터 건강이 급격히 나빠져 병원 신세를 지게 되었고, 결국 장기간의 투병 끝에 세상을 떠났다.

삼 남매 중에서도 큰딸은 누구보다 가까이에서 아버지를 돌봤다. 직장을 그만두고 부모님 집으로 들어가 간병을 맡았으며, 병원비와 간병비도 대부분 본인의 통장에서 지출했다. 가족들은 그녀의 헌신을 진심으로 고마워했지만, 막상 상속세 신고를 준비하는 과정에서 예상치 못한 문제가 눈앞에 나타났다.

"아버지를 병간호하면서 내가 쓴 돈, 상속세 계산에서 공제받을 수는 없을까?"

큰딸의 이 질문은 단순한 호소가 아니라, 그녀가 실제로 부담한 비용에 대한 정당한 권리 주장에 가까웠다. 하지만 눈앞에 놓인 세법의 장벽은 생각보다 훨씬 높고 단단했다.

✎ 상속인인 자녀가 생전에 부모 부양을 위해 지출한 비용은 상속세에서
공제되지 않는다.

피상속인이 생존해 있던 동안 이미 지출된 치료비, 간병비, 요양시설 이용료 등을 상속인이 대신 부담한 경우, 상속세 계산 시에는 이를 공제할 수 없다. 다만, 피상속인이 직접 부담한 비용이라면, 사용처가 소명되는 한 추정상속재산에서 제외될 수 있다.

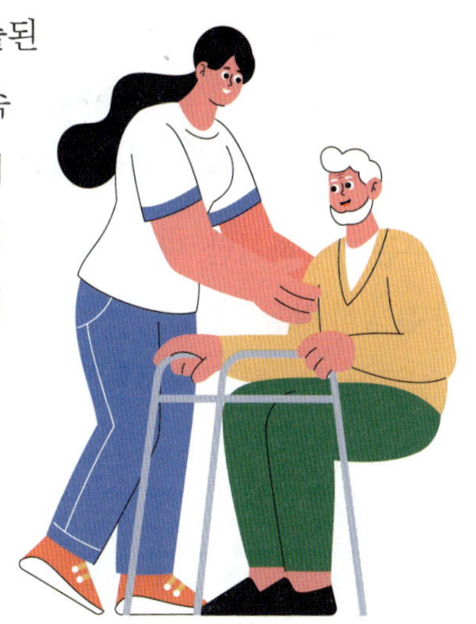

상속재산에서 공제되는 금액은 사망 이후, 즉 상속 개시 시점에 남아 있는 피상속인의 채무와 공과금이 적용될 뿐 생전에 지출된 금액은 이미 피상속인의 재산에서 빠져나갔기 때문에 공제 대상이 아니다.

따라서 큰딸이 본인의 돈으로 아버지의 치료비를 지출했다면, 이는 세법상 피상속인의 채무가 아니라 **상속인의 부양의무**에 따라 발생한 본인의 부담으로 보아 상속재산에서 공제되지 않는다.

✎ 피상속인의 사망 시 지급되지 않은 병원비, 카드 대금 등은 상속인이
부담하므로 채무로 공제된다.

다만, 예외는 있다. 피상속인이 사망할 때까지 결제하지 못한 미지급 병원비나 요양비가 남아 있는 경우, 이는 상속채무로 인정되어 상속재산에서 차감할 수 있다.

이 경우 반드시 병원이나 요양 기관, 간병인에게 실제로 지급되지 않은 채무임이 객관적으로 입증되어야 하며, 사망일 현재 미결제 금액이 명확히 존재해야 한다.

즉, **'아버지 명의로 남아 있는 채무는 가능하지만, 딸이 대신 결제한 비용은 공제 대상이 아니다.'**라는 원칙이 분명히 작동한다.

실무에서는 이 부분이 자주 혼동된다. 상속세 신고 시 '간병비'라는 항목으로 비용을 넣어 제출하는 사례가 있지만, 대부분 국세청은 이를 인정하지 않는다.

과세관청의 입장은 일관된다. 상속세는 피상속인의 재산 변동을 기준으로 부과되는 세금이며, 자녀의 효심이나 헌신은 세법이 평가하는 영역이 아니다. 결국 생전에 자녀가 부담한 간병비는 아무리 많더라도 공제되지 않으며, 공제받을 수 있는 것은 피상속인 명의로 남아 있는 실제 미지급 채무에 한정된다.

✎ 세법의 한계를 민법이 보완한다, '기여분 제도'

그러나 세법이 인정하지 않는 영역을 민법은 또 다른 방식으로 열어두고 있다. 바로 기여분 제도다.

기여분은 공동상속인 중 한 사람이 피상속인의 재산 유지나 증가에 특별한 기여를 한 경우, 그 기여도를 상속분에 반영해 더 많은 지분을 인정받도록 하는 제도다.

즉, 세금에서는 공제받지 못하더라도, 상속재산을 나누는 단계에서는 "나는 더 기여했으니 더 받아야 한다"라는 정당한 주장이 가능해지는 것이다.

큰딸의 사례처럼 장기간 부모를 간병하고, 실질적으로 의료비·간병비를 부담한 경우는 전형적인 기여분 인정 유형에 해당한다. 실제로 대법원 역시 여러 판례에서 "부모의 병간호를 장기간 전담하며 간병비를 부담한 자녀는 피상속인의 재산이 감소하지 않도록 하는 데 특별히 기여한 것으로 볼 수 있다"고 일관되게 판시해 왔다.

✍ 입증이 관건, 증거로 남아야 권리가 된다.

다만, 기여분을 주장하기 위해서는 단순한 말이나 가족 간의 공감만으로는 부족하다. 실제로 피상속인의 재산 유지나 감소 방지에 이바지했다는 사실을 객관적으로 입증할 수 있는 자료가 꼭 필요하다. 예를 들어 병원비와 간병비 영수증, 계좌이체 내역, 간병인 급여 지급 증빙, 장기 요양 서비스 이용 내역, 가족 간 간병비 부담에 관한 합의서 등은 모두 중요한 증거로 작용한다. 이러한 자료가 충분히 확보된다면 상속재산분할 협의 과정에서 유리한 위치를 점할 수 있으며, 협의가 결렬돼 소송으로 이어질 때 더 높은 상속분을 인정받을 가능성이 커진다.

결국 상속세 단계에서는 간병비나 의료비를 공제받을 수 없지만, 민법의 기여분 제도를 통해 그 헌신이 법적으로 보상될 길은 여전히 열려 있다. 따라서 실제로 부모를 위해 헌신한 가족이라

면 세법적 관점만 바라볼 것이 아니라 민법적 제도를 활용해 실질적인 권리
를 보호해야 한다.

　'긴 병에 효자 없다'라는 말이 있지만, 세금과 법의 세계에서는 의미가 조
금 다르다. 효심이 증빙으로 남는다면, 그 헌신은 곧 법적 권리로 이어진다.
누군가의 정성과 희생이 단지 '효도'로 끝나는 것이 아니라, 상속 과정에서
정당한 평가로 되돌아올 수 있다는 점이 현대 민법의 진화된 모습이라 할 수
있다.

Chapter 5.
아버지 임종이 임박했는데 아파트를 팔아야 할까?

M씨의 아버지는 폐암 선고 후 아파트를 30억 원에 팔아 빚을 모두 갚고, 남은 10억 원 중 의료비 2억 원을 제외한 금액을 자녀들에게 각각 2억 원씩 나눠주며 다투지 말라는 유언을 남겼다. 한 달도 지나지 않아 아버지가 돌아가시자, M씨는 남은 재산이 거의 없다고 생각해 상속세 신고가 필요 없을 것이라 여겼다. 혹시나 하는 마음에 세무사를 찾았다. 세무사의 설명은 예상 밖이었다. 갑자기 하늘이 노래졌다. 세무사는 과연 무슨 말을 했을까?

✎ 사망 직전에 부동산 팔아도 될까?

아버지가 돌아가시기 전에 부동산 매매의 잔금 청산이 이미 이루어졌으면 그 시점에서 양도소득세를 납부해야 한다. 그리고 해당 매매대금이 예금 형태로 남아 있다면, 이는 상속개시일 현재 존재하는 재산으로 보아 상속재산에 포함되어 상속세가 과세된다.

다만, 매매대금의 사용처가 분명하지 않으면 **추정상속재산**으로 보아 과세될 수 있으므로 자금의 흐름과 사용처를 명확히 소명해야 한다는 점도 유의해야 한다.

반면, 상속이 이루어진 후 상속인이 6개월 이내에 해당 부동산을 매도하는 경우 상황이 달라진다. 이 경우에는 양도소득세가 발생하지 않는다.

구체적으로 보면, 상속받은 부동산을 아버지가 돌아가신 날로부터 6개월 이내에 매도하면, 그 양도가액이 상속재산가액으로 인정되고, 동시에 그 금액이 다시 취득가액이 된다.

결과적으로 양도가액과 취득가액이 같아져 양도차익이 발생하지 않으므로, **양도소득세는 '0원'**이 된다.

일반적으로는 양도소득세보다 상속세가 각종 공제 제도를 통해 세 부담을 줄이기 쉬운 구조이기 때문에, 양도차익이 큰 부동산일수록 아버지가 돌아가신 후 6개월 이내에 매도하는 것이 세금 측면에서는 유리한 경우가 많다.

✎ 아버지가 돌아가시기 전에 부득이하게 팔아야 한다면

병원비 등 긴급한 자금이 필요하거나 상속세 재원을 마련해야 하는 상황에서, 아버지가 돌아가시기 전에 부득이하게 상속재산을 매각해야 하는 경우가 있을 수 있다. 이때는 가능한 한 양도소득세 부담이 적거나 비과세되는 부동산, 또는 양도차익이 상대적으로 작은 부동산을 먼저 매각하는 것이 유리하다. 예를 들어, 1세대 1주택 비과세 요건을 충족하는 주택이나 장기보유특별 공제 적용이 가능한 부동산을 활용하면 세금 부담을 최소화할 수 있다.

매각대금은 아버지 명의 계좌에 입금하고, 실제 사용 내역을 상세히 기록 해 두는 것이 중요하다. 국세청 등에서 처분재산의 사용처를 확인할 수 있으 므로 매각대금이 병원비, 생활비, 상속세 재원 등으로 사용되었음을 증빙할 수 있어야 한다. 이러한 기록은 추후 상속세 세무조사 과정에서 재산 소명을 위한 중요한 자료가 된다.

남은 예금은 상속재산으로 편입되어 상속세 과세 대상이 되지만, 금융재산 상속공제를 활용하면 상속세 부담을 상당 부분 줄일 수 있다. 따라서 매각대 금을 활용해 병원비 등 긴급 자금을 충당하는 동시에, 남은 재산을 상속세 재 원으로 계획적으로 관리하면 세금 부담을 최소화하면서 상속 절차를 원활히 진행할 수 있다.

✍️ 매매계약 이행 중에 상속이 개시된 경우

부동산을 처분하는 사람이 잔금을 받기 전 계약금이나 중도금 정도까지 받 고 사망하였다면 양도대금에서 사망 전에 받은 계약금이나 중도금을 뺀 나머 지를 상속재산으로 포함한다. 예를 들어, 매매대금이 20억 원이고 계약금과 중도금으로 10억 원을 이미 받았다면 상속재산에 포함되는 양도자산 가액은 수령액을 차감한 10억 원이 된다. 다만, 이미 수령한 10억 원이 예금 형태로 남아 있는 경우에는 상속재산에 포함되며, 이때 금융재산상속공제 2억 원을 적용받아 상속세 부담을 줄일 수 있다. 또한, 수령금액의 사용처가 불분명할 경우 추정상속재산으로 상속재산에 포함되는데, 이때 미입증 금액에서 수령 금액의 20%와 2억 원 중 적은 금액을 차감하여 상속재산으로 가산하게 된다. 이 경우 부동산 양도대금이 시가이며, 이미 받은 계약금과 중도금은 피상속인이 미리 받은 일종의 채무의 개념이므로 채무를 차감하는 의미이다. 사망 전에 미리 받은 계약금이나 중도금은 피상속인의 계좌에 입금되어 금융재산으로 포함될 것이다.

게다가 매도인이 사망하였다고 하더라도 매매계약이 소멸하는 것이 아니고 상속인에게 당해 계약이 포괄적으로 승계된다. 매수인은 남아 있는 잔금을 상속인에게 지급하면 되며, 상속인은 협의하여 공동상속 등기도 진행하여야 한다.

양도소득세 신고는 상속인이 하여야 하며, 양도 계약이 상속개시일 전 6개월 이내인 경우 양도가액이 상속재산가액이 되고, 상속인들의 취득가액이 되므로 양도차익이 '0원'이 되어 양도소득세 납부세액은 발생하지 않는다.

등기의 방식에 있어서는 **'포괄승계인에 의한 등기신청'**의 방식에 따라 상속인에게 상속등기를 거치지 않고도 바로 피상속인으로부터 매수인 앞으로 등기를 이전해 줄 수 있는 중간생략(상속등기를 생략한 것임)등기가 가능한 예외적인 방식이 가능하다.

그러나 상속등기가 생략되는 예외적인 방식에 따르면 배우자 상속공제 적용 시 분할이 되지 않은 것으로 보아 배우자 상속공제를 제대로 받을 수 없을 가능성이 있으니 가능한 상속인이 상속등기를 한 후 매수인에게 등기를 넘길 필요가 있다.

✎ 매수자가 잔금을 지급하기 전에 사망한 경우

부동산을 취득하는 사람이 잔금을 지급하기 전에 계약금과 중도금을 지급한 상태에서 사망하였다면 이미 지급한 계약금과 중도금만 상속재산에 포함하면 된다. 부동산 등기이전은 되지 않는 상태이므로 부동산 전체를 상속재산에 포함하면 안 된다. 이미 지급한 계약금과 중도금은 일종의 채권 개념이므로 이 부분만 상속재산에 포함하는 것이다.

✎ 상속재산 포함 여부와는 별개로 분쟁 예방을 위한 대책

부동산 매매가 진행 중에 매도자 또는 매수자가 사망하였을 때 상속재산 포함 여부도 중요하지만, 상속인 간 또는 매도자나 매수자 간의 분쟁이 발생할 수 있으므로 부동산 매매를 진행하는 경우 다음과 같이 대책이 필요하다.

첫째, 매매계약서에 '매도인(또는 매수인)이 사망하더라도 당해 계약은 상속인에게 승계된다.'라는 특약을 명확하게 기재하는 것이 좋다.

둘째, 매수인이 계약금을 지급한 경우 가등기를 설정해 둔다면 상속을 진행하는 과정에서 권리를 더욱 안전하게 보호할 수 있을 것이다.

셋째, 상속인들이 여러 명이면 빠른 협의와 합의를 통해 절차를 진행하지 않으면 매수인에게 손해가 발생할 수 있으므로 공동상속인들은 되도록 협의를 통해 당해 매매계약이 무리 없이 성사되도록 노력해야 할 것이다.

✎ 세무사의 조언, 사전증여 시 상속공제 받을 수 없다.

세무사는 통장 내역을 보고 다시 한번 놀랐다. 돌아가시기 전에 부모가 자녀들에게 1인당 2억 원씩 송금한 내역이 있었다. 이 금액은 사전 증여로 간주하여 증여세가 부과되고, 상속세에도 합산과세 된다. 그 결과 **상속세 종합공제 한도가 줄어들고, 금융재산 상속공제도 적용되지 않아,** 부모가 돌아가신 후 그대로 상속재산으로 남겨두었을 때보다 상속세 부담이 훨씬 커지게 된다.

금융재산상속공제는 상속재산 중 순금융재산의 일정 금액을 2억 원 한도 내에서 공제해 주는 제도이다. 그러나 사전증여된 금융재산은 상속세 과세가액에 포함되지만, 금융재산상속공제는 적용되지 않는다. 따라서 미리 증여하면 예금 상태로 남겨두었을 때보다 오히려 상속세 부담이 늘어나게 되는 것이다.

작은 변수 하나가 큰 세금 차이를 만들 수 있다. 중요한 재산처분이나 증여 등 의사결정을 내리기 전에는 반드시 세무 전문가와 상담하여, 불필요한 세금 부담이 발생하지 않도록 주의하는 것이 필요하다.

아버지 친구 이름으로 숨겨둔 예금, 상속세 신고 해야 할까?

아버지가 세상을 떠난 지 며칠 되지 않아, M씨는 상속세 신고를 위해 서류들을 하나하나 정리하고 있었다. 그런데, 낯선 이름이 적힌 통장이 눈에 띄었다.

"아버지 친구 이름…? 왜 우리 집에 이게 있지?"

의아한 마음에 통장 내역을 확인한 순간, M씨의 눈은 커졌다.

9년 전 아버지 계좌에서 빠져나간 거액이 그대로 그 통장으로 들어가 있었던 것.

이자도, 예금 연장도, 모든 관리도… 아버지의 손에서 이루어졌다.

겉으로는 '친구의 돈'. 하지만 실상은 '아버지의 돈'. 그것은 바로 차명 예금이었다.

M씨의 머릿속은 혼란스러웠다. "이걸 상속재산에 넣어야 하나? 아니면 그냥 모른 척하고 넘어갈까?"

그날 밤, M씨는 좀처럼 잠을 이룰 수 없었다.

차명 예금이란 피상속인 명의가 아닌 타인 명의로 되어 있으나 실제로 피상속인이 실질적으로 소유하거나 관리한 예금을 말한다.

차명 예금은 자금세탁 행위를 비롯한 비자금 은닉, 뇌물수수, 인터넷 직거래 사기, 전화금융 사기, 조세 포탈을 위하여 주로 이용된다. 즉, 차명 예금을 하는 이유는 다양하다. 때로는 예금주와 사용하는 사람이 다른 계좌로 소위 대포통장(大砲通帳)이라고 불린다.

「금융실명거래 및 비밀보장에 관한 법률」(이하, 금융실명법)은 불법 재산 은닉, 자금세탁, 강제집행 면탈, 그 밖에 탈법행위를 목적으로 한 차명 금융거래를 금지하고 있으며, 이를 위반하면 차명거래 당사자(명의인, 실소유자)와 이를 알선·중개한 금융회사 임직원은 **5년 이하의 징역 또는 5천만 원 이하의 벌금**에 처할 수 있다.

금융소득 종합과세의 회피를 위해 단순한 절세를 넘어 '조세 포탈'에 이를 정도로 위법성을 갖추게 된다면 가족 간의 차명거래도 금융실명법에 위반될 수 있을 것이다. **'선의의 차명거래'**는 예외적으로 인정된다. 동창회 등 친목 모임의 회장, 총무, 간사를 맡으면서 회비를 관리하기 위해 개인 명의로 차명거래하는 것은 허용된다. 문중이나 교회 등 임의단체의 금융자산 관리를 위해 대표자 명의로 계좌를 개설하는 것도 선의의 차명거래에 해당한다.

✎ 차명 예금은 원칙적으로 명의자가 증여받은 것으로 추정

차명 예금은 원칙적으로 금융실명법에 따라 실명 확인된 명의자가 증여받은 것으로 추정한다.

실제 소유자인 피상속인이 차명 예금을 지배·관리하고 소유가 입증되지 않는 한 명의자가 증여받은 것으로 추정하여 명의자에게 증여세를 과세한다. 차명 예금의 증여추정을 피하려면 수증자가 실제로 증여받지 않았다는 사실을 증명하여야 한다. 납세자가 부정행위로 상속세·증여세를 포탈하는 경우로서 수증자의 명의로 되어 있는 증여자의 **금융자산이 50억 원을 초과**하여 수증자가 보유하고 있거나 사용·수익한 경우에는 해당 재산의 상속 또는 증여가 있음을 안 날부터 1년 이내에 상속세 및 증여세를 부과할 수 있도록 하여 세금을 부과할 수 있는 기간이 연장된다.

✑ 차명 예금을 피상속인이 실질적으로 지배·관리하였다면 상속재산에 포함해야

차명 예금도 피상속인이 실질적으로 관리하거나 소유한 것이 입증되면 상속재산에 포함된다.

상속재산에는 피상속인에게 귀속되는 금전 등 경제적 가치가 있는 모든 재산이 포함되므로, 차명 예금도 피상속인이 실질적으로 관리하거나 소유한 것이 입증되면 상속재산에 해당하여 상속세를 납부하여야 한다. 차명 예금에 대한 **입증 책임은 원칙적으로 명의자(납세자)**에게 있다. 차명 예금이 누구의 소유인지에 대한 입증은 과세 관청이 아닌 명의자이다. 입증 방법으로는 계좌 개설 신고서, 사용 인감, 예금의 입출금 명세, 실질 소유자가 예금을 지배·관리, 이익을 얻은 사실 등을 제시해야 한다. 피상속인에 실질 귀속되는 차명 예금은 상속재산에 포함되나 피상속인 명의로 개설된 타인 소유의 차명 예금은 상속재산에 포함되지 않는다.

사례에서 차명 예금이 아닌 실질적인 증여라면 아버지의 친구에게 증여세를 과세하며, 아버지의 친구는 상속인 이외의 자에 해당하여 증여일로부터 5년이 지났기 때문에 상속재산에 가산되는 증여재산에는 해당하지 않는다.

✍ 차명 예금도 상속재산에 포함하여 신고하면 금융재산상속공제 받을 수 있어

차명 예금으로 피상속인이 실질적으로 소유·관리한 타인 명의 예금을 상속재산에 포함하여 신고하면 금융재산상속공제를 받을 수 있다.

금융재산상속공제는 거주자인 피상속인의 상속개시일 현재 상속재산가액에 포함된 금융재산가액에 대하여 적용하며, 추정상속재산으로 상속세 과세가액에 가산하는 증여재산인 금융재산에 대하여는 금융재산상속공제를 받을 수 없다. 금융재산상속공제 대상 재산에는 예금, 적금, 부금, 출자금, 금전신탁재산, 보험금, 공제금, 주식, 채권, 수익증권, 출자지분, 어음 등이다. 피상속인의 금전을 타인 명의의 예금계좌에 입금한 것이 단순히 타인 명의만을 빌려서 예치한 것인지 아니면 타인에게 증여한 것인지에 대하여는 구체적으로 판단하여야 하며, 타인에게 증여한 것으로 확인되는 때에는 금융재산 상속공제를 받을 수 없다. 오히려 차명 예금이 있다면 피상속인의 재산으로 적극적으로 소명하여 상속재산가액에 반영하고 금융재산상속공제를 받는 것이 현명한 방법이다.

Chapter 7.

상속농지 양도 시점에 따라 세금이 달라진다? 최적의 매도 타이밍은?

M씨는 전라남도 강진에서 18년간 거주하며 직접 농지를 소유하고 농사를 지어 생계를 유지하였다. M씨는 서울에 직장이 있는 아들과 강진으로 시집와 거주하고 있는 딸이 있었다. M씨가 사망함에 따라 아들과 딸은 해당 농지를 상속받게 되었고, 이에 상속세 신고를 위해 세무사에게 업무를 의뢰하였다.

그런데 신고를 대행하던 세무사는 서울에 거주하는 아들은 상속농지를 반드시 3년 이내에 양도해야 한다고 신신당부하였다. 그렇다면 왜 하필 3년 이내에 양도해야 할까?

농지는 8년 이상 자경한 농지에 해당하면 양도소득세 감면 규정을 적용받을 수 있다. 이때 감면 여부는 '누가 경작했는가'와 '언제 양도했는가'에 따라 달라진다.

✎ 사업용 토지 vs. 비사업용 토지

토지를 양도하는 경우 토지가 사업용인지 비사업용인지에 따라 적용되는 세율이 달라진다. 토지에 있어 사업용과 비사업용이란 토지가 그 해당 용도에 맞게 사용되는지로 구분한다. 예를 들면, 대지의 경우 건물이 있어야 하며, 전·답의 경우 재촌 및 자경을 하는 것이 그 토지의 용도에 맞게 사용되었다고 보는 것이다.

특히 농지의 경우 양도일로부터 소급하여 '5년 중 3년'이나 '3년 중 2년' 또는 보유기간 중 60%(일수 계산) 이상 재촌 및 자경을 해야 사업용 토지로 인정받을 수 있다.

사업용 토지와 비사업용 토지를 구분해야 하는 이유는 비사업용 토지로 양도하는 경우 **기본세율의 10%p가 할증**되는 중과세가 적용되기 때문이다. 다만, 사업용 토지든 비사업용 토지든 보유기간에 따른 장기보유특별공제(표1, 연 2%씩, 최대 15년 30%)는 적용받을 수 있다.

✎ 상속받은 농지 등의 사업용 토지 여부

일반적인 토지의 양도에 있어 사업용 토지를 구분하는 것은 위에서 언급한 대로 적용을 해야 하지만, 상속받은 농지의 사업용 토지 구분은 조금 달리 판단한다.

첫째, 상속을 원인으로 상속받은 농지는 상속개시일로부터 **3년간 사업용 토지로 간주**한다. 따라서 상속개시일부터 5년 이내 양도하는 경

우 '5년 중 3년'의 사업용 토지 요건을 충족하므로 사업용 토지로 구분할 수 있다.

둘째, 직계존속인 **피상속인이 8년 이상 재촌·자경한 농지**를 상속인이 상속받아 해당 농지를 양도하는 경우 양도 시기를 불문하고 사업용으로 간주한다. 다만, 양도 당시 주거·상업·공업지역은 읍·면 지역이라도 사업용 토지에서 제외된다.

✏️ 피상속인이 8년 이상 재촌·자경한 농지를 상속받아 양도하는 경우

8년 이상 재촌·자경한 농지를 양도하는 경우 양도소득금액의 100%를 1년 내 1억 원 (5년 내 2억 원)을 한도로 감면한다. 그러나 피상속인이 8년 이상 재촌·자경한 농지를 상속인이 상속받은 경우에도 양도소득세 100% 감면을 적용받을 수 있다.

상속인이 상속 이후에도 1년 이상 계속해서 농사를 짓는 경우 피상속인의 경작기간을 합산하여 자경기간을 인정받을 수 있다. 즉, 피상속인의 8년 자경기간이 인정된 상태에서 상속인이 추가로 농사를 짓게 되면, 자경농지로서 8년 이상 요건을 충족하여 양도소득세 감면이 가능하다. 상속인이 1년 이상 재촌·자경을 하지 않은 경우 상속개시일로부터 3년 이내에 양도하는 경우만 피상속인의 경작기간을 상속인의 경작기간으로 보기 때문에 상속인이 농사를 지을 수 없다면 상속개시일로부터 3년 이내 양도한다면 사업용 토지로서 100% 감면까지 적용받을 수 있으므로 절세의 목적이라면 **상속개시일로부터 3년 이내** 양도를 권한다.

참고로 해당 토지의 소재 지역이 도시지역(주거·상업·공업지역)에 편입되는 경우 편입일 이후의 양도소득금액(개발이익)은 감면소득금액에서 제외된다. 다만, 2001년 12월 31일 이전 도시지역에 편입된 읍·면 지역의 농지를 취득하여 8년 재촌자경한 경우 도시지역에 편입된 날 이후 소득에 대해서도 감면이 가능하나, 2002년 1월 1일 이후 도시지역으로 편입된 읍·면 지역의 농지를 취득하여 8년 재촌자경하더라도 전부 개발이익으로 보아 감면을 배제한다. 또한 동(洞) 지역은 도시지역 편입 후 3년 이내이면 편입일 이후 양도소득금액은 감면이 제외되고, 3년을 경과하면 감면 자체가 배제된다는 점도 주의하자!

✎ 피상속인의 자경 인정을 위해

피상속인이 8년 이상 농촌에 거주하면서 직접 농사를 지은 경우에는 자경농지로 인정되며, 상속 당시까지의 경작 기간이 그대로 인정된다. 이를 위해 상속인은 농지 대장, 농협 거래 내역, 비료·농약 구매 영수증, 소득금액증명원(일정 기준 금액 이하 소득 여부 확인) 등 피상속인의 자경 사실을 입증할 수 있는 자료를 갖추어야 한다.

따라서 피상속인의 자경 여부를 확인할 서류를 사전에 갖춰야 하며, 양도일 현재 해당 상속받은 농지가 주거·상업·공업지역의 도시지역에 편입되었는지 토지이용계획확인원 등을 통하여 반드시 확인하는 것이 중요하다.

<상속농지 양도 시기별 양도소득세 비교>

양도 시점	세제 효과	전 략
① 3년 이내 양도	사업용 토지 일반과세 적용 + 피상속인의 8년 자경 인정 → 양도소득세 100% 감면 (1년 1억 원, 5년 2억 원 한도)	적극 매도 권장
② 5년 이내 양도	사업용 토지 일반과세 적용	필요 시 매도 가능
③ 5년 초과 양도	비사업용 토지 중과세 적용 (기본세율 + 10%p)	매도 지양, 활용 또는 자경 전환 검토

Part 3.

상속재산의 분할

자녀가 읽어주는
상속·증여

유산분배,
가족 갈등의 시작과 끝

상속 분쟁은 재산의 많고 적음에서 시작되지 않는다. 생전에는 말하지 못했던 감정과 오해가 사망 이후 한꺼번에 분출되는 순간, 유산분배는 가족 갈등의 출발점이 되기도 하고, 반대로 충분히 준비되었다면 갈등을 정리하는 마지막 장치가 되기도 한다. 실무에서 자주 마주치는 쟁점을 중심으로 유산분배가 어떤 갈림길을 만들어 내는지 살펴보고자 한다.

✎ 상속포기도 잘해야...

한정승인과 상속포기는 흔히 빚을 피하기 위한 수단으로만 이해되지만, 실제로는 재산 구조와 가족관계를 정리하는 중요한 제도다. 상속을 포기하면 단순히 본인 몫의 재산을 받지 않는 데서 끝나는 것이 아니라 처음부터 상속인이 아니었던 것처럼 취급된다. 그 결과 다음 순위 상속인이 자동으로 상속인의 지위를 승계하게 되며, 예상하지 못한 조카나 손자, 심지어 고령의 부모가 다시 상속 문제에 휘말리는 상황이 발생하기도 한다. 상속포기는 때에 따라 가족을 배려하는 선택이 될 수도 있지만, 사전 설명 없이 진행되면 오히려 갈등의 씨앗이 되기도 한다.

☑ 상속 분쟁의 단골 소재, 친양자와 혼외자

친양자와 혼외자의 상속권 역시 분쟁의 단골 소재다. 친양자는 입양과 동시에 친생부모와의 법적 친족 관계가 완벽히 종료되고 양부모의 친생자와 동일한 상속권을 가진다. 문제는 이러한 사실을 다른 상속인들이 사전에 인지하지 못한 경우다. 가족 내부에 '입양된 자녀'라는 인식만 남아 있을 때 상속 개시와 동시에 법률상 완전한 상속인이라는 현실을 받아들이지 못하고 분쟁으로 번지게 된다.

혼외자 역시 마찬가지다. 가족관계등록부에 자녀로 등재되어 있다면 혼인 여부와 무관하게 동일한 상속권을 가진다. 실무에서는 사망 이후 '인지 청구'가 제기되어 상속 관계 자체가 뒤흔들리는 사례도 적지 않다. 법은 이미 결론을 내리고 있지만, 감정은 그 속도를 따라가지 못하는 것이 현실이다.

☑ 상속등기 후 재분할

상속등기가 완료되었다고 해서 모든 문제가 끝나는 것은 아니다. 상속등기 후 재분할 역시 실무에서 자주 문제가 되는 영역이다. 협의 분할에 따라 등기를 마쳤더라도, 사기에 가까운 설명이나 중요한 사실의 은폐, 특정 상속인에 대한 기만이 있었다면 재분할 청구가 가능하다. "이미 등기까지 끝났는데, 인제 와서 무슨 말이냐?"라는 주장은 실무상 거의 받아들여지지 않는다. 특히 고령의 상속인이 충분한 이해 없이 서명·날인을 한 경우, 그 절차 자체가 다시 법적 판단의 대상이 된다. 상속등기는 종결이 아니라 '기록'에 불과하다는 점을 간과해서는 안 된다. 아울러 상속등기 후 재분할이 이루어질 경우, 일정 시기가 지나면 상속세 외에 증여세까지 추가로 과세될 수 있어 주의가 필요하다.

✍ 자녀가 사준 부동산, 명의신탁된 부동산

자녀가 마련해 준 주택이나 토지와 같은 부동산도 상속 분쟁에서 자주 등장하는 소재다. 형식상 소유자는 부모지만, 실제 취득자금은 자녀가 부담한 경우가 대표적이다. 이때 해당 부동산을 상속재산으로 볼 것인지, 아니면 명의신탁이나 부담부증여, 사전증여로 볼 것인지에 따라 결론은 전혀 달라진다. 아무런 입증 자료가 없다면 원칙적으로는 부모의 상속재산으로 귀속된다. 반면 자녀가 자금출처를 명확히 입증하고 실질적인 소유 의사를 인정받을 수 있다면, 상속재산에서 제외되거나 최소한 기여분 문제로 이어질 수 있다. 문제는 이러한 사실관계를 가족 간에 미리 공유하지 않은 채 시간이 흘러버렸을 때다. 결국 상속이 개시되면 권리관계를 다투는 과정에서 감정싸움으로 번지고, 가족관계마저 훼손되는 사례를 현실에서는 수없이 접하게 된다.

유산분배는 단순한 법률행위가 아니다. 가족의 역사와 감정, 책임과 기대가 응축된 결과물이다. 그렇기에 상속 문제는 사후가 아닌 사전에 준비되어야 한다. 유언·신탁·사전증여와 같은 수단을 선택하기에 앞서, 각 제도가 초래할 법적·감정적 파장을 충분히 이해하는 것이 무엇보다 중요하다.

유산분배가 가족 갈등의 출발점이 될지, 서로를 이해하게 만드는 마지막 기회가 될지는 결국 준비의 차이에 달려 있다. 전문가의 역할은 단순히 법 조항을 나열하는 데 있지 않다. 가족이 감당할 수 있는 방식으로 법을 설계하고, 분쟁이 아닌 해답으로 상속을 마무리하도록 돕는 것이 진정한 역할이다. 상속은 언젠가 반드시 마주해야 할 일이지만, 그 과정에서의 갈등은 준비와 배려로 줄일 수 있다.

상속주택 분할 방식이 세금을 바꾼다, 절세를 위한 상속분할 설계

M씨는 남편이 남긴 세 채의 주택을 어떻게 상속받는 것이 좋을지 깊이 고민하고 있었다.

법정상속지분에 따라 공동상속을 할지, 배우자와 자녀가 각각 한 채씩 단독상속받을지 쉽게 결정할 수 없었다. 상속인은 배우자 본인과 아들, 딸, 총 세 사람이었다.

더욱 정확한 판단을 위해 M씨는 상속 전문 세무사를 찾아 상담받았다.

그 과정에서 상속주택의 분할 방식뿐 아니라 평가 방식에 따라 향후 양도소득세가 크게 달라질 수 있음을 알게 되었다.

'어떻게 나누느냐'가 단순한 분배 문제가 아니라 세금 부담을 좌우한다는 점이 인상 깊었다. 상담을 마친 M씨는 중요한 재산 결정일수록 세무 전문가와의 충분한 상담이 가장 확실한 절세의 길임을 깨달았다.

✎ 상속주택이란 피상속인이 소유했던 주택으로 상속인이 상속을 원인으로 상속개시일에 취득한 주택이다.

일반적으로 '상속주택'이라고 하면, 상속을 통해 물려받은 모든 주택을 떠올리기 쉽다. 그러나 세법에서 말하는 '상속주택'의 의미는 우리가 흔히 생각하는 개념과는 다르다. 세법상 **상속주택은 피상속인을 기준으로 단 한 채의 주택만을 의미**한다는 점이 가장 큰 특징이다.

즉, 피상속인이 상속 개시 당시 두 채 이상의 주택을 소유하고 있었다면, 그중 모든 주택이 상속주택으로 인정되는 것이 아니라, 일정한 기준에 따라 우선순위로 선정된 1주택만이 세법상 상속주택에 해당한다.

그 선정 기준은 다음과 같은 순위에 따라 정해진다.

① 피상속인이 가장 오랫동안 소유한 1주택

② 소유 기간이 동일한 주택이 둘 이상일 경우 실제로 가장 오래 거주한 1주택

③ 소유 기간과 거주 기간이 모두 같은 주택이 둘 이상일 경우 상속 개시 당시 피상속인이 거주하고 있던 1주택

④ 거주 사실이 없는 주택 중에서 소유 기간이 동일한 주택이 둘 이상일 경우 기준시가가 가장 높은 1주택, 기준시가마저 동일한 경우에는 상속인이 선택한 1주택

이처럼 상속주택의 범위는 상속인이 보유하게 되는 주택 수가 아니라 피상속인의 보유 및 거주 이력을 기준으로

엄격하게 판단된다. 따라서 상속주택 관련 절세를 고민할 때는 단순히 "몇 채를 물려받았는가"가 아니라, "세법이 인정하는 1주택이 무엇인가"를 먼저 정확히 파악하는 것이 무엇보다 중요하다.

　만약 상속 전이라면 과연 상속주택으로 인정될 주택이 무엇인지를 판단하여 상속주택이 상속인들에게 불리한 주택이라면 생전에 처분하여 상속인이 유리한 주택으로 만드는 작업을 할 수 있다. 상속 계획은 대부분 시간을 두고 진행해야 하지만 미리 준비한다면 비교적 짧은 기간에 유리한 상속 계획을 진행할 수 있다.

✎ 공동상속주택은 누구의 주택으로 볼까?

　공동으로 상속주택을 취득한 경우, 해당 주택이 누구의 주택으로 보이는지가 매우 중요해진다. 세법에서는 이와 같은 상황에 대해, 상속주택을 일정한 기준에 따라 특정 상속인의 주택으로 간주하도록 규정하고 있다.

　즉, 여러 명의 상속인이 공동으로 상속주택을 취득했더라도 세법상으로는 이를 공동의 주택이 아닌 일정 요건에 따라 1인의 주택으로 보아 과세 여부를 판단한다.

　그 기준은 다음과 같은 순서로 적용된다.

　① 상속지분이 가장 큰 상속인의 주택으로 본다.

　② 상속지분이 동일한 경우에는 해당 상속주택에 실제로 거주하고 있는 자

의 주택으로 본다.

③ 상속지분과 거주 여부가 모두 동일하거나 구분이 어려운 경우에는 상속
   인 중 최연장자의 주택으로 본다.

공동상속주택은 위와 같은 기준으로 '누구의 주택인지'를 판단하며, 이에 따라 양도소득세 비과세 여부나 보유 주택 수 판정 등에 직접적인 영향을 미치게 된다. 따라서 공동상속의 형태를 선택할 때는 단순한 지분 배분뿐 아니라 향후 취득세, 양도소득세 등의 세금 부담까지 함께 고려한 설계가 필요하다.

✎ 일반주택을 보유한 상태에서 상속주택 취득자가 일반주택 양도 시 비과세 특례

상속인이 이미 1세대 1주택 비과세 요건을 갖춘 일반주택을 한 채 보유하고 있는 상태에서, 이후 상속으로 주택을 추가로 취득하게 된 경우가 있다. 이때 상속인이 기존에 보유하던 일반주택을 먼저 양도한다면, 상속주택을 보유하고 있더라도 1세대 1주택 비과세를 적용받을 수 있다.

이는 상속으로 인해 본인의 의사와 관계없이 2주택자가 된 경우에도 기존 주택에 대해서는 1세대 1주택 비과세 특례를 유지해 주기 위한 정책적 배려이다. 즉, '부득이하게 취득한 상속주택' 때문에 비과세 혜택이 박탈되지 않도록 보호하는 취지이다.

(1) 특례 적용이 제한되는 경우

다음과 같은 경우에는 이 특례를 적용받을 수 없다.

① 피상속인이 사망하기 전 2년 이내에 증여받은 주택

② 동일세대로부터 상속받은 주택(단, 동거봉양 합가를 사유로 한 경우는 예외적으로 인정)

(2) 공동상속주택 소수지분권자의 특례

공동으로 상속받은 주택도 일정 요건을 충족하면 특례를 적용받을 수 있다.

① 피상속인 기준으로 선순위에 해당하는 공동상속주택의 소수지분인 경우

② 공동상속주택의 소수지분을 상속받은 이후 일반주택을 추가로 취득하더라도, 해당 소수지분 주택은 주택 수 판정에서 제외되므로 일반주택을 양도할 때 1세대 1주택 비과세 적용이 가능하다.

위 사례의 경우 세무 전문가의 조언 없이 법정지분대로 상속을 받았다면 과연 어떤 결과가 발생했을까? 결과적으로 세 사람이 각각 주택 3채를 보유한 것으로 세법에서는 본다. 이에 따라 먼저 양도한 두 채는 양도소득세를 납부해야 하고, 마지막 한 채에 대해서만 비과세 혜택을 받을 수 있다.

세무 전문가의 조언에 따라 세 사람이 상속받은 주택 외에 다른 주택을 보유하고 있지 않은 상황에서 상속 당시 주택 3채를 각각 1채씩 단독 상속받았다면, 상속인 모두 각자의 주택에 대해 1세대 1주택 비과세를 적용받아 양도소득세 부담 없이 처분할 수 있었을 것이다.

또한 공동상속주택을 양도할 때 상속인에게 다른 주택이 없다면, 상속인 중 1명만 상속주택에 실제로 거주한 경우 다른 상속인들 역시 거주요건을 충족한 것으로 보아 1세대 1주택 비과세가 된다.

결국 상속재산을 나눌 때는 분쟁 없이 공정하게 배분하는 것도 물론 중요하지만, 그에 못지않게 상속인 각자가 향후 주택을 처분할 계획이 있는지, 추가로 주택을 취득할 계획이 있는지 등을 함께 고려하는 것이 필요하다. 이러한 미래 계획까지 반영하여 상속재산을 설계한다면, 불필요한 세금 부담을 줄이고 합리적인 절세로 이어질 수 있다.

아이와 함께하는 상속, 특별대리인 선임해야 상속도 안전하고 세금도 절약된다.

갑작스러운 사고, 그리고 상속 문제

회사원 M씨는 출장을 마치고 가족을 만날 기쁨으로 귀국하던 중 안타깝게도 사고로 세상을 떠났다. 남은 가족은 아내 Y씨와 미성년자인 두 딸, M씨가 남긴 재산은 아파트 40억 원과 예금 10억 원이었다.

남편의 갑작스러운 사망으로 깊은 슬픔에 잠긴 Y씨는 상속 문제 앞에서 더욱 큰 아픔을 겪을 수밖에 없었다. 미성년자인 자녀를 둔 상황에서 법적 절차를 미루기 어려웠던 그는 결국 자녀를 설득해 법정상속지분대로 상속등기를 먼저 마무리했다. 그러나 상속등기만으로 모든 문제가 끝나는 것은 아니었다. 앞으로 다가올 상속세 신고와 세금 부담을 어떻게 풀어가야 할지 막막했던 Y씨는 결국 상속세 전문 세무사의 문을 두드리게 되었다.

✒️ **상속재산의 협의 분할은 시기 제한 없이 언제든지 가능하며, 그 효력은 상속이 개시된 날로 소급하여 발생한다.**

상속인 전원의 동의를 얻어 언제든 상속재산을 협의 분할 할 수 있으며 상속등기를 하지 않아도 상속재산을 취득하게 된다. 다만, 상속재산을 처분할 때는 상속등기를 한 후 처분하여야 한다. 상속세 과세표준 신고기한까지 분할로 당초 상속분을 초과하여 취득한 경우와 당초 상속재산의 분할에 대하여 무효 또는 취소되는 경우 증여세가 과세되지 않는다. 다만, 상속 개시 후 상속재산에 대하여 등기 등으로 각 상속인의 상속분이 확정된 후 그 상속재산에 대하여 공동상속인이 협의하여 분할한 결과 특정 상속인이 당초 상속분을 초과하여 취득하게 되는 재산은 그 분할에 따라 상속분이 감소한 상속인으로부터 증여받은 것으로 보아 증여세를 부과한다.

✒️ **배우자는 30억 원의 한도 내에서 배우자 상속공제를 받을 수 있어**

배우자 상속공제는 부득이한 사유를 제외하고는 상속세 신고기한의 다음 날부터 9개월이 되는 날까지 배우자의 상속재산을 분할등기 등을 했을 때만 받을 수 있다.

부득이한 사유는 상속인 등이 상속재산에 대하여 상속회복청구의 소를 제기하거나 상속재산분할의 심판을 청구한 경우 또는 상속인이 확정되지 아니하는 부득이한 사유 등으로 배우자상속분을 분할하지 못하는 사실을 관할 세무서장이 인정하는 경우로 배우자상속재산분할기한까지 납세지 관할 세무서장에게 신고하는 경우에만 공제받을 수 있다.

✒️ 상속인 중 미성년 자녀가 있을 때 특별대리인을 선임하여 상속재산 협의 분할 해야

미성년자는 법정대리인(주로 부모)의 동의 없이 독립적으로 법률행위를 할 수 없다. 상속재산 협의 분할은 미성년자와 법정대리인(부모) 사이에 **이해상반행위**에 해당하므로 가정법원에 특별대리인을 선임해 객관적이고 중립적인 입장에서 미성년자의 의사를 대리하도록 하여 상속재산을 협의 분할 하여야 한다. 이는 자녀의 이익을 보호하기 위함인데, 친권자의 법정 대리권을 제한하여 객관적이고 공정한 협의 분할을 하기 위한 제도이다. 이해상반행위란

행위의 객관적 성질상 친권자와 그 자 사이에 이해의 대립이 생길 우려가 있는 행위를 가리키는 것으로서 친권자의 의도나 그 행위의 결과 실제로 이해의 대립이 생겼는가의 여부는 묻지 아니한다. 대법원은 미성년자와 친권자 사이의 상속재산 협의 분할은 이해상반행위로, 특별대리인 선임 없이 체결된 협의 분할은 무효라는 입장이다. 다만, 미성년자가 성년이 된 이후 상속재산분할을 추인하는 명시적 또는 묵시적 의사표시가 있는 경우에는 유효가 될 수 있다.

이행상반행위는 부모와 자녀가 공동상속인의 지위에 있으면서 협의분할이나 상속포기, 한정승인을

할 때, 부모와 자녀 사이에 매매나 금전소비대차를 하는 등 다양한 상황에서 발생될 수 있다.

✍️ 미성년자가 2명 이상일 때 각자마다 특별대리인을 선임해야

미성년자가 여러 명일 때 각자마다 특별대리인을 선임해야 하며 특별대리인 1인이 상속재산 협의 분할 대리를 한 경우 그 법률행위는 무효이다. 이때 특별대리인이 될 수 있는 사람은 미성년자의 권리를 보호해줄 수 있는 자로 주로 삼촌, 조부모 등의 혈족으로 아버지가 사망하여 어머니와 미성년 자녀들 간 상속재산분할 협의를 하는 경우 고모나 삼촌, 친할머니 등 아버지 쪽 가족 중 한 사람을 주로 선임하게 되며, 어머니가 돌아가셔서 미성

년 자녀가 아버지와 상속재산분할 협의를 하는 경우 이모나 외삼촌, 외할머니 등을 주로 선임하게 된다.

✍️ 가정법원에 특별대리인 선임신청을 하면 일반적으로 3주 정도 걸려

특별대리인 선임신청은 부모 또는 이해관계인이 가정법원에 '특별대리인 선임 신청서'를 제출하면 미성년자의 기본 정보, 상속재산 현황, 다른 공동상속인의 상황 등을 법원이 심사해 적합한 특별대리인으로 지정하며 특별대리인이 부적합하다고 판단되는 경우 기각될 수도 있다. 특히 상속포기나 한정

승인은 상속이 개시된 사실을 안 날로부터 3개월 이내에 신고해야 하므로 기한을 놓치지 말아야 한다. 상속재산에 대하여 상속세 신고기한 내에 각 상속인의 상속분이 확정되어 등기가 완료된 이후 미성년자가 포함된 공동상속인 간에 해당 상속재산의 상속지분을 변경하는 재분할 협의가 이루어져 미성년자에 대한 특별대리인 선임을 법원에 신청하였으나, 상속세 신고기한이 경과한 후 법원의 특별대리인 선임 승인이 있는 때도 있다.

이 경우 특정 상속인이 당초 상속분을 초과하여 취득하게 되는 재산가액은 그 분할로 인하여 상속분이 감소한 상속인으로부터 증여받은 재산으로 본다.

특별대리인 선임 없이 협의 분할에 따라 상속등기가 이루어졌으나 그 효력이 무효로 되는 경우, 배우자 상속공제 한도인 5억 원을 초과하여 받은 금액은 부인될 수 있어

앞 사례에서 배우자 상속공제는 배우자의 법정상속지분 상당액인 21억 4천만 원 (50억 원×3/7)과 실제 상속받은 40억 원 중 적은 금액인 21억 4천만 원을 기준으로 적용된다. 그러나 특별대리인을 선임하지 않아 상속재산분할 협의가 무효가 되는 경우 배우자상속재산분할기간이 지나 배우자 상속공제 5억 원을 제외한 16억 4천만 원이 부인될 수 있다. Y씨는 세무사의 도움으로 상속세 신고기한 이내에 특별대리인을 선임하여 경정등기를 하여 취득세 및 상속세 불이익 없이 상속세 신고를 무사히 마무리할 수 있었다.

어머니 집, 내가 단독 상속받고 현금으로 형제에게 정산하면 증여일까? 상속재산분할의 묘수

가족을 책임져 온 장녀 M씨는 어머니가 돌아가신 뒤 서울의 낡은 다가구주택을 상속받게 됐다. 동생들은 집을 처분해 현금을 나누길 원했지만, M씨는 가족의 추억이 담긴 집을 지키고 싶었다.

결국 M씨는 본인의 집을 팔아 마련한 자금으로 동생들에게 각각 3억 3천만 원을 지급했고, 시가 10억 원 상당의 상속주택을 단독으로 상속받았다.

그러나 등기과정에서 문득 불안감이 들었다.

"동생들에게 건넨 이 돈, 혹시 증여세 대상이 되는 건 아닐까?"

✎ 상속재산의 협의 분할은 언제까지 해야 하나? 1차 분할 후 재분할이 가능할까?

민법상 상속재산의 협의 분할에는 별도의 법정 기한이 존재하지 않는다. 상속은 피상속인의 사망과 동시에 개시되며, 상속인 전원의 합의가 있는 한 상속재산은 언제든지 협의 분할이 가능하다. 즉, 사망 후 상당한 시간이 지났더라도 법적으로 협의에 따른 분할 자체가 무효가 되는 것은 아니다. 다만, 분할이 장기간 이루어지지 않고 방치되면 상속인 간 분쟁이 발생하거나 해당 재산에 근저당권이나 가압류 등 제3자의 권리가 설정되어 분할이 제한되는 등 현실적인 법률문제가 발생할 수 있다.

또한 상속재산은 최초로 협의 분할이 이루어진 이후에도 모든 상속인이 다시 협의하면 분할 내용을 변경하는 이른바 '재협의 분할' 또는 '연속적인 분할'이 가능하다. 이는 민법상 허용되는 것으로서 최초 분할 당시 착오, 사기, 강박 등 의사표시에 하자가 있었거나 단순히 사후적으로 이해관계가 변경되어 전원의 합의가 다시 성립하는 때도 유효하게 인정된다.

상속재산 협의분할, 언제까지 가능할까? 재분할하면 증여일까?

상속재산의 협의 분할은 민법상 시기 제한 없이 가능하지만, 세법상 관점은 훨씬 엄격하다. 상속 개시 이후 상속재산에 대해 이미 등기·등록·명의개서 등으로 각 상속인의 상속분이 확정되면 이후 공동상속인들이 다시 합의하여 재산을 재분배하면 이는 단순한 재분할이 아니라 세법상 '상속인 간 증여'로 간주할 수 있다.

구체적으로 최초 등기 등을 통해 법정상속분 또는 협의 분할 내용이 확정된 뒤, 재분할로 인해 특정 상속인이 자신의 원래 상속분을 초과해 재산을 취득하면 초과 부분은 그 상속분이 줄어든 상속인으로부터 증여받은 것으로 보아 증여세가 과세된다. 이는 상속 형식을 이용한 사실상 무상 이전을 방지하기 위한 세법상의 장치다.

다만, 예외도 있다. 상속세 과세표준 신고기한 내인 상속개시일의 말일로부터 6개월 이내에 최초 분할이 이루어지고, 그 과정에서 특정 상속인이 당초 상속분을 초과해 취득한 경우 이를 상속의 일환으로 보아 증여세를 부과하지 않는다. 또한 최초 분할이 무효·취소·해제된 사유가 있고 그 사유가 정당한 경우에도 증여로 보지 않는다.

따라서 실무상 중요한 기준은 분할이 언제 확정되었는지, 그리고 등기 등으로 상속분이 이미 확정된 이후인지 아닌지이다. 상속세 신고기한 이전까지의 분할은 비교적 폭넓게 상속으로 인정되지만 기한 이후의 재분할은 증여세 과세 위험이 크다. 결국 상속재산분할은 단순한 가족 간 합의 문제가 아니라, 분할 시점과 등기 시기, 세법상 기한을 정밀하게 고려해야 하는 세무 설계의 영역이라 할 수 있다.

✒ 가족의 추억과 현실의 갈림길, 단독 상속 후 현금 정산액은 증여일까? 양도일까?

M씨의 상속주택은 형식상 협의 분할에 따른 단독 상속이지만 실질적으로는 협의 분할과 유상 매매가 혼합된 형태로 볼 수 있다. 두 동생이 받은 금액 역시 상속재산의 일부를 현금으로 정산받은 것에 해당한다.

민법상 상속재산분할은 공동상속인들이 협의하여 자유롭게 결정할 수 있고, 분할 방식에 제한이 없다. 분할 협의가 완료되면 각 상속인은 독립적인 재산권을 행사할 수 있으며, 상속분에 따라 받은 금전은 상속 지분을 현금으로 전환한 것에 불과하므로 별도의 증여세 과세 대상이 되지 않는다.

다만, 공동상속인 중 일방이 자신의 상속지분을 포기하고 다른 상속인으로부터 금전을 받는 경우 포기한 지분 상당의 부동산은 **유상으로 이전된 것으로 보아 양도소득세 과세 대상**이 될 수 있다. 이때 양도 시기는 원칙적으로 대금을 청산한 날이며, 그 이전에 소유권이전등기를 한 경우에는 등기 접수일을 기준으로 한다.

법정상속지분을 포기하고 그 대가로 금전을 수령한 경우 양도가액은 수령액, 취득가액은 상속재산 평가액으로 계산되므로 대부분 양도소득이 발생하지 않아 양도소득세가 과세되지 않는다. 즉, 상속지분 포기에 따른 금전 정산은 상속 내 조정에 해당하며, 일반적으로 추가적인 세금 부담으로 이어지지 않는 절차라 할 수 있다.

✎ 상속재산 분할협의서에 동생에게 준 상속지분 포기 대가를 명시해야

M씨 사례에서 상속재산 분할협의서를 작성할 때는 몇 가지 사항을 명확히 기재하는 것이 중요하다. 우선, 상속주택의 지번, 면적, 평가금액 등 재산을 특정할 수 있는 정보를 명확히 기재해야 한다. 또한 각 상속인이 상속받을 구체적인 재산 내역, 예를 들어 단독 취득 여부와 현금 분할 금액 등을 상세히 적는 것이 필요하다.

협의서에는 상속인 간의 상호 동의와 성실한 이행 확인 문구, 그리고 이행이 이루어지지 않을 경우의 대응 방안도 포함되어야 한다. 아울러 모든 상속인의 인감 날인과 인감증명서 첨부를 통해 협의서의 법적 효력을 확보하는 것이 중요하다.

　예를 들어 '상속재산 중 주택은 M이 단독으로 취득하며, M은 동생들에게 상속지분에 상응하는 금액 3.3억 원을 각각 지급하기로 한다. 상속인 전원은 상호 동의하며, 이를 성실히 이행한다.'와 같이 작성할 경우, 동생들에게 지급한 금액은 상속재산 정산으로 인정되어 증여세 등 별도의 과세 문제를 방지할 수 있다.

　상속분할협의서의 작성은 단순한 문서 작성에 그치지 않고, 세금 문제와 상속인 간 법적 분쟁 가능성까지 고려해야 하는 중요한 과정이다. 협의서 내용이 불명확하거나 절차가 누락될 경우, 증여세나 양도소득세 등의 세무 문제가 발생할 수 있으며, 향후 소송으로 이어질 위험도 있다. 따라서 상속재산의 평가와 분할 방식, 이행 조건 등을 정확히 반영하기 위해 전문 법무사나 변호사와 상담 후 작성하는 것이 안전하다.

Chapter 4

상속을 포기한 줄 알았다. 그러나 법은 달랐다.

〈사례 1〉 어려운 형편에도 부모님의 열정적인 교육 덕분에 미국에서 유학하고 취업까지 하게 된 M씨는 재외국민으로 생활하던 중 아버지의 갑작스러운 사망 소식을 들었다. 어머니는 아버지의 남은 빚이 상속되지 않도록 상속을 포기해야 한다고 말했고, M씨는 한국에 들어갈 수 없어 영사관에서 상속포기서를 인증받아 어머니에게 보냈다. 그러나 2년 후, 아버지의 채무 변제를 요구하는 소장을 받게 되면서 M씨는 큰 충격을 받았다.

〈사례 2〉 중국과의 무역으로 성공 가도를 달리던 Y씨는 코로나 이후 사업이 급격히 악화되며 7억 원의 대출을 갚지 못해 채무불이행자가 되었다. 그러던 중 부친이 코로나 후유증으로 사망하면서 20억 원 상당의 상가와 10억 원 아파트를 상속받게 되었다. 그러나 상속받아도 결국 빚 상환에 모두 쓰일 것으로 판단한 Y씨는 가족에게 상속을 포기하겠다고 선언했고, 가족들은 상속재산분할협의서에 그의 상속분 포기 내용을 기재해 공증까지 받았다. 그 결과 아파트는 어머니 명의로, 상가는 형 명의로 상속등기가 완료되었다.

📝 상속포기나 한정승인은 법에 정한 절차에 따라야 효력이 있어

상속은 피상속인의 재산뿐 아니라 채무까지 함께 승계되므로, 재산과 빚의 규모를 정확히 알기 어려운 경우 상속포기나 한정승인을 고려하게 된다. 상속포기는 상속인이 재산과 채무를 모두 승계하지 않겠다는 뜻으로, 반드시 법원의 심판을 받아야 효력이 발생한다. 가족에게 말로 포기 의사를 밝히거나 상속재산분할협의서에 포기 문구를 넣는 것만으로는 진정한 상속포기가 아니며, 채권자에게도 그 효력을 주장할 수 없다. 또한 상속포기를 하면 다음 순위 상속인에게 상속이 넘어갈 수 있으므로, 차순위 가족까지 고려한 판단이 필요하다.

한정승인은 상속재산과 채무의 규모가 불확실할 때 활용되는 제도로, 상속인이 상속받은 재산의 범위 내에서만 채무를 변제하도록 해 고유재산으로 빚을 부담하는 위험을 막을 수 있다. 다만, 한정승인을 한 경우에는 채권자 통지, 신문 공고, 상속재산 처분 및 변제 등 청산 절차를 거쳐야 하며, 이를 감당하기 어려울 때는 상속재산 파산제도를 이용하기도 한다.

상속포기나 한정승인은 모두 법에서 정한 기한과 절차를 지켜야 효력이 있으며, **상속 개시를 안 날부터 3개월 이내**에 피상속인의 마지막 주소지 관할 가정법원에 청구해야 한다. 이를 지키지 않으면 단순승인으로 간주하여 재산과 채무를 모두 승계하게 되고, 예금인출이나 명의 변경 등 상속재산을 일부라도 처분한 때도 단순승인으로 볼 수 있어 주의가 필요하다. 결국 상속 방식의 선택은 기한과 절차, 가족관계, 채무 규모 등을 종합적으로 고려해 신속하고 정확하게 결정하는 것이 중요하다.

✍ M씨와 Y씨는 상속포기를 했는데 법률효과 발생하지 않았을까?

〈사례 1〉처럼 인터넷에 떠돌거나 영사관 등에 비치된 상속포기서를 작성하면서 상속을 포기한 것으로 오해해서는 안 된다. 이는 법적으로, 상속포기 절차가 아니다.

〈사례 2〉처럼 상속재산분할협의서 등에 명시한 상속포기의 의사표시 또한 법이 인정하는 유효한 상속포기가 아니다. 법률상 유효한 상속포기는 반드시 사망자의 최종 주소지 가정법원에 상속이 개시된 사실을 알게된 날부터 3개월 이내에 **상속포기의 심판청구**를 제기하여야 하고, 해당 법원으로부터 상속포기심판을 결정받아야 한다. 이 방식만이 유일하고 유효한 상속포기가 된다는 사실을 반드시 명심하자. 이러한 상속포기심판의 효력은 상속개시 시점부터 상속인이 아니었던 것이 되는 것이다. 따라서 상속재산분할의 협의서를 작성하는 시점에 이러한 상속포기자는 아예 협의서 상에 이름을 올릴 수도 없고, 포기하겠다는 날인할 권한조차 없게 된다. 따라서 상속지분을 합의서에 기재하는 것과는 전혀 다른 법률효과가 발생하게 되어 채권과 채무 모두 승계되지 않는 것이다.

상속을 포기할 일이 처음부터 발생하지 않으면 가장 좋겠지만, 원해서 상속포기의 상황이 되는 사람은 흔치 않다. 부채를 상속받게 되는 상황이거나 자신의 빚이 너무 많아서 상속받는 것이 큰 의미가 없는 상황에 부딪히게 된다면, 상속포기는 반드시 가정법원에 심판을 제기하여 결정으로 받아 두어야 효력이 있다는 사실을 반드시 기억하고 있다면 상속채무를 떠안게 되는 불행한 일은 일어나지 않을 것이다.

제사는 며느리 몫, 상속은 n분의 1? 이게 진짜 공평한 건가요?

오래도록 용인에서 살아온 M씨는 조상 묘가 있는 산과 밭을 지켜오며 가문의 전통을 이어왔다. M씨가 세상을 떠나자 장남 민수는 제사를 맡아왔다는 이유로 해당 재산을 자신이 모두 가져야 한다고 주장했다. 그러나 둘째 경수와 딸 지현은 법적으로 아들·딸 구분 없이 똑같이 상속받게 되어 있다며 강하게 반발했다.

이 갈등을 옆에서 지켜보던 큰며느리는 "제사는 내가 다 모셨는데 상속은 왜 자식들끼리 똑같이 나누느냐"며 너무 억울하다며 법무사를 찾아와 하소연했다.

✎ 금양임야, 헌법재판소의 결정은 어땠을까?

이런 갈등은 비단 M씨 가족만의 일이 아니다. 실제로 조상 묘가 있는 산과 밭, 즉 금양임야를 둘러싼 다툼은 우리 사회에서 흔히 발생하는 가족 분쟁이다. 막내딸 지현이 말한 것처럼 오늘날 상속제도는 과거 장남이 독점적으로 상속받던 체계에서 벗어나 남녀 구분 없이 모든 자녀가 동일한 법정상속분을 갖는 방향으로 크게 변화했다.

그러나 **제사를 위한 특별한 목적의 재산**, 즉 금양임야에 관해서만은 이야기가 다르다. 민법은 이 재산을 일반 상속재산과 달리 취급해 제사를 모시는 자녀가 단독으로 승계할 수 있도록 규정하고 있다. 다시 말해 제사를 책임지는 사람에게 해당 재산을 맡기도록 함으로써 제사의 지속성과 전통을 지키려는 취지다.

하지만 이러한 규정에 대해 "시대에 맞지 않는다"라며 위헌을 주장하는 사건도 실제로 있었다. 동생들은 금양임야 단독승계 제도가 자신들의 재산권·평등권·행복추구권을 침해한다며 헌법재판소에 문제를 제기한 것이다.

그렇다면 헌법재판소의 판단은 어땠을까?

헌법재판소는 민법 규정이 헌법에 어긋나지 않는다고 결정했다. 제사용 재산을 제사의 주재자에게 승계시키는 제도는 특정인을 우대하기 위한 장치가 아니라, 우리 전통문화의 유지와 가족 간 분쟁의 최소화라는 합리적 목적을 가진 제도라고 본 것이다. 또한 이 규정이 제사 주재자를 장남으로 한정하는 취지도 아니므로 가족 간 협의에 따라 누구든 제사를 맡을 수 있다고 판시했다.

결국 헌법재판소는 금양임야 승계 규정이 오늘날에도 여전히 의미가 있다고 인정한 셈이다. 제사라는 특별한 문화적 전통을 지키기 위한 예외적 제도라는 점을 분명히 한 것이다.

시대의 변화, 그러나 보존해야 할 가치들

이 사례는 전통을 보존하는 가치와 현대적 상속제도 사이의 조화라는 오래된 문제를 다시 한번 생각하게 한다. 호주제가 2008년에 폐지되며 법적으로는 남녀평등이 확고히 자리 잡았지만, 우리 사회의 문화 속에는 여전히 조상숭배와 제사 봉행이라는 전통을 이어가야 한다는 의식이 살아 있다.

하지만 시간이 더 흐르고, 제사의 의미마저 점점 퇴색된다면 언젠가는 '과연 금양임야 규정이 계속 존재해야 하는가?'라는 질문이 또다시 상속인들 누군가에 의해 제기될지도 모른다.

그런데도 마음 한편으로는, 가족 간의 유대가 점점 약해지고 각박해지는 요즘, 적어도 이러한 법 규정만큼은 가족의 도리와 전통을 붙잡아주는 마지막 장치로 남아주기를 바라는 마음이다. 전통이 사라져가는 시대일수록, 그것을 붙잡아주는 작은 제도 하나가 생각보다 더 큰 의미가 있을 수도 있기 때문이다.

조상숭배 전통적 가치, 세법이 보상하다.

우리 세법은 전통을 지키고자 하는 자손들의 마음을 헤아리기 위해, 제사를 목적으로 유지되어 온 토지에 대해 특별한 배려를 두고 있다. 선조의 분묘가 자리 잡은 3천 평 이내의 금양임야, 그리고 분묘를 관리하기 위한 6백 평 이내의 묘토인 농지는 2억 원 한도 내에서, 제사를 주재하는 상속인이 승계하는 경우 비과세 대상 상속재산으로 분류된다. 이는 단순한 세금 감면을 넘어, 조상숭배라는 우리 고유의 문화적 가치가 끊어지지 않도록 지속해서 보호하겠다는 국가의 의지가 반영된 제도적 장치라 할 수 있다.

물론 누군가는 이러한 비과세 혜택을 받기 위해 억지로 제사를 모시는 상황이 생긴다면, 그것은 전통의 본래 취지가 훼손된 것이라고 말할지도 모른다. 그러나 법이 바라는 바는 그런 억지의 제사가 아니다. 오히려 선조를 기억하고 가문을 잇겠다는 마음을 가진 자손이 있다면, 그 부담을 조금이라도 덜어주겠다는 뜻에 가깝다.

이 제도는 조상들에 대한 경애와 예의를 지키기 위해 개인이 홀로 떠안아야 했던 경제적 부담을 덜어줌으로써 전통이 자연스럽게 이어질 수 있는 기반을 마련한다. 실질적인 세제 혜택은 크지 않을 수 있지만, 그 안에는 오래된 문화가 단절되지 않기를 바라는 사회적 합의가 담겨 있다. 그래서 이 비과세 규정은 단순한 조세 특례를 넘어 전통을 지키려는 마음에 대한 국가의 작은 응답이자 위로라고도 볼 수 있다.

죽은 자가 산자를 지배한다? 신탁의 활용으로 자산 승계를

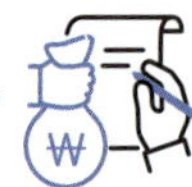

<사례 1> M씨는 10년 넘게 사실혼 관계로 함께 살아온 김이분씨를 가족처럼 여기지만, 자녀들 눈치를 보느라 혼인신고를 하지 못해 줄곧 미안한 마음을 안고 있었다. 이분 씨는 삶을 함께하며 아내로서 역할을 다하고 있지만 법적으로는 아무런 보호를 받지 못하는 위치에 있다. M씨는 자신이 먼저 세상을 떠나면 상가주택과 월세 수입을 포함한 재산에 대해 이분 씨가 권리를 주장할 수 없다는 사실이 늘 걱정이었다. 자녀들이 사실혼 배우자인 그녀를 챙길 가능성도 거의 없어, 남겨질 그녀의 삶이 막막해질 수 있다는 점이 마음을 더 무겁게 했다. 과연 해결책은 없을까?

<사례 2> 팔순을 넘긴 Y씨는 주변 친구들이 떠나는 것을 보며 자녀들에게 재산을 미리 나눠줘야 하는지 고민하지만, 자녀가 봉양을 외면할 가능성과 사업 중인 아들 귀남이의 사업 실패로 증여재산까지 잃을 위험이 걱정된다. 이런 불안들 때문에 Y씨는 언제, 어떻게 재산을 정리해야 할지 결정을 내리지 못한 채 망설이고 있다.

위 사례는 가족제도의 변화 속에 부모와 자녀의 관계에서 빈번하게 나타나는 현실적인 고민이다. 자식에게 재산을 미리 넘겨주자니 혹시나 부모를 외면하거나 재산을 탕진해 버리는 건 아닐까 걱정되고, 반대로 미리 안 넘기자니 자신이 세상을 떠난 뒤 자녀들끼리 상속 문제로 다투게 될까 불안해하는 부모들이 적지 않다.

이러한 딜레마를 해결하기 위해 등장한 제도 중 하나가 바로 **유언대용신탁**이다. 신탁 제도는 사실 중세 유럽에서 가족의 안정적인 생활을 보장하기 위해 발전해온 장치로, 재산을 맡겨 관리하고 지정된 방식에 따라 이전하도록 함으로써 가족 간 분쟁을 예방하려는 목적이 있다.

오늘날 유언대용신탁은 이러한 신탁의 특성을 현대적으로 재해석하여, 부모가 생전에 걱정하는 재산 보호와 사후 분쟁 예방을 동시에 실현할 수 있는 수단으로 떠오르고 있다.

✍️ 유언대용신탁, 생전에는 본인에게 임대료를, 사후에는 자녀에게 임대료를

2012년 신탁 제도가 전면 개정되면서 신탁을 활용할 수 있는 다양한 방안이 열렸지만, 아직 일반인에게 널리 알려진 제도는 아니다. 그러나 부모의 노후 안정, 가족 간 분쟁 예방, 재산 보호라는 측면에서 신탁이 해줄 수 있는 역할은 생각보다 크다.

M씨의 경우 유언대용신탁을 적극적으로 검토해 볼 만하다. 유언대용신탁은 말 그대로 **'유언을 대신하는 신탁'**으로서 위탁자인 M씨가 생존해 있는 동안 본인을 수익자로 지정하여 신탁재산에서 나오는 이익을 계속 받을 수 있다. 그리고 신탁계약 안에 M씨가 사망한 이후 신탁재산을 받을 사람(사후수

익자)을 미리 정해두면, 사망과 동시에 그 지정된 사람이 자동으로 신탁재산을 취득하는 구조다. 즉, 생전에는 본인이 그 재산을 관리·사용·수익할 수 있고, 사후에는 분쟁 없이 지정한 사람에게 넘어가도록 설계할 수 있다. 대상이 부동산이라면 신탁등기를 통해 소유권을 신탁 형태로 명확히 해두기 때문에 법적 안정성이 높아지는 장점도 있다.

이처럼 유언대용신탁은 전통적인 유언 방식보다 훨씬 안정적으로 재산 승계를 설계할 수 있다는 점에서 M씨에게 적합한 해결책이 될 수 있다.

✎ 수익자 연속신탁으로 자자손손 안정적인 생계를 잇는다.

자녀들은 신탁계약의 당사자가 아니기 때문에, 아버지의 뜻이 아무리 분명하더라도 이를 곧이곧대로 받아들이기 쉽지 않다. 때에 따라서는 김이뿐 씨와 유류분 소송까지 불사하며 법적 다툼으로 번질 가능성도 있다. 이런 갈등을 최소화하기 위해 제도를 조금 변형한 방식을 다시 제안해 볼 필요가 있다. 바로 **수익자 연속신탁**이다. 수익자 연속신탁은 신탁재산에서 발생하는 이익을 여러 사람에게 '순차적으로' 이전하도록 정

할 수 있는 구조로, 위탁자의 뜻을 장기간 안정적으로 반영할 수 있게 하는 제도다. 재산이 한 번에 넘어가는 대신, 위탁자가 원하는 순서와 방식에 따라 단계적으로 분배되도록 함으로써 가족 간 분쟁을 줄이고 재산의 안전한 관리·승계를 보장하는 데 목적이 있다.

이 구조를 M씨 사례에 적용해 보자. 신탁

계약에서 위탁자인 M씨는 1차 수익자를 김이뿐 씨로 지정하고, 김이뿐 씨가 사망하면 2차 수익자를 아들 김귀남 씨로 정할 수 있다. 더 나아가 3차, 4차 수익자까지도 미리 정해둘 수 있어, 재산의 흐름을 생전에 설계해 둘 수 있다.

이 방식은 장점이 분명하다. 아들 관점에서 재산이 사실혼 배우자에게 영영 넘어간다는 불안이 줄어들고, 결국 자신에게 돌아온다는 점이 명확해져 갈등이 완화된다. 반대로 김이뿐 씨 역시 생전에는 생활 안정을 보장받고, 사망 후에는 M씨의 자녀에게 재산이 귀속된다는 흐름을 자연스럽게 받아들일 수 있다.

또한 수익자를 시간 순서가 아니라 여러 명으로 동시에 지정해 이익을 일정 비율로 나누는 방식도 가능하다. 이처럼 수익자 연속신탁은 위탁자의 의도를 충실히 반영하면서 가족 간 충돌을 완화할 수 있는 유연한 제도다.

✍ 유언을 통한 상속, 단점을 보완하는 신탁의 활용

유언은 외부에 공시되는 절차가 없어 가족들 사이에 불신이 계속될 여지가 크고, 법정요건을 제대로 갖추지 못하면 효력이 부정되는 경우도 적지 않다. 또한 M씨 사례처럼 수익자를 연속적으로 지정하는 등 변형된 방식으로 활용하기도 어렵다. 반면 유언대용신탁은 중간에 마음이 바뀌면 신탁원부 변경등기를 통해 내용을 즉시 수정·공시할 수 있어, 새 유언을 다시 작성해야 하는 유언보다 훨씬 유연한 제도라고 할 수 있다.

Y씨도 이러한 신탁등기를 활용할 여지가 충분하다. 예를 들어 부담부 증여계약과 동시에 신탁계약을 체결하고, 양측이 이를 이행하지 않으면 증여계약이 자동 해제되도록 약정할 수 있다. 이렇게 하면 증여등기와 신탁등기가 함

께 이루어지면서, 신탁 속에서 수익권자를 다시 지정하거나 신탁재산의 처분·담보 제공·변경 시 반드시 증여자인 Y씨의 동의를 얻도록 정할 수도 있다. 즉, 아들에게 재산을 넘기되 임의로 처분할 수 없는 '보호된 재산'으로 만들어 두는 것이다.

오늘날 가족 구성의 형태와 재산의 종류가 점점 다양해지면서 더 유연하게 설계할 수 있는 신탁 제도의 활용 가치는 더욱 커지고 있다. 신탁은 재산 승계를 정교하게 설계할 수 있을 뿐 아니라, 가족 간 갈등을 줄이고 안정적인 관계를 유지하는 데에도 중요한 도구가 될 것으로 기대된다.

장손에게 상속재산 일부를 물려줄 수 있을까?

M씨는 아파트, 금융재산, 요양원 임차보증금을 보유한 상태에서 사망하였다. M씨의 상속인들은 상속재산 중 아파트를 장손에게 물려주고자 하는 방안을 고민하며, 기대를 안고 상속 전문 변호사를 찾았다.

그러나 변호사의 답변은 명확했다.

"사망 이후에는 법정상속인이 아닌 장손에게 상속재산 중 특정재산만을 직접 이전하는 방법은 없습니다."

이 설명에 상속인들은 적잖이 당황할 수밖에 없었다.

만약 사전에 유언을 통해 장손에게 상속을 준비했다면, 어떤 점이 달라졌을까?

✏️ 장손에게 물려주는 방법: 사전 유증, 사후 상속포기

만약 상속재산 일부를 상속인이 아닌 장손에게 물려주려면, 원칙적으로 사망 전에 유언을 통해 특정재산을 유증해야 한다. 다만, 사망 후에도 상속인

전원이 상속을 포기하고, 다음 순위인 상속인
의 자녀들이 합의하여 상속받는 방식은 가
능하다. 그러나 이 경우 상속세가 늘어나
는 문제가 있다.

유언으로 손자녀에게 재산을 이전하
는 방법과 상속포기 후 손자녀가 상속받
는 방법은 상속세 부담에서 큰 차이가 발생
한다. 손자녀 상속은 원칙적으로 '세대를 건
너뛴 상속'에 해당해 산출세액에 30% 할증
과세가 적용되며, 재산가액이 20억 원을 초
과하면 40%까지 할증된다.

또한 상속인 외의 자에게 유증하거나 상속포기로 후순위 상속인이 상속받
는 경우 상속공제 종합한도도 줄어들어 전체 상속세 부담이 많이 증가한다.
따라서 손자녀에게 재산을 물려주려면 유언, 상속 구조, 세대생략할증과세,
공제 한도 축소 등 상속세 전반을 고려한 사전 설계가 필요하다.

사례를 통해 이해해 보기로 한다.

M씨의 재산 및 부채 내역

1. 마포 소재 아파트: 12억 원(감정평가액), 해당 아파트 임대보증금: 7억 원

2. 금융재산: 1억 원

3. 요양병원 임차보증금: 3억 원

4. M씨는 거주자로서 배우자는 없으며, M씨의 장례비용은 1천만 원임

〈표1〉 유언을 통해 아파트를 손자녀에게 유증한 경우

【단위: 원】

구 분	금 액	비 고
1. 본래의 상속재산 소계	1,600,000,000	
① 서울 소재 아파트	1,200,000,000	손자에게 유증
② 금융재산	100,000,000	
③ 요양병원 임차보증금	300,000,000	
2. 과세가액공제 소계	710,000,000	
① 채무(임대보증금)	700,000,000	손자에게 유증
② 장례비용	10,000,000	
3. 상속세 과세가액(1.−2.)	890,000,000	
4. 상속공제 소계	390,000,000	상속공제 한도: 390,000,000원[*1]
① 일괄공제	500,000,000	
② 금융재산공제	20,000,000	순금융재산의 20%, 2억 원 한도
5. 상속세과세표준	500,000,000	
6. 세율	20%	
7. 누진공제	10,000,000	
8. 산출세액	90,000,000	
9. 세대생략할증세액	15,168,539[*2]	
10. 산출세액 합계(8.+9.)	105,168,539	
11. 신고세액공제	3,155,056	
12. 자진납부할 세액(10.−11.)	102,013,483	

*1) 상속공제의 합계는 520,000,000원이지만, 상속공제 한도가 390,000,000원이므로 상속공제는 한도만큼만 공제됨

상속공제 한도=상속세 과세가액−상속인 외의 자에 대한 유증재산

$$=890,000,000-(1,200,000,000-700,000,000)=390,000,000$$

*2) 세대생략할증세액=산출세액$\times\dfrac{\text{피상속인의 자녀를 제외한 직계비속이 받은 상속세과세가액}}{\text{상속세과세가액(상속인·수유자외의자 사전증여재산 차감)}}\times30\%$

$$=90,000,000\times\dfrac{500,000,000}{890,000,000}\times30\%=15,168,539$$

<표2> 상속포기로 인하여 손자녀에게 상속하는 경우

【단위: 원】

구 분	금 액	비 고
1. 본래의 상속재산 소계	1,600,000,000	
① 서울 소재 아파트	1,200,000,000	
② 금융재산	100,000,000	
③ 요양병원 임차보증금	300,000,000	
2. 과세가액공제 소계	710,000,000	
① 채무(임대보증금)	700,000,000	
② 장례비용	10,000,000	
3. 상속세 과세가액(1.-2.)	890,000,000	
4. 상속공제 소계	0	상속공제 한도: 0원[*1]
① 일괄공제	500,000,000	
② 금융재산공제	20,000,000	순금융재산의 20%, 2억 원 한도
5. 상속세과세표준	890,000,000	
6. 세율	30%	
7. 누진공제	60,000,000	
8. 산출세액	207,000,000	
9. 세대생략할증세액	62,100,000[*2]	
10. 산출세액 합계(8.+9.)	269,100,000	
11. 신고세액공제	8,073,000	
12. 자진납부할 세액(10.-11.)	261,027,000	

*1) 상속공제의 합계는 520,000,000원이지만, 상속공제 한도가 0원이므로 상속공제는 없음

상속공제 한도=상속세 과세가액-선순위인 상속인의 상속포기로 그다음 순위의 상속인이 받은 상속재산가액

=890,000,000-890,000,000=0

*2) 세대생략할증세액=산출세액× $\dfrac{\text{피상속인의 자녀를 제외한 직계비속이 받은 상속세과세가액}}{\text{상속세과세가액(상속인·수유자외의자 사전증여재산 차감)}}$ ×30%

=90,000,000× $\dfrac{890,000,000}{890,000,000}$ ×30%=62,100,000

유언을 통해 일부 재산만을 손자에게 유증한 경우 상속세는 102,013,483원이었던 반면, 상속인이 전원 상속을 포기하여 후순위 상속인이 상속받은 경우 상속세는 261,027,000원으로 나타났다. 이처럼 동일한 재산을 이전하더라도 상속포기를 선택하면 상속세 부담이 훨씬 커졌다.

필자는 이러한 상속포기에 따른 과도한 상속세 부담이 합리적이지 않다고 판단하여, 상속인이 우선 해당 재산을 상속받은 후 그 아파트를 상속인의 자녀에게 부담부증여하는 방식으로 절차를 진행하였다. 이 경우 정상적인 상속세 외에도 증여세와 증여에 따른 취득세를 추가로 부담해야 하므로, 유언에 의한 유증 방식과 비교하면 전체 세 부담은 증가할 수밖에 없다.

그렇지만 상속포기로 인해 발생하는 상속세보다는 총세액을 다소나마 줄일 수 있었기에 결과적으로는 불가피한 선택, 이른바 '울며 겨자 먹기식'의 결정을 내릴 수밖에 없었던 사례라 할 수 있다.

만약 상속 개시 이전에 충분한 사전 상담과 검토를 통해 대비하였다면, 상대적으로 상속세 부담이 적은 유언에 의한 유증 방식을 선택할 수 있었을 것이다. 이러한 점에서 본 사례는 사전 상속 설계의 중요성을 다시 한번 절감하게 하는 동시에, 적절한 준비가 이루어지지 못한 점에 대해 아쉬움이 크게 남는 사례라고 평가할 수 있다.

혼외자·친양자 뒤늦게 드러나는 가족관계는 평판을 어떻게 바꾸는가?

상속 상담을 진행하다 보면 상속 절차가 상당 부분 마무리되고 재산분할이나 처분까지 끝난 뒤에도 예상치 못한 상황이 발생하곤 한다. 그중 하나가 갑자기 누군가 나타나 **"나도 고인의 자녀"**라고 주장하는 경우다. 가족들은 이미 상속이 종료되었다고 생각하지만, 이 순간 상속 과정은 다시 원점으로 돌아가고 만다. 최근 들어 혼외 출생아의 증가, 친양자 제도의 확산, 파양을 둘

러싼 분쟁이 늘면서 이러한 상황은 더 이상 예외적 사건이 아니다. 혼외자, 친양자, 파양은 모두 가족관계의 성립과 해소에 관한 문제이지만, 그 효과는 결국 상속 구조 전체를 다시 설계하게 만드는 변수로 작용한다.

특히 고액 자산가, 연예인, 기업 총수와 같이 재산 규모가 크고 구조가 복잡하며, 상속재산이 기업 지분이나 경영권과 결합하여 있는 경우에는 그 파급력이 훨씬 크다. 사생활 노출 가능성이 커 언론과 대중의 관심을 받으며, 분쟁

이 길어질수록 비용이 기하급수적으로 증가하기 때문이다. 따라서 혼외자나 친양자 관련 문제는 도덕적 평가의 대상이 아니라, 사전에 관리해야 할 고위험 법률 리스크로 접근하는 것이 중요하다.

혼외자는 상속인이 되는가?

결론부터 말하면, 혼외자라는 이유만으로 상속에서 차별받을 수는 없다. 1997년 헌법재판소의 위헌 결정 이후 모든 자녀는 혼인 여부와 상관없이 동일한 상속분을 가진다. 문제는 상속분의 크기가 아니라, 부자 관계가 언제, 어떤 절차로 확정되는가에 있다. 혼외자의 경우 모자 관계는 출생과 동시에 성립하지만, 부자 관계는 원칙적으로 '부의 인지'로만 성립하며, 부가 생존해 있으면 인지 절차로 해결되지만, 부가 사망한 경우라면 인지청구 소를 제기해야 한다. 이 소송은 사망 사실을 안 날로부터 2년 이내에 검사를 상대로 제기해야 하며, 친생자관계존재확인 소송과는 구별된다. 이 절차를 통해 친자 관계가 확정되면 혼외자도 다른 자녀와 동일한 공동상속인이 된다. 실무에서 가장 큰 파장은 상속이 이미 종료된 뒤 혼외자가 인지되는 경우다. 「민법」 제1014조는 상속 개시 후 인지나 재판 확정으로 공동상속인이 된 자에게 가액지급청구권을 인정한다. 즉, 다른 상속인들이 이미 재산을 나누거나 처분했더라도 혼외자는 자신의 상속분에 해당하는 금액을 청구할 수 있다. 여기에 더해 2024년 헌법재판소 결정은 이 권리의 범위를 더욱 넓혔다. 종전에는 상속재산이 분할·처분된 날로부터 10년이 지나면 청구할 수 없었으나, 헌재는 이를 일률적으로 제한하는 것은 위헌이라고 판단했다. 그 결과, 인지가 늦게 확정된 경우에도 '인지 확정 후 3년' 이내라면 가액반환을 청구할 수 있는 길이 열렸다. 이 결정으로 뒤늦게 인지된 혼외자의 권리는 과거보다 훨씬 강하게 보호되며, 기존 상속인으로서는 상속이 완벽히 종결되지 않는 구조가 된 셈이다. 이는 기존 상속인에게 상당한 불확실성을 의미하지만, 법은 뒤늦게 밝혀진 친자 관계 역시 보호해야 한다는 방향을 명확히 하고 있다. 특히 기업 총수의 경우 이미 이전된 지분에 대한 가액반환 청구, 경영권 분쟁의 재점화, 지분 희석으로 인한 외부 세력 개입 가능성과 같은 위험으로 이어질 수 있다.

유언이 있다면 혼외자는 배제될 수 있을까?

유언이 있다고 해서 혼외자를 완전하게 배제할 수 있는 것은 아니다. 혼외자도 법적으로 자녀이므로 유류분권을 가진다. 따라서 피상속인이 유언으로 재산 대부분을 배우자나 특정 자녀에게 남겼다 하더라도, 혼외자는 유류분반환청구를 통해 최소한의 몫을 주장할 수 있다. 고액 자산가나 사회적으로 주목받는 인물의 상속 분쟁에서 혼외자 문제가 반복적으로 등장하는 이유도 여기에 있다. 상속 설계 단계에서 혼외자 가능성을 전혀 고려하지 않았다면, 유언은 오히려 분쟁의 도화선이 될 수 있다.

친양자와 상속, 친생자와 동일한 지위

친양자는 민법상 친생자와 동일한 지위를 가진다. 따라서 친양자 관계가 유지되는 한, 상속에서도 다른 자녀와 전혀 차별이 없다. 문제는 파양이 이루어진 경우다. 최근 사회적으로 알려진 유명 연예인의 친양자 파양 사건은, 친양자 관계가 해소되면 상속 구조가 어떻게 달라지는지를 극명하게 보여준다. 파양이 확정되면 친양자 관계는 소급하여 소멸하고, 그 결과 친양자는 더 이상 법정상속인이 아니다. 이는 상속 분쟁에서 매우 결정적인 효과를 가진다. 가정법원은 파양 여부를 판단할 때 **'부모의 감정'**보다 **'자녀의 복리'**를 중심으로 판단한다. 장기간의 단절, 심각한 갈등, 양육 환경 등을 종합적으로 고려해 파양을 인용하는 구조다.

✎ 실무적 정리 – 무엇을 준비해야 하는가?

혼외자, 친양자, 파양 문제는 더 이상 특수한 사건이 아니며, 이를 전제로 한 상속 설계가 필요하다. 특히 고액 자산가, 연예인, 기업 총수 같은 경우에는 다음과 같은 리스크 관리 전략이 요구된다. 먼저 가족관계 리스크를 전제로 한 설계를 해야 한다. 혼외자의 인지 가능성까지 포함한 상속 시나

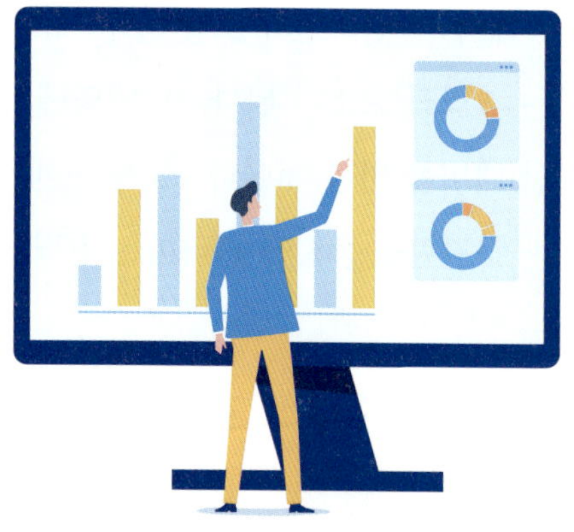

리오를 작성하고, 친양자나 양자 관계가 장기적으로 유지될 수 있는지도 점검해야 한다. 둘째, 유언 단독 설계의 한계를 인식해야 한다. 유류분을 고려해 최소한의 분배 구조를 설계하고, 분쟁이 발생하면 예상되는 비용과 평판 리스크를 평가해야 한다. 셋째, 신탁을 통한 구조적 차단을 고려할 수 있다. 유언대용신탁을 활용해 소유권, 수익권, 지배권을 분리하고, 기업 지분은 의결권과 수익권을 분리하는 구조를 검토함으로써 상속 후 분쟁 가능성을 줄일

수 있다. 마지막으로 기업 자산과 사생활을 분리해 관리해야 한다. 개인적인 문제와 기업 자산을 구조적으로 분리하여, 사후 발생할 수 있는 분쟁이 곧바로 경영권 문제로 이어지지 않도록 차단하는 것이 중요하다.

✎ 상속 설계는 자산을 나누는 기술이 아니라 이미지를 관리하는 전략이다.

상속은 단순히 현재 보이는 가족만을 기준으로 이루어지지 않는다. 뒤늦게 드러난 가족관계 하나가 상속의 판을 다시 짜기도 한다. 혼외자 인지, 친양자 파양 그리고 법 제도의 변화는 모두, 상속을 시간의 문제로 만든다. 상속 분쟁을 줄이는 데 필요한 것은 도덕적 판단보다는 절차와 구조에 대한 정확한 이해다. 타임라인과 소송 유형 그리고 사전 설계 여부가 권리와 안정을 가르는 결정적 요소가 된다. 이 영역에서의 핵심은 도덕적인 평가가 아닌 구조적인 대비를 하는 것이다. 상속 설계는 자산을 나누는 기술이 아니라, 지배력·관계·평판을 동시에 관리하는 전략이어야 한다.

상속 분쟁, 남의 일이 아니다. 가족제도의 변화와 대응

상속세 신고를 진행하다 보면 상속 분쟁에 관한 이야기가 종종 들린다. 대부분 한 번쯤은 들어본 이야기라며 고개를 끄덕이지만, 정작 본인과는 상관없는 일이라고 선을 긋는 경우가 많다. "우리 자식들은 워낙 착하고, 재산에 관심도 없어서 그냥 주는 대로 받을 것"이라며 크게 걱정하지 않아도 된다고 말씀하신다.

그러나 세무사나 변호사 등 실무자들의 이야기는 사뭇 다르다. 재산이 많고 적음을 떠나, 상속인들 사이에 아무런 다툼 없이 상속 절차가 마무리되는 경우는 오히려 드물다. 실제 현장에서는 상속인들 간 충분한 협의가 이루어져 분쟁 없이 상속이 끝나면 "그건 정말 축하할 일"이라고까지 말할 정도다.

✍ 상속 분쟁이 발생하면 해결은 절대 쉽지 않다.

상속인들은 이미 감정이 상할 대로 상해 있으므로 냉정하고 합리적인 판단을 기대하기 어렵다. 결국 법적 분쟁으로 이어지는 경우가 많고, 소송은 수년이 걸리기도 한다. 그 과정에서 부모님이 돌아가신 이후 형제자매 간 왕래가 완전히 끊기고, 평생 회복되지 않는 관계로 남는 사례도 전혀 드물지 않다.

✍ 세상은 변했고, 가족도 변했다.

세상은 끊임없이 변해왔고 앞으로도 계속 변할 것이다. 특히 가족관계의 변화 속도는 매우 빠르다. 과거에는 '가족이라는 울타리' 안에서 해결되던 일들이 이제는 가족 내부에서조차 해결되지 못하고 법적 다툼으로 이어지는 경우가 흔해졌다. 상속 분쟁 역시 예외가 아니다.

부동산 가격이 급등하면서 자식들이 스스로 집 한 채 마련하는 것조차 쉽지 않은 현실이 되었고, 그에 따라 상속재산의 규모 역시 커졌다. 자연히 상속재산에 관한 관심과 기대도 높아질 수밖에 없다.

1990년 이전까지만 해도 호주상속제도가 존재했다. 호주를 상속받은 장남은 법정상속분이 50% 가산되었고, 여성의 상속분은 남성의 2분의 1에 불과했다. 실제 상속 현장에서는 법보다 훨씬 더 불균등한 분할이 이루어지기도 했다. 그런데도 가족을 상대로 소송을 제기한다는 것은 심리적으로 큰 부담이었기에, 다시는 가족을 보지 않겠다는 각오가 아니면 법적 분쟁을 선택하기 어려웠다.

하지만 지금은 전혀 다른 세상이 되었다. 같은 부모에게서 태어난 형제자매라 하더라도, 자신의 권리를 충분히 보장받지 못했다고 느끼면 법의 도움을 받는 것이 더 이상 특별한 일이 아니다.

예컨대, 부모님의 시골 논밭을 처분해 대학 등록금을 마련하고 도시에서 생활해 온 장남과 고향에 남아 남은 논밭을 일구며 부모를 모셔 온 막내가 있다고 해보자. 과거와 달리, 이미 학비 명목으로 재산을 받았음에도 불구하고 장남이 부모 사망 후 남은 논밭에 대해 법정상속분을 요구하는 모습은 이제 전혀 낯설지 않다. 반면, 평생 부모를 모시며 농사를 지어온 막내로서는 그 땅을 형제와 나눠야 한다는 현실이 쉽게 받아들여지지 않는 것 또한 지극히 자연스러운 일이다.

✍️ 최선의 선택, 유언장으로 사전 준비

상속재산을 얼마나 받느냐는 상속인 본인뿐 아니라 그 자녀들의 삶에도 장기적으로 큰 영향을 미친다. 그렇기에 상속인들이 부모님의 재산을 두고 다투는 현실을 무작정 비난할 수만은 없다.

상속 분쟁이 당사자들에게 주는 정신적·감정적 부담은 상상을 초월한다. 같은 부모 밑에서 태어나 함께 자라고, 수많은 추억을 공유했던 형제자매가 상속을 계기로 원수보다 못한 관계가 되는 모습을 지켜보는 일은 참으로 안타깝다.

이 문제를 해결하는 방법은 많지 않다. 그중 가장 현실적이고 효과적인 방법은 돌아가시기 전에 미리 유언장을 작성해 두는 것이다. 유언장이 모든 분쟁을 완전히 막아주는 만능 해결책은 아니다. 하지만 유언장이라도 존재한다

면, 상속인들 입장에서는 그나마 부모의 뜻을 기준으로 받아들이기가 훨씬 수월해진다.

상속재산은 본래 돌아가신 분의 것이었고, 그 재산을 어떻게 남기고 싶었는지를 확인하는 일은 무엇보다 중요하다. 그런 의미에서 유언은 단순한 문서가 아니라, 남은 가족에게 분쟁 대신 기준을 남겨주는 마지막 의사표시라

할 수 있다. 결국 상속 분쟁을 예방하기 위한 최선은 준비된 유언장을 작성하는 것에서 출발한다.

✒ 유언장에 쓴다고 모두 다 법적인 보호를 받는 것은 아니다.

유언장은 사후 상황에 대한 나의 의지를 남기는 것이기 때문에, 평소 생각하고 있던 바를 풀어서 써도 되지만 법적인 보호를 받는 부분은 다르다. 국내법상 보호되는 법정 유언 사항은 유증, 신탁의 설정, (재단)법인 설립, 친생부인·인지, 후견인 지정(미성년후견감독인의 지정), 상속재산의 분할금지(방법 지정 및 위탁) 그리고 유언집행자 관련 내용이다. 이를 제외한 것들은 법적으로 보호받지 못한다. 추가로 각종 보험계약의 존재 및 보험금 수령자, 거래하는 금융기관의 목록 등, 채무의 존재, 시신 및 장기기증의 의사가 있는 경우 그 내용, 장례식의 형식 및 제사, 시신의 매장 또는 화장 여부 및 장소, 유족 및 지인에게 남기고 싶은 말들은 남은 가족들을 위해 작성하면 좋은 사항이다.

✒ 유언장은 반드시 엄격한 형식을 갖추어야 한다.

유언장은 돌아가신 분에게 있어서는 본인의 뜻을 마지막까지 실현할 수 있는 중요한 수단이다. 평생 모아온 재산을 누구에게, 어떤 방식으로, 어느 정도까지 남길 것인지를 스스로 결정할 수 있다는 점에서 유언은 매우 큰 의미가 있다. 그러나 그 유언이 상속인들에게는 반드시 같은 의미로 받아들여지는 것은 아니다. 상대적으로 많은 재산을 받은 상속인에게는 축복이 될 수 있지만, 기대에 미치지 못한 몫을 받은 상속인에게는 깊은 상실감과 박탈감으

로 다가올 수도 있다. 이러한 감정의 차이 때문에 유언장
이 존재하더라도 상속인 간의 분쟁을 완벽히 차단하는
것은 현실적으로 쉽지 않다.

　더욱이 법률은 유언의 효력에 대해
매우 엄격한 요건을 요구한다. 고인의
진심이 담겨 있다고 하더라도 단순히 손글
씨로 남긴 메모나 구두로 전한 말은 법적으로 유
언장으로 인정받기 어렵다. 자필증서, 공정증서,
비밀증서 등 민법에서 정한 방식과 요건을 충족하지 못하면 유언은 무효가
될 수 있고, 그 순간 유언의 내용은 아무런 법률효과를 갖지 못하게 된다. 그
결과 상속은 다시 법정상속분에 따라 진행되며, 오히려 분쟁의 불씨가 커질
가능성도 있다.

　이러한 위험을 줄이기 위해서는 유언장을 작성할 때 반드시 형식을 갖추는
것이 무엇보다 중요하다. 단순히 개인적인 생각을 적어 두는 수준이 아니라,
법적 효력을 전제로 한 문서로 작성해야 한다. 실무적으로는 전문 변호사의
도움을 받아 유언 내용을 정리하고, 공증을 통해 공정증서 유언으로 남기는
것이 가장 안전한 방법이다. 공증된 유언장은 위·변조의 우려가 적고, 사후에
유언의 진정성이나 효력을 둘러싼 다툼이 발생할 가능성도 현저히 낮아진다.

　결국 유언은 **'남기기만 하면 되는 것'이 아니라, 분쟁 없이 실행될 수 있도
록 준비되어야 할 법률행위다.** 형식을 갖추지 못한 유언은 오히려 상속인들
에게 더 큰 혼란과 갈등을 남길 수 있다. 그렇기에 유언을 고민하는 단계부터
전문가의 조력을 받아 신중하게 준비하는 것이 남은 가족을 위한 진정한 배
려라 할 수 있다.

유 언 장(예시)

본 유언자 이현철은 다음과 같이 유언한다.

1. 내 소유 아래 부동산 전부를 아내 김춘향(주민등록번호 500101-2000000)에게 유증한다.

   부동산 표시: 서울특별시 강남구 테헤란로 1, ○○아파트 101동 1001호

2. 내 소유의 아래 금융자산 전부를 장남 이길남(주민등록번호 770303-1000000)에게 유증한다.

   금융자산: ○○은행(계좌번호: 123-456-7890) 예금 전액

본 유언의 집행자로 장남 이길남을 지정한다.

2026년 1월 1일

주소 : 서울 서초구 반포대로26길 42, 한빛아파트 1동 101호

유언자: 이 현 철 

✎ 유언의 5가지 방식

1. 자필증서에 의한 유언

유언자가 직접 손으로 유언의 모든 내용을 작성하고 작성 연월일, 주소, 성명을 직접 쓰고(자서) 날인(도장 또는 지장)해야 한다. 이 중 어느 하나라도 빠지거나 타인이 대필하였을 때 유언장의 효력이 없다고 본다. 유언자가 모두 작성했으나 날인이 빠졌다고 유언의 효력을 부인한 판례도 있다.

2. 녹음에 의한 유언

유언자가 유언의 취지, 자신의 성명, 유언을 녹음하는 연월일을 직접 말해야 한다. 또한 1명 이상의 증인이 참여하여 유언 내용이 정확하다는 것과 자신의 성명을 말하여 함께 녹음하는 방식이다.

3. 공정증서에 의한 유언

증인 2명 이상이 참여한 가운데 공증인 앞에서 유언자가 유언의 취지를 말하면, 공증인이 이를 필기하여 낭독한다. 유언자와 증인은 그 내용이 정확함을 확인한 후 각자 서명 또는 기명날인한 문서를 공증하는 방식이다. 다른 유언의 방식은 유언자 사망 후 법원에 제출하여 검인받아야 하나, 공정증서에 의한 유언은 유일하게 법원의 검인 절차가 필요 없다. 그리고 이러한 공정증서에 의한 유언은 유언장 검토 및 작성 비용 외에도 재산가액의 0.15% 또는 3백만 원 정도의 기본 공증 수수료가 발생할 수 있다.

4. 비밀증서에 의한 유언

유언자가 유언장을 작성하여 봉투에 넣고 봉인한 후, 2명 이상의 증인 앞에서 본인의 유언서임을 표시한다. 봉투 표면에 제출 연월일을 기재하고 유언자와 증인이 각자 서명 또는 기명날인한다. 이 유언 봉서는 5일 이내에 공증인 또는 법원 서기에게 제출하여 확정일자인을 받아 두어야 한다.

5. 구수증서에 의한 유언

질병이나 그 밖의 급박한 사유로 인해 다른 방식의 유언을 할 수 없는 경우에만 예외적으로 허용된다. 2명 이상의 증인이 참여하여 유언자가 그중 1명에게 유언의 취지를 말로 전달하면, 이를 들은 증인이 받아 적고 낭독하여 유언자와 다른 증인들이 정확함을 확인한 후 각자 서명 또는 기명날인한다. 이 방식의 유언은 급박한 사유가 끝난 날로부터 7일 이내에 법원에 검인을 신청해야 효력이 있다. 주로 병원에서 급박하게 사망하기 직전이어서 자필증서, 녹음, 공정증서에 의한 유언이 어려울 때 사용할 수 있는 방식이다.

✎ 유언의 한계를 보완하는 유언대용신탁

최근에는 단순한 유언장을 넘어 유언대용신탁을 활용해 상속 분쟁을 예방하려는 사례도 점점 늘고 있다. **유언대용신탁**이란 생전에 본인의 재산을 금융기관 등 신탁회사에 맡기고 본인은 수익자로서 재산을 사용·수익·관리하다가, 사망 이후에는 미리 정해 둔 수익자에게 신탁재산이 이전되도록 설계하는 제도다. 형식은 신탁이지만, 실질적으로는 유언과 동일한 기능을 수행하기 때문에 '**유언을 대신하는 신탁**'이라 불린다.

유언대용신탁의 가장 큰 장점은 사망과 동시에 효력이 발생한다는 점이다. 일반 유언의 경우 사망 후 유언의 진정성이나 방식의 하자를 둘러싸고 효력 다툼이 빈번하게 발생하지만, 유언대용신탁은 생전에 이미 계약이 체결되고 재산이 신탁재산으로 이전되어 있으므로 사후 분쟁의 여지가 상대적으로 적다. 또한 신탁계약은 금융기관이 개입하여 관리·집행하기 때문에, 상속인 중 누군가가 임의로 재산을 처분하거나 분배를 지연시키는 문제도 예방할 수 있다.

아울러 유언대용신탁은 상속재산의 분할 시기와 방법을 구체적으로 설계할 수 있다는 장점이 있다. 예컨대 배우자에게는 평생 생활비 명목으로 수익을 지급하고, 배우자 사망 이후에는 자녀에게 원본을 이전하도록 하거나, 미성년 자녀가 성년에 이를 때까지 재산을 보호·관리하도록 하는 등 **다양한 맞춤형 설계**가 가능하다. 이는 단순히 '누가 얼마를 받는다'라는 내용만 담을 수 있는 일반 유언보다 훨씬 유연한 구조다.

물론 유언대용신탁 역시 모든 문제를 완벽히 해결해 주는 만능 수단은 아니다. 신탁 설정 과정에서 비용이 발생하고, 유류분 문제 등으로 분쟁이 제기될 가능성도 완벽히 배제할 수는 없기 때문이다. 그럼에도 여전히 유언대용신탁은 유언의 한계를 보완하는 매우 현실적인 대안으로, 사후 상속인들 간 감정싸움과 법적 다툼을 최소화하기 위해 활용되고 있다.

결국 상속 분쟁을 막는 가장 중요한 핵심은 **'얼마를 남길 것인가'가 아니라, 부모의 의사를 얼마나 명확하고 실행력 있게 남기느냐**에 있다. 유언이 최소한의 기준을 세우는 장치라면, 유언대용신탁은 그 기준을 실제로 관철하는 제도라 할 수 있다. 따라서 유언대용신탁과 같은 제도를 적극적으로 활용하는 것이다.

Part 4.

상속공제

절세의 기술, 상속공제를 활용하라!

상속세를 상담할 때 상속세 부담이 과도하다고 느끼며 불만을 토로하는 납세자들을 자주 만나게 된다. 그러나 상당수 사례를 살펴보면, 법이 허용하는 상속공제를 정확히 이해하고 활용하는 것만으로도 상속세 부담의 크기가 크게 달라지는 경우가 적지 않다. 상속공제는 특정인을 위한 특혜가 아니라, 제도의 취지와 요건을 올바르게 이해하고 사전에 준비할 때 상속세 부담을 합리적으로 줄이는 중요한 장치라 할 수 있다.

✐ 상속공제의 종류

구 분		공제 금액	공제 한도
기초공제 및 인적공제	기초공제	2억 원	인원수 제한 없음
	자녀공제	1인당 5천만 원	
	미성년자 공제	19세까지 연수×1천만 원	
	연로자공제	1인당(65세 이상)×5천만 원	
	장애인공제	장애인의 기대여명×1천만 원	
일괄공제		5억 원	기초공제 등과 비교하여 선택 공제
가업상속공제		가업상속재산가액	300억~600억 원
영농상속공제		영농상속재산가액	30억 원

구 분		공제 금액	공제 한도
배우자 상속공제		Max[min(①, ②), 5억 원] ① 배우자가 실제 상속받은 금액 ② (상속재산가액×법정상속지분)- 　(상속 개시 전 10년 이내 배우자가 　사전증여받은 재산의 과세표준)	30억 원
금융재산 상속공제	2천만 원 이하	순금융재산의 가액	
	2천만 원 초과	20% 또는 2천만 원 중 큰 금액	2억 원
재해손실공제		재해손실가액-보험금 등 수령액	
동거주택 상속공제		(주택가액-피상속인 담보채무)×100%	6억 원
감정평가수수료공제		감정평가수수료 합계액	500만 원

📝 일괄공제

일괄공제는 거주자의 사망으로 상속이 개시되면 적용되는 기본적인 상속공제 제도다. 상속세를 신고하지 않았거나, 기초공제 2억 원과 그 밖의 인적공제액 합계가 5억 원에 미달하면 개별 공제를 적용하는 대신 일괄하여 5억 원을 공제받을 수 있다.

다만, 배우자가 단독으로 상속받는 구조라면 일괄공제 5억 원은 적용되지 않으며, 기초공제와 그 밖의 인적공제액을 합산한 금액만 공제된다. 반면, 공동상속인이 존재하는 상황에서 공동상속인 간 협의 분할을 거쳐 결과적으로 배우자가 전부를 상속받을 때는 일괄공제 5억 원을 적용할 수 있다.

📝 배우자 상속공제

배우자가 생존해 있는 경우 가장 절세 효과가 큰 공제는 배우자 상속공제다. 배우자 상속공제는 사실혼에는 적용되지 않으며, 법률혼 배우자에게만 적용된다. 납세자들이 흔히 범하는 오류는 배우자가 존재하면 최대한도인 30억 원을 모두 적용받을 수 있다고 오해하는 것이다.

배우자 상속공제는 배우자가 실제로 상속받은 재산 전부에 대해 무제한으로 적용되는 것이 아니라, 상속재산 중 배우자의 법정상속지분을 기준으로 한 금액이 한도가 된다. 따라서 협의 분할 과정에서 상속재산가액이 확정되면, 배우자 상속공제 한도 범위 내에서 재산을 분배하도록 사전에 설계할 필요가 있다.

또한 배우자 상속공제를 세무관서와의 다툼 없이 제대로 적용받기 위해서는 반드시 협의 분할을 거쳐 등기와 명의개서 등 소유권 이전 절차를 완료해야 한다는 점을 명심해야 한다. 이러한 절차를 제대로 이행하지 않아 배우자 상속공제 최대한도 30억 원을 적용받지 못하고 추징당하는 사례도 적지 않다. 부디 이러한 불이익이 본인에게 발생하지 않도록 특히 유의하기를 바란다.

📝 금융재산상속공제

부동산은 원칙적으로 시가로 평가하지만, 규모가 크지 않은 토지나 단독주택의 경우에는 개별공시지가나 공시가격 등 기준시가로 평가되어 상속세가 과세되는 경우가 많다. 기준시가는 일반적으로 시가보다 낮게 형성되는 경향이 있어, 상속세 측면에서는 금융재산보다 부동산을 상속하는 것이 상대적으로 유리할 수 있다.

이러한 평가 방식의 차이로 인해 금융재산은 상속세 부담이 상대적으로 커지는 구조를 가지게 되며, 금융재산상속공제는 이러한 불균형을 완화하기 위해 마련된 제도다. 즉, 금융재산을 상속받는 경우 세 부담이 과도해지는 것을 방지하기 위해 일정 금액을 공제하자는 취지다.

공제 금액은 금융재산에서 금융부채를 차감한 순금융재산을 기준으로 산정한다. 여기서 금융재산이란 「금융실명법」에 따른 금융기관이 취급하는 예금, 적금 등이 이에 해당하며, 단순한 현금이나 수표는 금융재산으로 보지 않는다.

한편 해외 주식이나 해외 예금의 경우에도 이를 운용하는 계좌가 국내 금융기관에 개설된 계좌라면 금융재산상속공제를 적용받을 수 있다. 다만, 해외 금융기관에 개설된 계좌를 통해 보유한 해외 주식이나 예금은 공제 대상에 해당하지 않으므로, 사전에 반드시 유의할 필요가 있다.

구 분	공제되는 것	공제 안 되는 것
금융재산	금융기관이 취급하는 예금, 적금, 부금, 펀드, 보험금, 금전신탁, 주식, 채권, CD, 어음 등	• 현금, 자기앞수표 • 군인공제회, 교직원공제회 예금·부금 • 최대주주·최대출자자 보유 주식 • 사전증여한 금융재산 • 상속 개시 후 받은 퇴직금 • 상속추정재산 중 예금인출액
금융부채	대출 등 금융기관 채무	• 개인 간 채무 • 전세보증금

동거주택 상속공제는 부동산 실거래가 신고 확대 등으로 1세대 1주택 실수요자의 상속세 부담이 증가함에 따라, 이를 완화하기 위해 도입된 제도다. 장기간 함께 거주해 온 가족의 주거 안정을 보호하는 데 그 취지가 있다.

이 공제를 적용받기 위해서는 피상속인과 상속인이 상속개시일부터 소급하여 10년 이상 계속하여 동거한 사실이 있어야 하며, 상속개시일 현재 상속인은 무주택자이거나 피상속인과 함께 1세대 1주택을 보유하고 있어야 한다. 단순한 주민등록상 동거 여부보다는 실제 거주 사실이 중요한 판단 기준이 된다.

동거주택 상속공제액은 상속받는 주택가액에서 피상속인의 담보채무를 차감한 순주택가액을 기준으로 계산하며, 공제 한도는 6억 원이다. 따라서 주택 가격뿐 아니라 담보대출의 존재 여부도 공제 금액 산정에 영향을 미친다.

다만, 주택 보유 시점, 실제 동거 가능 여부, 상속인의 범위, 상속개시일의 판단 방식 등에 따라 공제 적용 여부와 결과가 달라질 수 있으므로, 사전에 요건 충족 여부를 면밀하게 검토할 필요가 있다.

상속공제는 원칙적으로 상속인들이 실제로 상속받은 상속재산가액을 한도로 인정된다. 만약 이러한 한도가 없다면, 상속세 과세가액에 합산된 사전증여재산가액까지 공제를 통해 차감할 수 있게 되어 제도의 균형이 무너질 우려가 있다.

상속세법은 고율의 누진세율 회피를 방지하기 위해 일정 기간 내의 사전증여재산을 상속재산가액에 합산하도록 규정하고 있으며, 상속공제에 한도를 두는 이유 역시 이러한 입법 취지를 유지하기 위한 것이다. 즉, 사전증여를 통한 세 부담 우회를 막으면서도, 실제 상속분에 대해서만 공제 혜택을 인정하려는데 그 목적이 있다.

상속세 과세가액

(-)상속인이 아닌 사람에게 유증, 사인증여, 증여채무 이행 중인 재산

(-)상속인의 상속포기로 그다음 순위의 상속인이 상속받은 재산의 가액

(-)증여재산가액(증여재산공제를 차감한 증여세 과세표준)

(=)상속공제 종합한도

절세는 기술이지만 요령은 아니다. 법이 허용한 공제를 정확히 이해하고, 정공법으로 활용하는 것, 그것이 가장 안전하면서도 강력한 절세 전략이다. 상속은 한 번의 사건이지만, 공제는 준비의 결과다. 시간을 들여 설계한 상속은 세금을 줄이는 데 그치지 않고, 가족의 부담과 갈등까지 함께 덜어낸다. 결국 진정한 절세는 숫자가 아니라 구조에서 나온다.

상속재산 30억 원, 배우자에게 몰아 줄까? 자녀와 나눌까? 배우자 상속공제로 달라지는 세금 전략

50대 초반의 중소기업 대표이사 M씨는 한 달 전 부친을 떠나보낸 뒤 상속세 신고를 준비하고 있었다. 평소 "세금은 너무 과하다"고 느끼던 그는, 아버지가 평생 일궈 놓은 재산에 국가가 다시 지분을 요구하는 것 같아 억울했다.

답답한 마음에 인터넷과 유튜브를 뒤지던 중 그의 눈길을 사로잡은 문구가 있었다.

"배우자 상속공제 최대 30억 원!"

그 순간 꽉 막혔던 숨이 조금 트이는 느낌이 들었다.

아버지가 남긴 재산을 정리해 보니, 시가 31억 원짜리 꼬마빌딩과 예금 5억 원, 임대보증금 채무 1억 원을 차감하면 총상속재산은 35억 원이었다.

M씨는 계산기를 두드렸다.

"기본공제 5억 원, 어머니가 꼬마빌딩을 전부 상속받으면 배우자공제 30억 원…

5억 원+30억 원=35억 원, 상속세는 0원?"

며칠 동안 그를 괴롭히던 상속세 걱정이 단번에 사라지는 듯했다.

✎ 배우자 상속공제 30억 원은 상한선일 뿐 법정 상속지분 내에서 실제 상속받은 금액이다.

배우자 상속공제는 최대 30억 원까지 가능하지만, 모든 경우에 전액을 공제해 주는 제도는 아니다.

많은 사람이 "배우자에게 몰아주면 30억 원 전액 공제"라고 오해하지만, 30억 원은 어디까지나 최대한도일 뿐 실제 공제액은 상속재산 규모와 배우자의 법정 상속지분 범위 내에서만 인정된다.

즉, 배우자가 전 재산을 상속받더라도 법정 지분을 초과한 부분은 공제 대상이 아니다. 배우자 상속공제는 '얼마나 받았는지'가 아니라, 법적으로 허용되는 한도가 기준이 된다.

M씨의 사례도 같다. 상속인이 어머니, M씨와 M씨의 형제 이렇게 3명일 경우 어머니가 꼬마빌딩을 100% 상속받더라도, 배우자의 법정상속지분은 1.5/3.5에 불과하다.

따라서 공제 한도는 전체 상속재산 35억 원에 이 비율을 적용한 15억 원으로 제한된다.

결과적으로 배우자 상속공제는 최대 30억 원이 아니라 15억 원만 인정된다.

이 사례의 경우 일괄공제 5억 원, 배우자 상속공제 15억 원, 금융재산상속
공제 1억 원을 반영하면 총상속공제가 21억 원이 되고 과세표준은 14억 원이
되어, 실제 상속세 부담은 4억 원이라는 것이 TAX CLUB 17의 결론이었다.

세무 전문가는 이렇게 설명했다.

"배우자 상속공제로 상속세를 없앨 수 있다고 생각하시는 분들이 많지만,
법정 지분을 고려하지 않으면 신고 단계에서 큰 오류가 생깁니다."

그제야 M씨는 깨달았다.

'배우자 상속공제 30억 원'은 마법 같은 공식이 아니라, 조건이 붙은 최대
치에 불과하다는 사실을.

〈상속분할에 따른 상속세의 차이〉

【단위: 원】

구 분	상속분할 비율(모:자1:자2)		
	50:25:25	0:50:50	20:40:40
상속재산	3,500,000,000	3,500,000,000	3,500,000,000
일괄공제	500,000,000	500,000,000	500,000,000
배우자 상속공제	1,500,000,000	500,000,000	700,000,000
금융재산상속공제	100,000,000	100,000,000	100,000,000
상속세	400,000,000	800,000,000	720,000,000

위 〈표〉의 상속세는 임대보증금 채무, 일괄공제, 배우자 상속공제, 금융재
산상속공제를 적용하여 단순화해 산정한 예시 금액일 뿐, 실제 상속세는 훨
씬 복합적인 요소에 따라 달라질 수 있다.

특히 배우자 상속공제는 '한도 내 무조건 적용'이 아니라, 배우자의 법정
상속지분 범위 안에서 실제로 얼마나 상속받았는지에 따라 공제 가능 금액이
결정된다. 다시 말해, 계산상 공제 가능 금액이 나오더라도 실제 상속 구조가

이에 부합하지 않으면 동일한 절세 효과를 얻기 어렵다.

또한 배우자에게 모두 상속된 재산은 장기적으로 보면 자녀에게 다시 이전되는 '2차 상속'이 이루어진다. 이 과정에서 배우자의 재산 규모, 향후 생활비 및 의료비 지출, 부동산 처분 가능성, 취득·양도에 따른 거래비용, 그리고 상속인 간 분쟁 가능성까지 함께 고려해야 한다.

따라서 배우자에게 얼마나 상속할 것인가는 단순히 "지금의 상속세를 줄이기 위한 선택"이 아니라, 2차 상속세 부담, 가족 간 이해관계, 자금 흐름의 안정성까지 포함한 종합적인 설계 영역에서 판단되어야 한다.

결론적으로 상속 구조는 숫자 계산만으로 결정할 문제가 아니라, 가족의 재산 구조와 삶의 계획을 함께 반영한 전략적 의사결정에서 나오는 것이다.

✎ 배우자 상속공제 한도 범위 내에서 자녀의 상속지분을 높여야

M씨 사례처럼 배우자 상속공제가 법정 한도에 묶여 최대 30억 원 전부를 활용할 수 없는 상황이라면, 오히려 배우자의 상속 비중을 무조건 높이기보다 자녀와의 지분 배분을 전략적으로 조정하는 것이 더 유리할 수 있다.

배우자 지분을 낮추고 자녀 지분을 높이면, 단기적으로는 상속받은 꼬마빌딩을 처분할 경우 매각대금 중 자녀 몫의 현금이 늘어나는 효과가 생긴다. 이는 유동성 확보 측면에서 실질적인 장점이 된다.

또한 중·장기적으로는 어머니가 추후 사망할 때 발생할 2차 상속에 대비한

절세 효과가 크다. 배우자가 과도한 재산을 상속받으면 이후 다시 상속세가 부과되지만, 자녀 지분을 미리 확보해 두면 2차 상속에 따른 세 부담 구조를 완화할 수 있다.

아울러 부동산을 배우자 단독으로 이전했다가 다시 자녀에게 이전하는 구조를 피할 수 있어, 취득세를 두 번 부담하는 비효율을 줄이는 효과도 기대할 수 있다.

결국 상속 설계는 "배우자에게 얼마나 몰아줄 것인가"의 문제가 아니라, 가족 전체의 현금 흐름, 향후 처분 계획, 2차 상속 부담, 취득세 비용까지 종합적으로 고려한 지분 설계가 핵심이라는 점을 명확히 이해할 필요가 있다.

✏️ 금융재산을 어머니에게 분할하고 상속세 납부는 어머니가, 배우자 상속공제 증가와 연대납세의무 활용으로

상속세를 기대만큼 줄이지 못했다 하더라도, 납부 전략에 따라 실제 체감 부담은 크게 달라질 수 있다. 그 대표적인 방법이 상속세 납부를 배우자(어머니) 자산으로 조정하는 구조이다.

상속세는 상속인 각자가 받은 재산 비율에 따라 부담하는 것이 원칙이지만, 실제 법적 구조는 '연대납세의무'이다. 이는 상속인 중 한 사람이 자기가 상속받은 재산 범위내에서 자기가 부담할 상속세를 초과해 납부하더라도 그 자체가 증여로 간주되지 않는다는 뜻이다. 다시 말해, 어머니가 상속받은 재산가액 범위 내에서는 자신의 현금으로 전체 상속세를 대신 내더라도 이를 자녀에 대한 증여로 보지 않는다는 점이 핵심이다.

이 구조를 활용하면 다음과 같은 효과가 발생한다.

첫째, 자녀의 유동성 부담을 실질적으로 줄일 수 있다. 특히 자녀가 현금보다 부동산 비중이 큰 상속을 받았다면, 급하게 자산을 처분하지 않고도 상속 절차를 마무리할 수 있게 된다.

둘째, 어머니의 자금으로 상속세를 납부하면 향후 어머니의 상속재산이 자연스럽게 감소하게 된다. 즉, 지금 납부한 세금만큼 어머니 명의 재산이 줄어들어 나중에 어머니 상속 시 발생할 2차 상속에 대한 과세표준을 낮추는 효과가 발생한다. 이는 단순한 편의 차원이 아니라 실질적인 '이중 상속세 완화 전략'이 된다.

셋째, 이 방식은 법적으로도 안정성이 있다. 상속세 및 증여세법은 상속재산 한도 내에서의 연대납세를 명확히 인정하고 있으므로 정상적인 상속세 신고·납부 절차 내에서 이행되는 이상 사전증여나 우회 증여 등 편법으로 의심받을 여지는 없다.

✎ M씨의 선택, 당장 상속세보다는 미래 가치로

M씨는 결국 현재의 세금 최소화보다 '장기적인 상속 설계'를 선택했다.

세무사와 상담을 마친 M씨는, 기존에 막연히 기대했던 '배우자 상속공제로 상속세 0원' 계산이 현실과 동떨어진 단순 계산에 불과했다는 사실을 받아들였다.

고민 끝에 그는 꼬마빌딩의 지분을 어머니 20%, 형제 각자 40%씩 나누는 방식으로 상속 구조를 설계했다.

이 선택으로 인해 당장 상속세는 7억 2천만 원이 되어 배우자 상속공제를 최대로 받을 때의 상속세 4억 원보다 많지만, 그 대신 자녀들의 자산 비중을 선제적으로 높이고, 어머니 명의의 재산을 줄임으로써 향후 발생할 2차 상속세 부담을 구조적으로 낮추는 효과를 얻게 되었다.

결국 "상속세를 얼마나 줄였는가"보다 '누가, 어떤 재산으로, 언제 세금을 낼 것인가'에 따라 가족 전체의 세 부담이 달라진다는 점에 주목해야 한다.

M씨는 깨달았다. 상속은 단순한 '절세 기술'이 아니라, 세대 간 부의 이전을 어떻게 설계할 것인가에 대한 장기 전략이라는 것을.

아버지가 평생 농사지은 논, 누가 상속받으면 상속세 줄어들까?

태안에서 평생을 흙과 함께 살아온 농부 M씨에게는 두 아들과 딸이 있었다. 장남은 아버지의 기대와 뒷바라지 속에 해외 유학을 떠나, 현재는 하버드대학교 로스쿨 교수로 재직 중인 성공한 법학자가 되었다. 딸 역시 중견 기업가와 결혼해 남부럽지 않게 가정을 꾸리며 안정된 삶을 살고 있다.

그러나 M씨의 마음 한편에는 늘 둘째 아들이 자리하고 있었다.

둘째는 어린 시절부터 집안 형편 때문에 학교 대신 논밭에 나가 아버지를 도와야 했고, 결국 초등학교만 졸업하였다. 흙 묻은 손으로 하루하루를 버텨온 그 아들의 삶을 떠올릴 때마다, M씨는 미안함과 안타까움을 지울 수 없었다.

그래서였을까.

M씨는 지인들을 만날 때마다 마치 다짐하듯 "이 논만큼은 둘째 놈에게 물려줄 생각이오"라는 말을 밥 먹듯이 반복하곤 했다. 배움은 짧지만, 누구보다 성실했고, 묵묵히 농사를 함께 지어온 둘째 아들이야말로 이 땅을 이어받을 자격이 있다고 그는 믿고 있었다.

수도권에 거주하고 있더라도, 조금만 외곽 지역으로 나가면 영농상속공제를 적용받을 수 있는 경우가 의외로 많다. 특히 아버지가 생전에 농사를 지으셨다면, 상속이 발생하기 전에 상속인이 어떤 요건을 갖추어야 하는지 미리 확인하고 준비하는 것이 매우 중요하다.

영농상속공제를 받기 위한 상속인 요건은 생각보다 까다롭지 않다. 최근에는 아버지가 돌아가실 무렵 상속인 역시 은퇴 나이에 접어드는 이른바 '노노(老老)상속'이 늘어나면서, 상속인이 직접 농사를 짓는 것이 현실적으로 가능한 경우도 많아졌다.

구체적인 요건을 보면, 아버지가 8년 이상 농업에 종사한 상태에서 사망하고, 상속인이 사망일 기준 2년 전까지 농업을 시작했다면 영농상속공제를 적용받을 수 있다. 이 경우 최대 30억 원까지 상속재산에서 공제가 가능하다.

예를 들어, 영농상속공제 대상이 되는 농지의 가액이 30억 원이고 상속세율이 40%라면, 상속세를 무려 12억 원까지 절감할 수 있다. 이는 단순한 절세를 넘어, 가업으로서의 농업을 안정적으로 이어갈 수 있도록 마련된 중요한 제도라 할 수 있다.

아버지가 평생 일구어 온 농업을 승계하는 의미도 크고, 동시에 상속세 부담까지 대폭 줄일 수 있는 만큼, 농사를 지을 수 있는 여건이 되는 상속인이라면 미리 준비하여 영농상속공제를 활용한 상속을 계획해보는 것이 바람직하다.

✐ 영농상속공제의 대상은?

피상속인이 사망하기 2년 전부터 영농에 사용해 온 재산으로서, 상속개시일 현재 지목과 관계없이 실제로 농지·초지·보전산지에 해당해야 한다. 또한 보전산지의 경우에는 산림경영계획 인가를 받았거나 새로 조림한 기간이 5년 이상인 산림지여야 한다. 이와 함께 영농에 직접 사용되는 창고나 저장고, 그리고 도시계획법상 주거지역에 편입된 농지라 하더라도 실제로 영농에 사용되고 있다면 영농상속공제 대상에 포함된다.

✐ 피상속인 요건은?

피상속인은 상속개시일 기준 8년 전부터 계속 직접 영농에 종사해야 한다. 다만, 질병으로 인한 요양 등 불가피한 사유로 일시적으로 농사를 짓지 못한 기간(협의매수 또는 수용은 최대 1년)은 영농 종사 기간으로 본다. 따라서 사망 전 요양병원에 입원해 실제 농사를 짓지 못했더라도, 그 사유가 질병이라면 해당 기간은 포함된다.

영농상속공제는 양도소득세 8년 자경 감면 요건과 유사한 구조로 생전 양도 시 100% 감면, 사망 후 상속 시 영농상속공제가 적용된다. 다만, 농지는 형식이 아니라 실제 영농에 사용되어야 하며, 피상속인은 농지 소재지와 같은 시·군·구 또는 연접 지역, 직선거리 30km 이내에 거주해야 한다. 또한 사업소득금액과 총급여액 합계가 3,700만 원 이상이면 영농 종사로 보지 않아 공제가 제한된다.

상속인이 직접 영농에 종사했다는 사실은 상속인이 스스로 입증해야 한다. 이를 위해 주민등록초본, 농지대장, 농지확인서, 경작 사실확인서 등을 통해 거주 및 경작 사실을 객관적으로 증명해야 한다. 아울러 영농일지, 종자·비료·농약·농기계 관련 영수증, 농작물 출하 확인서, 영농보조금·직불금 수령 내역 등도 중요한 증빙자료다. 단일 자료보다는 여러 증빙을 종합적으로 준비하는 것이 핵심이다.

영농상속공제는 요건 충족 여부에 따라 적용 여부가 크게 달라지므로 사전에 요건을 정확히 이해하고 증빙자료를 체계적으로 준비하는 것이 중요하다.

✎ 상속인 아들의 요건은?

상속인은 상속개시일 현재 18세 이상이어야 하며, 상속개시일 기준 2년 전부터 계속하여 직접 영농에 종사하고 있어야 한다. 또한 해당 농지 등의 소재지와 같은 시·군·구 또는 연접 지역, 또는 직선거리 30km 이내에 거주해야 영농상속공제 요건을 충족한다.

다만, 병역 의무 이행, 질병으로 인한 요양, 취학 상의 형편 등 불가피한 사유로 인해 직접 영농에 종사하지 못한 기간은 영농에 종사한 기간으로 인정된다. 아울러 수용 등으로 인해 최대 1년간 직접 영농에 종사하지 못한 경우에도 해당 기간은 계속하여 영농에 직접 종사한 것으로 본다.

한편, 피상속인이 65세 이전에 사망했거나 천재지변 등 부득이한 사유로 사망하면 상속인이 상속개시일 2년 전부터 계속하여 직접 영농에 종사해야 한다는 요건 자체가 적용되지 않는다. 이 경우에는 거주요건과 연령 요건만 충족하더라도 영농상속공제를 적용받을 수 있다.

또한 상속인이 영농·영어·임업후계자에 해당하면 앞서 살펴본 영농 종사 기간 요건과 관계없이 상속인 요건을 충족한 것으로 본다.

아울러 영농에 종사하는 상속인이 여러 명인 경우에도, 이들이 공동으로 영농상속재산 전부를 상속받는다면 공동상속인 모두에게 영농상속공제가 적용될 수 있다. 따라서 상속 구조를 어떻게 설계하느냐에 따라 공제 적용 여부와 범위가 달라질 수 있다.

✎ 영농상속공제를 받은 후 5년 이상 농사를 지어야!

영농상속공제를 받은 후에는 사후관리 요건을 반드시 지켜야 한다. 공제를 적용받은 날부터 5년 이내에 정당한 사유 없이 해당 농지 등을 처분하거나 임대하는 등, 상속인이 더 이상 직접 영농에 종사하지 않게 되면 그동안 감면받은 상속세에 이자 상당액을 가산하여 상속세가 추징된다.

여기서 말하는 정당한 사유란 상속인의 사망이나 해외 이주, 공익사업에 따른 수용 또는 협의매수, 그리고 국가나 지방자치단체에 대한 양도나 증여 등과 같이, 상속인의 의사와 무관하게 더 이상 농사를 지을 수 없게 되는 경우를 의미한다. 이러한 사유에 해당한다면 사후관리 위반으로 보지 않는다.

또한 상속 이후 재배 작물이 변경되더라도 그 작물이 여전히 농업의 범주에

속한다면 영농을 중단한 것으로 보지 않으며, 사후관리 위반에도 해당하지 않는다. 즉, 벼농사에서 밭작물이나 과수로 전환하는 경우 등은 문제가 되지 않는다.

한편, 영농상속공제와 가업상속공제는 중복하여 적용할 수 없지만 영농상속공제와 배우자 상속공제는 중복 적용이 가능하다. 따라서 배우자가 있는 경우에는 영농상속공제를 활용하면서도 배우자 상속공제를 함께 적용해 상속세 부담을 추가로 줄일 수 있는 여지가 있다.

마지막 2년을 요양원에서 보낸 아버지, 동거주택 상속 공제 6억 원의 운명

"아버지, 이제 혼자 계시기 어려우니까 좋은 요양원으로 모셔야겠어요." 60대 M씨는 치매 증상이 심해지신 85세 아버지를 바라보며 마음이 무거웠다. 평생 살아오신 시세 15억 원 상당의 집에서 더 이상 혼자 지내시기 어려운 상황이 되었기 때문이다.

아버지와는 8년간 함께 살아왔다. 어머니가 돌아가신 후 아버지를 모시고 살기 시작한 것이었다. M씨는 고민 끝에 아버지를 서울 근교의 경치 좋은 요양원에 모셨다. "여기서 전문적인 보살핌을 받으시는 게 아버지에게도 좋을 거예요." 하지만 이 선택이 2년 후 상속세에 어떤 영향을 미칠지는 미처 생각하지 못했다.

2년 후의 갑작스러운 이별

요양원 생활 2년째, 아버지는 갑작스럽게 세상을 떠나셨다. 슬픔에 잠긴 M씨에게 세무사가 전한 소식은 또 다른 충격이었다.

"동거주택 상속공제를 받을 수 없을 것 같습니다." 세무사의 말에 M씨는 당황했다. "아버님과 함께 거주하신 기간이 총 8년이라서 10년 미만입니다. 요양원에 계신 2년은 동거 기간 계산에서 제외되거든요."

M씨는 억울했다. "그럼 요양원 기간은 아예 인정이 안 되는 건가요?" 세무사는 설명을 이어갔다. "요양원 입소나 1년 이상 치료, 군 복무 같은 경우는 '계속하여 동거'라는 연속성 요건에서는 예외적으로 인정해줍니다. 하지만 실제 동거 기간 10년을 계산할 때는 포함되지 않아요."

 동거주택 상속공제를 받지 못한 M씨의 현실

동거주택 상속공제는 상속인이 피상속인과 상속개시일 현재까지 10년 이상 계속하여 동거한 경우에만 받을 수 있는 6억 원의 혜택이다. M씨의 경우 실제 동거 기간이 8년에 불과해서 10년 요건을 충족하지 못했다. 

"요양원 2년은 연속성을 끊지는 않지만, 실제 동거 기간에는 포함되지 않아서 총 8년으로 계산돼요." 세무사의 설명에 M씨는 아쉬워했다.

상속세 및 증여세법은 냉정했다. 15억 원 아파트에서 기본공제 5억 원만 빼면 10억 원이 과세표준이 되었다. 상속세는 약 2억 4천만 원이 나왔다.

"6억 원 공제를 못 받아서 추가로 약 1억 7천만 원의 상속세를 더 내야 해요." M씨는 한숨을 쉬었다. 아버지를 잘 모시려고 좋은 요양원에 모신 것이, 결과적으로는 거액의 세금 부담으로 이어진 것이었다.

"집을 팔아서 상속세를 내야 할 것 같아요." M씨는 어쩔 수 없이 아버지와 살던 집을 팔기로 했다.

 8년간 함께 살던 Y씨의 경우

비슷한 상황에 있던 Y씨는 달랐다. 어머니가 돌아가신 후 아버지와 8년간 함께 살아왔고, 아버지가 치매에 걸린 후에도 2년간은 간병인을 모셔서 집에서 돌봤다.

"요양비랑 간병비가 비슷하니까, 차라리 아버지가 평생 살던 집에서 지내시게 해드리자." Y씨의 결정은 경제적 고려보다는 아버지에 대한 사랑에서 나온 것이었다.

2년 후 아버지가 돌아가셨을 때, Y씨는 동거 기간 10년으로 10년 요건을 충족해서 동거주택 상속공제 6억 원을 온전히 받을 수 있었다. 시가 15억 원 집에서 기본공제 5억 원과 동거주택 상속공제 6억 원을 빼면 과세표준이 4억 원으로 줄어들었다. M씨보다 무려 약 1억 7천만 원 적은 약 7천만 원의 상속세를 내게 된 것이다.

"간병인을 모시는 것도 쉽지 않았지만, 결과적으로는 세금 면에서도 유리했네요." Y씨는 아버지의 마지막을 집에서 함께할 수 있어서 만족했고, 상속세 절세는 예상치 못한 보너스였다.

 10년 동거 후 요양원에 간 K씨의 경우

K씨는 아버지와 10년간 함께 살다가 마지막 2년만 요양원에 모셨다.

"K씨의 경우는 동거주택 상속공제 6억 원을 받을 수 있어요." 세무사의 설명에 K씨는 안도했다. "실제 동거 기간이 10년이라서 10년 요건을 충족하고, 요양원 기간은 연속성을 끊지 않기 때문에 '계속하여 동거' 요건도 만족합니다."

"요양원 2년은 동거 기간 계산에는 포함되지 않지만 계속 동거한 것으로 볼 수 있으니 그 이전 동거 기간이 이미 10년을 넘기 때문에 문제없어요."

【단위: 원】

구 분	Case 1	Case 2	Case 3
상속재산	15억	15억	15억
일괄공제	5억	5억	5억
동거주택 상속공제	-	6억	6억
과세표준	10억	4억	4억
세율	30%	20%	20%
산출세액	10억×30%-6천만 원 = 2억 4천만 원	4억×20%-1천만 원 = 7천만 원	4억×20%-1천만 원 = 7천만 원

✍ 동거 요건의 정확한 해석

세무사는 동거주택 상속공제 요건을 정리해주었다.

"동거 기간 10년은 실제로 함께 거주한 기간만 계산합니다. 요양원 입소, 1년 이상 치료, 군 복무 등은 제외돼요. 하지만 '계속하여 동거'라는 연속성 요건에서는 이런 경우들을 예외적으로 인정해줍니다."

"즉, 요양원에 가는 것 자체가 동거를 중단한 것으로 보지는 않지만, 요양원에 있는 기간은 실제 동거 기간에는 포함하지 않는다는 의미입니다."

결국,

- M씨(8년 동거 후 요양원 2년) : 실제 동거 기간 8년 〈 10년 → 공제 불가
- Y씨(10년 계속 동거) : 실제 동거 기간 10년 ≥ 10년 → 6억 원 공제 가능
- K씨(10년 동거 후 요양원 2년) : 실제 동거 기간 10년 ≥ 10년, 연속성 유지 → 6억 원 공제 가능

✍️ 2년의 차이가 만든 1억 7천만 원의 상속세 차이

M씨와 K씨의 차이는 단 2년이었다. M씨가 만약 10년간 동거한 후 요양원에 모셨다면 K씨와 같은 결과를 얻을 수 있었을 것이다.

"겨우 2년 차이인데 1억 7천만 원의 세금 차이가 나다니…." M씨는 아쉬워했다.

"만약 처음부터 이런 규정을 알고 있었다면, 아버지와 좀 더 오래 함께 살다가 요양원을 고려했을 텐데요."

동거주택 상속공제 6억 원의 위력은 실로 대단했다. 같은 15억 원 집을 상속받더라도 이 공제를 받느냐 받지 못하느냐에 따라 상속세가 천지 차이로 달라졌다.

✍️ 동거주택 상속공제의 적용요건

피상속인과 상속인(직계비속 또는 그 직계비속의 배우자)은 상속개시일 이전 10년 이상 하나의 주택에서 계속 동거해야 한다. 다만, 상속인이 미성년

자였던 기간은 동거 기간에서 제외된다. 또한 피상속인과 상속인은 같은 기간 동안 1세대를 구성하면서 1세대 1주택 요건을 충족해야 한다. 이 과정에서 일시적으로 무주택이었던 기간이 있더라도 해당 기간은 1세대 1주택 기간에 포함된다.

마지막으로 상속개시일 현재 상속인은 무주택자이거나, 피상속인과 공동으로 1세대 1주택을 보유한 상태에서 동거하다가 그 주택을 상속받아야 한다.

한편, 취학·질병·근무 등 불가피한 사유로 함께 거주하지 못한 경우에는 계속 동거한 것으로 보되, 실제로 동거하지 못한 기간은 동거 기간 계산에서는 제외된다.

20억 원 주택으로 노후 자금 확보를 위한 4가지 세무 전략

M씨는 평생 사업에 매진하며 성실하게 재산을 모아왔다. 그 결과 현재 보유한 자산은 시가 약 20억 원 상당의 1주택이 전부이다. 그러나 사업에서 은퇴한 이후에는 정기적인 수입이 크게 줄어들어, 생활비와 의료비 등 노년기에 필요한 현금 유동성이 부족한 상황에 놓이게 되었다.

그런데도 M씨는 해당 주택만큼은 자녀들에게 그대로 상속하고 싶다는 마음이 컸고, 이에 상속을 대비한 세금 부담을 최소화할 수 있는 방법을 찾고자 세무 상담을 요청하였다.

M씨의 질문은 단순했다.

"제가 가진 재산은 이 집 한 채뿐인데, 이 주택을 어떻게 활용해야 세금 측면에서 가장 유리할까요?"

상속으로 남길 수 있는 자산이 고가주택 1채뿐인 경우라면, 노후 현금 유동성 확보와 상속세 부담을 함께 고려하여 주택 매각을 통한 현금화, 주택연금

(역모기지론), 은행 담보대출, 자녀와의 차입계약 등을 종합적으로 검토해 볼 수 있다.

✒ 주택 매각 및 다운사이징 방안

현재 보유 중인 주택을 매각한 뒤, 상대적으로 규모가 작은 주택(예: 10억 원 수준)으로 갈아타고 나머지 금액 약 10억 원을 현금화하는 방법이다.

1세대 1주택 비과세 요건을 충족하는 경우 양도소득세는 대부분 비과세가 가능하다. 다만, 고가주택(양도가액 12억 원 초과)에 해당하면 비과세 한도를 초과하는 부분에 대해서는 양도차익 비율만큼 세금이 발생한다.

이 과정에서 이사비용 등 거래비용이 발생하고, 향후 주택 가격 상승에 따른 추가적인 시세차익을 누리기 어렵다는 단점이 있다. 반면, 상속재산이 단순화되고 안정적인 현금이 확보된다는 장점이 있다.

✒ 역모기지론(주택연금) 방안

거주 중인 주택을 주택금융공사에 담보로 제공하고, 매월 연금 형태로 생활 자금을 받는 방식이다. 주택연금으로 받는 금액은 소득세가 비과세되며, 생존 시까지 거주권이 보장된다.

사망 시에는 주택을 처분하여 연금 지급액을 정산하고, 잔여 금액이 있으면 자녀에게 상속된다. 다만, 공시가격 12억 원 이하의 1주택 보유자만 신청할 수 있으며, 주택 가격 변동에 따라 유불리가 발생할 수 있다는 점은 고려해야 한다. 이 방안은 자녀에게 부담을 주지 않고 노후를 설계할 수 있는 현실적인 대안이다.

📝 은행 담보대출 방안

향후 주택 가격 상승을 기대하고, 이자 부담이 가능한 경우라면 주택을 담보로 은행 대출받아 생활비로 활용하는 방법도 있다. 이 경우 사망 시 남아 있는 대출금은 상속세 계산 시 부채로 공제되어 상속세 부담을 줄이는 효과가 있다.

📝 자녀로부터 차입하는 방안

주택 가격 상승이 예상되고 자녀에게 자금 여력이 있다면, 자녀로부터 자금을 차입하는 방법도 고려할 수 있다. 가족 간 거래이므로 운영의 유연성은 높지만, 실질적인 부채로 인정받기 위해서는 차용증 작성, 자금 이체에 대한 객관적 증빙, 근저당권 설정 등 형식과 실질을 모두 갖추는 것이 필수적이다.

이처럼 주택 1채만 보유하는 경우에도 단순한 상속세 관점뿐만 아니라 노후 현금 흐름·세금 부담·자녀의 재정 상황을 함께 고려한 종합적인 설계가 필요하다.

〈주택을 활용한 노후 자금 확보방안〉

구 분	유리한 점	세무상 효과	위험 요소
① 매각·다운사이징	대규모 현금 확보	양도세 비과세 (조건충족)	고가주택 과세, 이사비용
② 역모기지론	안정적 연금, 비과세	소득세 비과세	연금액 제한 (12억 원 초과)
③ 은행담보대출	즉시 현금 확보	부채공제 + 금융공제	이자 부담
④ 자녀에게 차입	가족 내 유연성	부채공제 가능	증빙 미비 시 위험

Part 5.

상속 및 증여재산의 평가

상속증여재산,
꼭 감정평가해야 할까?

　과거에는 상속세나 증여세를 신고할 때 부동산에 대해 감정평가를 의뢰하는 경우가 많지 않았고, 대부분 기준시가를 기준으로 재산을 평가하는 방식이 일반적이었다. 즉, 실제 거래되는 시장가치와 신고가액 사이에 다소 차이가 존재하더라도 기준시가로 평가하여 신고하는 것이 세무 실무에서 널리 받아들여진 관행이었다.

　그러나 최근 들어 국세청이 감정평가를 적극적으로 활용하는 방향으로 제도와 과세 실무를 운용하면서 상황이 크게 달라지고 있다. 기준시가가 시가를 충분히 반영하지 못한다고 판단되는 경우, 국세청이 감정평가를 통해 재산가액을 다시 산정하여 납세자가 신고한 가액을 부인하는 사례가 점차 증가하고 있다. 그 결과, 세무 실무 전반에서 감정평가의 중요성은 과거와 비교할 수 없을 정도로 커지고 있다.

　이제 상속·증여 절차에서는 감정평가가 선택이 아닌 사실상 필수적인 과정으로 인식되고 있는 만큼, 단순히 감정평가를 받았다는 사실만으로는 충분하지 않다. 세법상 '시가'

로 인정받기 위해 감정평가가 어떤 요건을 충족해야 하는지, 즉 평가 주체의 적격성, 평가 시점, 평가 방법 등이 어떻게 갖추어져야 하는지를 정확히 이해할 필요가 있다. 이를 간과할 경우, 감정평가를 받았음에도 불구하고 세무상 인정받지 못해 예상치 못한 세금 부담이나 분쟁으로 이어질 수 있다.

시가의 적용 순서

① 매매가액, 감정가액, 보상가액, 경매·공매가액

② 유사매매사례가액

③ 보충적 평가방법(부동산의 경우 '기준시가')

즉, 실제 거래된 금액이나 감정평가액이 있다면 그것이 우선 인정되고, 그런 자료가 없을 때 유사매매사례가액, 그리고 기준시가 등 보충적 평가방법 순서로 평가하게 된다.

원칙적 평가 기간

- 상속: 상속개시일(사망일) 전 6개월부터 후 6개월 이내
- 증여: 증여일 전 6개월부터 후 3개월 이내

감정평가가 세법상 시가로 인정되기 위해서는, 이 기간 안에 평가 기준시점과 감정평가서 작성일이 모두 포함되어야 한다.

특히 상속의 경우에는 주의해야 할 점이 있다. 상속세 신고기한은 '사망일이 속한 달의 말일부터 6개월 이내'인 반면, 감정평가의 평가 기간은 '사망일로부터 6개월 이내'로 규정되어 있어, 때에 따라 최대 한 달 정도의 차이가 발생할 수 있다. 이 차이를 인지하지 못하면 신고기한은 남아 있음에도 불구

하고 감정평가 가능 기간이 이미 지나버리는 상황이 생길 수 있다.

실무에서는 상속인이 준비해야 할 서류가 많고, 상속인이 여러 명이면 재산분할이나 신고 방향에 대한 이견 조율도 쉽지 않다 보니 신고 기한이 임박해서야 세무사를 찾는 경우가 적지 않다. 그러나 감정평가가 필요한 상속의 경우, 평가 의뢰부터 결과가 나오기까지 일정 시간이 소요되므로 신고 기한만을 기준으로 준비하다 보면 적정 시기에 감정평가를 받지 못하는 위험이 있다.

따라서 상속재산 중 부동산 등에 대해 감정평가가 필요할 가능성이 있다면, 상속이 개시된 직후부터 가능한 한 빠르게 감정평가를 의뢰하는 것이 바람직하다. 이는 세법상 시가 인정은 물론, 이후 세무조사나 분쟁을 예방하는 데에도 중요한 역할을 한다.

　자녀가 읽어주는 상속·증여

감정평가
1곳만 받으면 될까?

M씨로부터 전화가 왔다. "시가 3억 원짜리 조합원 입주권을 증여받았는데, 증여세를 신고하려니 프리미엄을 산정할 수 없으면 감정평가를 받아야 한다고 합니다. 세무사에게 물어보니 입주권은 금액과 관계없이 감정평가를 두 곳에서 받아야 한다고 하더군요. 기준시가가 10억 원 이하면 한 곳만 받아도 된다는데, 감정평가 수수료도 만만치 않은데 정말 두 군데를 받아야 하나요?"

이런 질문을 받고 얼마 지나지 않아, 비슷한 고민을 가진 Y씨로부터 또 연락이 왔다.

"시가가 12억 원 정도 되는데, 10억 원이 넘으니까 감정평가를 두 군데서 받아야 하는 건가요?"

요즘은 인터넷과 각종 플랫폼을 통해 세무 정보를 손쉽게 접할 수 있는 시대다 보니, 세법에 대한 지식이 상당히 깊은 의뢰인들도 적지 않다. 기본적인 상속세·증여세 구조나 공제 제도, 신고기한 정도는 전문가 못지않게 알고 있는 경우도 흔하다.

그러나 문제는 정보의 양이 많다고 해서 이해의 깊이까지 확보되는 것은 아니라는 점이다. 세법은 그 범위가 매우 방대할 뿐 아니라 개별 조문이 서로 유기적으로 연결되어 있고, 하나의 규정을 어떻게 해석하느냐에 따라 세금 부담이 크게 달라질 수 있다. 특히 상속·증여 분야는 사실관계에 따라 적용 결과가 달라지는 경우가 많아 조문을 부분적으로만 이해하면 오히려 잘못된 결론에 이르기 쉽다.

"인터넷에서 이렇게 봤다", "지인이 이렇게 했는데 문제없었다"라는 식의 정보에 의존하다가, 정확한 요건이나 예외 규정을 놓쳐 예상치 못한 세금이나 불이익을 부담하는 사례도 적지 않다. 같은 규정이라도 재산의 종류, 가액, 시기, 상속 구조에 따라 전혀 다른 결과가 나오기 때문이다.

결국 세법은 '그냥' 아는 것보다 '정확히' 아는 것이 더 중요한 영역이다. 단편적인 정보만으로 판단하기보다는 자신의 상황에 맞게 규정을 종합적으로 검토하고 필요하다면 전문가의 도움을 받아 해석하는 것이 불필요한 세금 부담과 분쟁을 예방하는 가장 현실적인 방법이라고 할 수 있다.

✒️ 둘 이상 감정평가법인의 감정평가가 원칙

세금 계산에는 비교적 명확한 기준이 있지만, 감정평가는 사람의 판단이 개입되는 영역이어서 평가사마다 차이가 발생할 수 있다. 이에 실무와 세법 모두 원칙적으로 2개 이상의 감정평가를 받아 산술평균액을 재산가액으로 인정한다.

다만, 기준시가 10억 원 이하의 부동산(토지·건물·주택 등)은 납세자 부담을 고려해 1개의 감정평가만으로도 시가로 인정하는 예외가 있다.

문제는 **조합원 입주권과 분양권**이다. 이는 부동산 자체가 아닌 장래 부동산을 취득할 수 있는 '권리'로 보아 세법상 부동산에 해당하지 않으며, 기준시가 10억 원 이하 부동산에 대한 예외 규정도 적용되지 않는다. 기준시가가 10억 원을 초과하면 감정평가액이 낮더라도 2곳 이상의 감정평가가 필요하다. 결국 감정평가 개수는 금액이 아니라 재산의 성격, 세법상 분류, 기준시가 여부를 기준으로 판단해야 한다.

✒️ 부동산 지분의 일부 또는 다세대주택, 다가구주택을 상속·증여받은 경우

그렇다면 부동산 전체가 아니라 일부 지분만 증여받으면 어떻게 될까?

예를 들어, 증여받은 지분 가액의 기준시가가 5억 원이라면 감정평가를 한 곳만 받으면 충분할까?

결론부터 말하면, 그렇지 않다.

세법에서는 감정평가 개수를 판단할 때 개별 지분의 가액이 아니라, 하나의 부동산 전체에 대한 기준시가가 10억 원을 초과하는지를 기준으로 삼는다.

따라서 비록 증여받은 지분 가액이 5억 원에 불과하더라도, 해당 부동산 전체의 기준시가가 10억 원을 초과한다면, 세법상 두 곳 이상의 감정평가를 받아야 한다. 이는 지분 증여라고 해서 감정평가 요건이 완화되는 것이 아니라 **부동산의 경제적 실체**를 기준으로 판단하기 때문이다.

이처럼 감정평가와 관련된 규정은 직관적으로 이해하기 어려운 부분이 많아 재산 일부만 이전되는 경우일수록 사전에 정확한 기준을 확인하는 것이 중요하다.

✏️ 상속재산 중 부동산의 가액이 100억 원이 넘는데 두 곳의 감정평가를 받아야 할까?

의뢰인 M씨는 상속재산이 약 100억 원이라며 감정평가 비용을 문의했다. 자료를 검토한 뒤 약 800만 원으로 안내하자, M씨는 두 곳에서 평가하면 1천 6백만 원이 드는 것이냐며 놀라워했다. 상속재산 규모만 보면 복수 감정평가가 필요해 보였지만, 실제로는 상속재산에 포함된 부동산이 모두 다세대주택이었다.

중요한 점은 기준시가 10억 원 초과 여부를 전체 상속재산이 아닌 개별 부동산 단위로 판단한다는 것이다. 따라서 상속재산이 많더라도 각 부동산의 기준시가가 10억 원 이하라면 부동산마다 1개의 감정평가만으로도 시가 인정이 가능하다.

이를 적용한 결과, M씨의 각 다세대주택은 모두 기준시가 10억 원 이하였고, 부동산마다 1건의 감정평가만 진행해 예상보다 비용을 절반 수준으로 줄일 수 있었다. 이 사례는 감정평가 비용이 총액이 아니라 부동

산의 구성과 개별 기준시가에 따라 달라지며, 사전 검토만으로도 불필요한
비용을 줄일 수 있음을 보여준다.

부동산 소유 형태	기준시가 10억 원의 판단
부동산 전체 지분 일부	전체 가액
다세대주택	세대별 가액
다가구주택	전체 가액
토지 여러 필지	필지별 가액

✎ 감정평가의 수 세법마다 다르다.

최근에는 가족법인이나 개인사업체를 운영하는 경우가 늘어나면서, 증여
나 양도가 개인 간 거래에만 국한되지 않고 개인과 법인 간에도 빈번하게 이
루어지고 있다. 이런 경우 단순히 재산의 종류나 가액만 볼 것이 아니라, 거
래 당사자가 누구인지에 따라 적용되는 세법 규정이 달라진다는 점을 반드시
염두에 두어야 한다. 이에 따라 감정평가를 몇 곳에서 받아야 하는지도 달라
진다. 정리하면 다음과 같다.

〈세법에 따른 감정평가의 수〉

구 분	부가가치세	법인세·소득세	양도소득세	상속세 및 증여세	지방세 (시가인정액)
감정평가법인	1개	1개	2(1)개	2(1)개	2(1)개

*( )는 기준시가 10억 원 이하인 경우

(1) 거래 당사자가 모두 개인인 경우

원칙적으로 2개 이상의 감정평가가 필요하다.

다만, 기준시가 10억 원 이하의 부동산(토지·건물·집합건물·주택)에 대해서는 예외적으로 1개의 감정평가만으로도 시가로 인정된다.

(2) 거래 당사자 중 하나라도 법인인 경우

1개 이상의 감정평가만으로도 세법상 시가로 인정받을 수 있다.

즉, 기준시가가 10억 원을 초과하는 부동산이라 하더라도 거래 상대방이 법인이라면 한 곳의 감정평가액도 시가가 될 수 있다.

이러한 차이는 감정평가의 신뢰성을 확보하는 방식이 개인 간 거래와 법인 관련 거래에서 다르게 설정되어 있기 때문이다. 실무적으로는 거래 상대방이 법인인 경우, 감정평가 비용과 절차를 줄일 수 있다는 점에서 상당히 유용한 포인트가 될 수 있다.

감정평가의 역설, 낮을수록 절세에 도움이 될까?

감정평가사로 활동하며 "이거 ○○억 원보다 더 낮게 평가할 수 있나요?"라는 문의를 종종 받게 되는데, 이는 대부분 감정평가액을 비교해 가장 낮은 평가를 찾으려는 의도에서 비롯된다. 여러 감정평가법인에 문의해 예상 평가액을 비교한 뒤, 가장 낮은 평가금액으로 감정평가를 의뢰하려는 것이다. 이러한 행위는 합리적인 범위 내에서 세 부담을 줄이려는 시도로 볼 수도 있으나, 세무 실무에서는 오히려 위험한 선택이 되는 경우도 많다.

이 과정에서 납세자의 기대가 감정평가에 반영될 여지가 커지고, 결과적으로 세법이 요구하는 합리성에 대한 검토가 상대적으로 소홀해질 가능성이 있기 때문이다. 국세청이 이를 문제 삼으면 감정평가액을 시가로 인정받지 못하고, 추가 세금과 가산세 부담이 납세자에게 돌아갈 수 있다.

더 중요한 점은 감정평가액이 낮을수록 항상 유리한 것은 아니라는 사실이다. 상속 후 양도를 계획한다면 취득가액을 높여 양도소득세를 줄이는 것이 유리할 수 있고, 상속세가 없는 범위라면 오히려 높은 감정평가가 장기적으로 더 이익이 되는 경우도 적지 않다.

결국 감정평가액은 낮다고 해서 무조건 좋은 것도 아니고 높다고 해서 반드시 불리한 것도 아니다.

각자의 재산 규모, 세율 구간, 향후 양도·증여 계획에 따라 유리한 방향은 달라진다. 무엇보다 중요한 기준은 단 하나다.

"국세청이 보기에 세법상 시가로 충분히 설득할 수 있는 평가인가?"이다.

감정평가는 흥정의 대상이 아니라, 전략의 영역이다. 숫자를 낮추는 데만 집중하기보다, 자신의 상황에 맞는 합법적이고 안정적인 평가를 선택하는 것이 결국 가장 안전하고 현명한 절세로 이어진다는 점을 기억해 두자.

낮을수록 상속세 및 증여세는 절세가 되지만, 너무 낮으면 시가로 인정되지 않는다.

상속이나 증여 시 감정평가액이 낮을수록 세금이 줄어드는 것은 사실이지만, 세법이 허용하는 것은 낮은 평가가 아니라 적정한 평가다. 객관적 근거 없이 과도하게 낮은 감정평가는 시가로 인정되지 않으며, 국세청이 재감정을 통해 평가액을 상향하는 사례도 적지 않다. 이 경우 절세 효과는 사라지고 추가 세금이나 가산세로 이어질 수 있다.

감정평가가 시가로 인정되려면 법정 평가 기간 준수, 비교 사례와 계산식 등 명확한 평가 근거 제시가 필요하다. 이러한 요건을 충족하지 못하면 시가 인정이 어렵다.

결국 상속·증여에서 중요한 것은 숫자를 낮추는 것이 아니라, 과세당국도 납득할 수 있는 적정한 감정평가를 확보하는 것이며, 이것이 진정한 절세로 이어진다.

✏️ 시가 부인과 '시가불인정 감정기관' 지정의 위험

국세청 재감정 결과가 납세자가 의뢰한 감정평가액과 20% 이상 차이 날 경우, 해당 감정평가기관은 시가불인정 감정기관으로 지정될 수 있다. 이렇게 되면 그 평가서는 해당 감정평가뿐 아니라 이후 수행하는 평가도 시가로 인정받지 못하는 문제가 발생한다.

이 불이익은 납세자에게도 직접 미친다. 국세청이 새로 의뢰한 감정평가 결과가 과세 기준이 되며, 납세자가 제출한 감정평가액은 반영되지 않는다. 결국 국세청이 산정한 금액 그대로 과세표준으로 적용되어 상속세나 증여세가 부과된다.

결과적으로 세금을 줄이기 위해 무리하게 낮은 감정평가를 시도했다가 더 높은 금액으로 과세되는 역효과가 발생할 수 있다. 이는 절세를 노린 선택이 오히려 증세로 이어지는 대표적인 사례다.

따라서 감정평가는 낮은 금액이 아니라, 세법이 인정할 수 있는 범위 내에서의 적정성이 핵심이라는 점을 다시 인식할 필요가 있다.

✎ 반대로, 감정평가액이 높을수록 유리한 때도 있다.

많은 사람이 놓치는 점은 감정평가액이 상속·증여세뿐 아니라 향후 양도소득세 계산의 기준(취득가액)이 된다는 사실이다. 상속·증여 후 매도 시 양도소득세는 양도가액에서 취득가액을 차감하여 계산되므로 감정평가액이 높을수록 양도차익과 세 부담이 줄어든다.

예를 들어 증여 시 4억 원으로 신고한 경우와 감정평가로 6억 원을 신고한 경우를 비교하면, 10억 원에 매도 시 양도차익은 각각 6억 원과 4억 원으로 크게 달라진다. 따라서 단기간 내 매도 계획이 있다면 무조건 낮은 평가보다 취득가액을 높이는 전략이 더 유리할 수 있다.

결국 감정평가는 '얼마나 낮출 수 있느냐'의 문제가 아니라, 상속·증여 이후의 보유 기간과 매도 시점까지 함께 고려한 세금 구조 속에서 어떤 금액이 합리적인 선택인지의 문제다. 감정평가액은 한 번 정해지면 이후 세금 계산의 출발점이 되므로, 단기 세 부담만 보고 판단하기보다는 전체 세 부담을 기준으로 전략적으로 접근할 필요가 있다.

감정평가를 활용한 증여는 타이밍 싸움

　실수요자 중심의 부동산 정책 기조가 이어지면서, 다주택보다는 '똘똘한 한 채'를 선호하는 분위기가 형성되고 있다. 다주택 규제가 강화되며 여러 채보다 한 채에 집중하는 흐름이 만들어졌고, 시장의 관심은 자연스럽게 상급지 주택으로 쏠리게 되었다. 그 결과 강남 3구, 마포·용산·성동구 등 주요 지역 아파트는 실수요 중심의 과열 시장으로 바뀌었고, 가격은 전반적으로 우상향 흐름을 이어왔다. 이는 주택에 대한 인식이 단순한 거주 공간을 넘어 희소한 자산으로 이동했음을 보여준다.

　인구는 감소하고 아파트 공급은 늘어났음에도 "집이 부족하다"라는 말이 계속 나오는 이유는, 사람들이 집이 아니라 '좋은 집'을 원하기 때문이다. 상급지 주택의 가격 상승은 해당 지역에 그치지 않고 주변 지역까지 끌어올리는 파급 효과를 만들었고, 여기에 유동성 확대와 화폐가치 하락이라는 거시경제 환경이 더해지며 부동산 시장의 양

극화는 더욱 심화하였다.

결국 현재 주택 시장의 핵심은 공급이 아니라 선호의 문제다. 모두가 같은 방향을 바라보는 시장에서 상급지 주택은 점점 더 희소해지고, 그 가치는 더욱 크게 평가받는 구조가 굳어지고 있다.

✐ 부동산 증여, '지금이 가장 저렴하다.'

앞선 흐름을 종합하면 결론은 분명하다. 소위 상급지 부동산이라면 현금을 보유하다가 상속하는 것보다 자산을 미리 증여하는 편이 훨씬 유리하며, 시점은 빠를수록 효과가 크다. 증여 이후 자산 가치 상승까지 고려하면, 조기 증여는 상속까지 대비할 수 있는 강력한 절세 수단이 된다.

「상속세 및 증여세법」에 따르면 상속개시일 기준 10년 이전에 증여한 재산은 상속재산에 포함되지 않으며, 10년 이내에 증여한 재산도 증여 당시의 가액으로 평가된다. 즉, 증여 이후 발생한 자산 가치 상승분에는 상속세를 과세하지 않는다.

예를 들어 5억 원에 증여한 부동산이 이후 10억 원, 20억 원으로 올라도 상속세 계산에는 5억 원만 반영된다. 결국 같은 자산이라면 가격이 낮고 상승 여력이 있을 때 미리 증여하는 것이 더 효율적이다. 다만, 증여 시점과 대상, 자산 종류에 따라 세금 구조가 달라질 수 있으므로 전략적인 접근이 중요하다.

그렇다면, 부동산을 증여하기로 마음먹었다면 언제 감정평가를 해야 가장 유리할까?

국세청의 최근 경향을 보면, 이제 상속·증여 시 감정평가를 피할 수 없는 시대다. 그렇다면 차라리 제도를 이용하자.

세법상 증여의 평가 기간은 「증여일 전 6개월부터 증여일 후 3개월 이내」이다. 따라서 증여 직전에 감정평가를 하면 시가 상승이 그대로 반영될 수 있으므로, 기준시가가 상대적으로 낮은 시점에 미리 감정평가를 받아두는 전략이 절세에 유리할 수 있다. 특히 부동산 가치가 급등하는 시기라면 그 효과는 훨씬 크다.

📝 **사례로 보는 타이밍 절세 효과**

〈사례1〉

- 기준시점: 2025년 4월 1일
- 기준시점 당시 시세: 약 15억 원
- 기준시점 당시 시세 기준 예상 증여세: 약 4억 2천만 원

〈사례2〉

- 증여일: 2025년 9월 30일
- 증여 당시 시세: 약 20억 원
- 증여일 시세 기준 예상 증여세: 약 6억 2천만 원

위 사례에서 보듯, 평가 시점이 6개월만 달라져도 세 부담에는 적잖은 차이가 발생할 수 있다. 특히 자산 가격이 상승 국면에 있는 경우에는 지역과 관계없이 감정평가와 증여 시점의 선택이 세액에 큰 영향을 미친다.

감정평가는 과세 기준을 확정하는 출발점이기 때문에 평가 시점을 간과하기 어렵다. 동일한 자산이라도 평가 시점에 따라 과세표준이 달라질 수 있고, '조금 더 지켜보자'는 판단이 예상보다 큰 세 부담으로 이어지는 경우도 적지 않다.

다만, 하락 국면에서는 무조건 서두르기보다 시장 흐름과 계획을 고려해 시점을 조절하는 전략이 필요하다.

결국 상속·증여 절세의 핵심은 금액이 아니라 타이밍이다. 시장 방향을 정확히 읽고 그에 맞춰 움직이는 것이 진짜 절세다.

📝 감정평가액은 유사매매사례가액보다 '한 수 위'

감정평가를 의뢰받을 때 "기준시점을 조절해 평가했는데, 증여일 무렵에 유사한 매매사례가 나오면 그 가격이 시가로 적용되지 않나요?"라는 질문을 자주 받는다. 그러나 세법의 구조를 보면 이러한 상황은 원칙적으로 발생하지 않는다.

상속세·증여세법은 시가 판단에 명확한 순서를 두고 있다. 먼저 매매가액·감정가액 등 직접적인 시가 자료(1순위)의 존재 여부를 확인하고, 이것이 없을 때만 유사매매사례가액(2순위)을 적용한다. 즉, 세법 요건을 충족한 감정평가액이 있다면, 증여일 전후에 유사 매매사례가 나왔더라도 그 감정평가액이 우선하여 시가로 인정된다.

물론 감정평가가 법정 요건을 충족하지 못했거나 중대한 하자가 있다면 문제가 될 수 있다. 하지만 평가기준일과 평가 기간을 지키고 합리적 근거에 따라 작성된 평가라면, 뒤늦은 매매사례 때문에 시가가 바뀌는 경우는 거의 없다.

따라서 감정평가의 기준시점도 중요하지만, 세법에서 정한 평가기간 안에서 정상적인 감정평가액으로 평가를 받는 것이 핵심이다.

증여세 낼 돈 없어 대출받았더니, 세금을 더 내라고?

감정평가 업무를 하다 보면 세금 문제로 곤란을 겪는 의뢰인들을 자주 만나게 된다. 얼마 전에도 지인으로부터 한 사례를 전해 들었다.

"회사 동료가 부모님께 5억 원짜리 땅을 증여받으면서 세금으로 1억 원을 냈대. 그런데 세무서에서 갑자기 세금을 5억 원이나 더 내라고 했다는데, 이게 말이 돼?"

처음엔 나도 잘못 들은 줄 알았다. 직접 만나 이야기를 들어보니 상황은 이랬다.

증여받은 토지는 임야였고, 기준시가로는 약 5억 원 수준이었다. 감정평가는 따로 하지 않고 기준시가로 증여세를 신고했다. 문제는 세금을 낼 현금이 부족했다는 점이었다. 결국 해당 토지를 담보로 대출을 받아 증여세와 취득세를 합쳐 약 1억 원을 납부했다.

그런데 반년쯤 지나 세무서에서 연락이 왔다.

"이 토지는 시가가 확인되니 추가로 약 5억 원의 증여세를 내셔야 합니다."

✏️ 감정평가를 한 적이 없는데, 도대체 시가는 어디서 생긴 걸까?

은행은 대출해줄 때 아파트와 같은 부동산이 아니면, 대부분 담보목적으로 감정평가를 한다. 얼마까지 빌려줄 수 있는지 판단하려면 해당 부동산의 실제 가치를 알아야 하기 때문이다. 대출실행 시 근저당이 설정되기 때문에 국세청에서 증여세를 조사하며 등기부등본을 보면 감정평가가 이루어졌다는 사실을 바로 알 수 있다.

과세당국은 금융기관에 감정평가서를 요청할 수 있고, 그 평가서의 기준시점과 작성일이 법에서 정한 평가 기간에 해당하면 그 감정평가액이 그대로 '시가'로 인정된다.

즉, 본인은 감정평가를 하지 않았다고 생각했지만, 은행이 대신 감정평가를 해준 셈이 된 것이다.

✏️ 일을 키운 결정적 이유, '계획관리지역 내 임야'

더 큰 문제는 이 토지가 계획관리지역 내 임야였다는 점이다. 부동산을 조금이라도 아는 사람이라면 알 것이다. 계획관리지역 임야는 도로만 확보되면 건축허가가 비교적 쉬워 잠재가치가 매우 높다는 사실을.

반면 임야의 기준시가는 다른 토지에 비해 상당히 낮게 책정되는 경우가 많아, 기준시가와

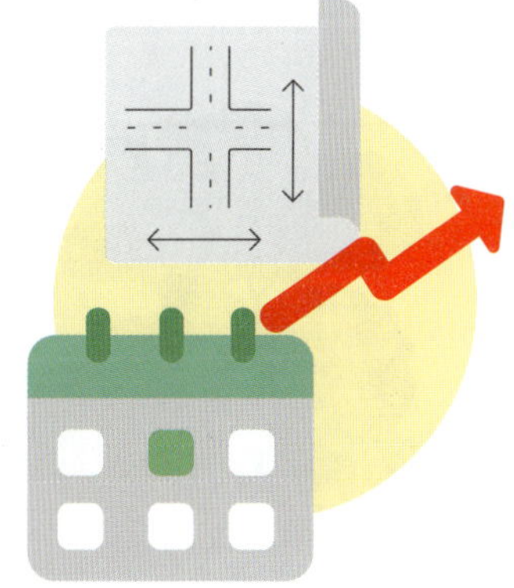

실제 시세의 격차가 극단적으로 커질 수 있다.

이 토지의 담보 감정평가액은 기준시가의 4배를 훌쩍 넘었다. 결국 5억 원짜리라고 생각했던 땅이 시가 20억 원에 가까운 토지였던 것이다.

✍ 감정평가를 생략하면 위험하다.

요즘 국세청은 필요하면 직접 감정평가를 시행한다. "임야라서 괜찮다"라는 인식은 더 이상 통하지 않으며, 토지 지목이 아니라 기준시가와 시가의 차이를 기준으로 감정평가 여부를 결정한다. 따라서 감정평가를 생략한 채 증여세를 신고하는 것은 위험할 수 있다.

증여를 고려한다면 먼저 시가 기준 세금을 감당할 수 있는지를 세무 전문가와 충분히 검토한 뒤, 재정 상황에 맞는 시점과 방식을 결정하는 것이 바람직하다.

또한 증여세 납부를 위해 증여받은 부동산을 담보로 대출하는 경우 주의가 필요하다. 평가 기간이 지났더라도 세액 확정 전이라면, 담보목적의 감정가액을 평가심의를 거쳐 시가로 인정하여 과세할 수 있기 때문이다.

부동산만 감정평가 할 수 있는 게 아니다.

"돈도 못 받았는데, 세금까지 내야 하나요?"

친한 세무사와의 식사 자리에서 들은 이야기였다. 상속재산 중 약 20억 원 규모의 채권이 있었지만, 원금 회수 가능성은 사실상 없었다. 그러나 세법은 단순히 회수가 어려워 보인다는 이유만으로 금액을 줄여 신고하는 것을 허용하지 않고, 납세자가 회수 불능을 객관적으로 입증해야만 한다.

결국 상속인은 돈은 받지 못한 채 10억 원에 가까운 세금을 떠안을 상황에 놓였다. 감정평가를 떠올렸지만, 채권이라는 자산의 특수성 때문에 시가로 인정받을 수 있을지 확신이 서지 않았다. 고민 끝에 감정평가를 진행했고, 관련 자료를 세밀하게 검토한 결과 해당 채권의 회수 가능성은 0원이라는 결론에 이르렀다.

감정평가액을 0원으로 산정했고, 다행히 세무서도 이를 시가로 인정했다. 그 결과 납세자는 실질적 가치가 없는 채권에 대해 세금을 내지 않아도 되는 결론에 도달할 수 있었다.

✏️ 감정평가는 '부동산 전용'이 아니다.

세법상 상속세와 증여세는 원칙적으로 시가를 기준으로 과세하며, 시가를 알기 어려운 경우에만 보충적 평가방법을 사용한다. 그러나 재산의 성격이 특수할수록 시가를 파악하기 어렵고, 보충적 평가방법은 실제 시장가치를 제대로 반영하지 못하는 경우가 많다.

많은 사람들이 감정평가 대상을 토지나 건물에 한정해 생각하지만, 감정평가의 범위는 훨씬 넓다. 세법은 비상장주식 자체에 대한 감정평가만 예외로 둘 뿐, 그 외 상속·증여재산은 재산적 가치가 있다면 모두 감정평가 대상이 될 수 있다. 특히 자산이 특수할수록 감정평가를 통해 실제 가치에 근거한 과세가 가능해지고, 더욱 합리적인 세금 부담으로 이어진다.

실무에서 보충적 평가액과 감정평가액의 차이가 컸던 자산으로는 특허권·영업권 등 무형자산, 각종 인허가·사업권, 자동차·기계장치 같은 등록자산, 채권·대여금 등 금융성 자산이 있다.

이처럼 부동산이 아니더라도, 실질 가치와 세법상 평가액 사이에 괴리가 있다면 감정평가는 매우 효과적인 해결 수단이 될 수 있다.

자녀에게 아파트 증여,
왜 옆집이 얼마에 팔았는지
알아야 할까?

서울에 사는 M씨는 이제는 자녀에게 집을 물려줄 때라 생각하고 증여할 마음을 굳혔다. 중개업소에 들러 시세를 물어보니, "요즘은 시세가 10억 원 정도 합니다"라는 설명을 들었다.

그래서 바로 세무 전문가를 찾아갔다. "자녀에게 아파트를 증여하려고 하는데 아파트 가격을 얼마로 잡아야 하나요?"

세무사는 세무 전문가답게 세법 조항을 보여주며 차분히 설명했다.

"최근 매매사례나 감정가액이 없으면, 공동주택공시가격을 기준으로 신고하셔도 됩니다."

세무사가 그렇게 말해주니 안심되었다. 국토교통부 실거래가 공시시스템, 국세청 유사매매사례가액 자료를 아무리 뒤져봐도 주변 거래사례는 없었다. 그래서 M씨는 2025년 4월 10일 증여등기와 동시에 맞춰 세무서에 증여세를 신고하고 세금을 납부했다.

자녀에게 증여한 모든 것이 안전하게 끝난 줄 알았다. 그런데 반년이 지난 어느 날, 세무서에서 연락이 왔다. "M 선생님, 신고하신 증여세에 문제가 있습니다. 2025년 4월 9일, 바로 옆집에서 12억 원에 거래된 사실이 확인됐습니다. 따라서 증여재산가액은 12억 원으로 봐야 합니다. 부족한 증여세를 내셔야 하고, 늦게 낸 부분에 대한 납부지연가산세도 부과됩니다."

청천벽력이었다.

"아니, 제가 증여할 당시에는 그런 거래 사실을 알 수조차 없었는데, 어떻게 그 가격을 기준으로 삼을 수 있습니까? 심지어 저는 정해진 기한 내에 이미 성실하게 신고와 납부를 마쳤습니다!"

✏️ **납세자의 억울함 과연 해결 방법이 있을까?**

이 사례는 많은 사람이 공감할 수 있는 세법의 아이러니를 보여준다.

납세자는 국토부와 국세청 자료를 확인했고, 세무사의 조언에 따라 정해진 절차대로 성실하게 신고 의무를 이행하였다. 그런데 몇 달 후 뒤늦게 잡힌 옆집 거래가액 때문에 다시 세금을 내야하고, 심지어 '늦게 낸 것'으로 가산세까지 붙는다는 것이다.

비록 M씨 입장에서는 정보의 비대칭성 때문에 옆집의 매매 사실을 할 수 없어 억울할 수도 있지만 상속세나 증여세의 기준이 되는 재산가액의 평가는 시가이기 때문에 납세자가 이길 가능성은 크지 않다.

✍ 상속세나 증여세가 부과되는 재산의 가액은 상속개시일 또는 증여일 현재의 시가에 따른다.

시가는 불특정 다수인 사이에 자유롭게 거래가 이루어지는 경우 통상적으로 성립된다고 인정되는 가액으로 하고 수용가격·공매가격 및 감정가격 등 시가로 인정되는 것을 포함한다. 평가기준일은 상속개시일 또는 증여일이다. 평가 기간은 상속재산의 경우에는 상속개시일 전후 6개월, 증여재산의 경우 증여일 전 6개월부터 증여일 후 3개월 이내의 기간을 말한다. 유사매매사례가액은 상속세 또는 증여세 과세표준을 신고한 경우를 전제로 하여, 평가기준일 전 6개월부터 평가기간 이내의 신고일까지의 가액을 말한다.

✍ 시가로 인정되는 매매사례가액은 면적이나 용도 등이 유사한 다른 재산의 매매가격을 말한다.

해당 재산과 면적·위치·용도·종목 및 기준시가가 동일하거나 유사한 다른 재산에 대한 어느 하나에 해당하는 가액이 있는 경우에는 해당 가액을 시가로 본다. 유사매매사례가액으로 인정되기 위해서는 다음의 요건을 모두 충족하여야 한다. 해당 주택이 둘 이상일 때 평가대상 주택과 공동주택가격 차이가 가장 작은 주택을 말한다.

첫째, 평가대상 주택과 동일한 공동주택단지(「공동주택관리법」에 따

른 공동주택단지를 말한다) 내에 있을 것

둘째, 평가대상 주택과 주거전용면적(「주택법」에 따른 주거전용면적을 말한다)의 차이가 평가대상 주택의 주거전용면적의 100분의 5 이내일 것

셋째, 평가대상 주택과 공동주택가격의 차이가 평가대상 주택의 공동주택가격의 100분의 5 이내일 것

✒️ **부동산 거래 신고는 계약 체결일로부터 30일 이내에 이루어지므로, M씨가 증여 전날에 거래된 매매가액을 즉시 확인하기는 어렵다.**

아파트를 매매한 거래 당사자는 부동산거래관리시스템(https://rtms.molit.go.kr)을 통하여 부동산 거래 신고를 하여야 하며, 한국부동산원은 그 거래내역을 검증하는 절차를 거친 후 국토교통부 실거래가공개시스템(https://rt.molit.go.kr)에 공개하게 된다.

M씨의 사례를 보면, 2025년 4월 10일 증여등기와 동시에 증여세 신고가 이루어졌다. 옆집은 2025년 4월 9일 계약을 체결했고, 세법에서는 신고기일까지의 가액을 매매사례가액으로 인정하기 때문에 옆집의 거래가액인 12억 원이 증여세 재산평가액이 된다. M씨 입장에서는 증여세 신고기일에 옆집 매매가액을 도저히 알 수가 없는 상황이다. 그래도 재산평가 기준이 시가가 원칙이기 때문에 그 금액으로 증여세를 납부해야 하며 게다가 납부지연가산세까지 물어야 하는 불합리한 점이 있다. 따라서 증여세 신고서를 제출하기 전에 반드시 국토교통부 실거래가 공개시스템을 통하여 확인해야 하며 되도록 감정평가를 하는 것이 안전하다.

HOT ISSUE

서울행정법원(2025. 12. 15. 선고 2021구합85600 판결)은 국세청이 시행령을 근거로 실시해 온 이른바 '꼬마빌딩 감정평가'에 대해 위헌·위법이라는 판단을 내리고 상속세 부과처분을 취소했다. 부동산 상속·증여세 과세 과정에서 시행령에 따라 사후 감정평가를 실시해 과세한 것은 법률의 위임 범위를 넘어선다는 취지로, 감정평가 관련 조세소송에서 시행령 자체의 위법성을 명시적으로 인정한 첫 판결이라는 점에서 의미가 크다.

사건에서 국세청은 상속인이 기준시가로 신고·납부한 이후, 감정평가를 실시해 상속세를 추가 부과했다. 이는 평가 기간(상속 전후 6개월)이 지난 뒤라도 법정 결정기한까지 감정이 있으면 시가로 인정하도록 한 시행령 규정에 따른 것이었다. 그러나 법원은 이러한 구조가 납세자는 6개월 내에만 시가를 다툴 수 있는 반면, 과세관청은 장기간 사후 감정을 통해 과세표준을 변경할 수 있도록 해 납세자의 예측 가능성과 법적 안정성을 침해한다고 보았다.

재판부는 조세법률주의 위반을 핵심 사유로 들며, 과세요건과 과세표준은 법률로 정해야 함에도 시행령이 이를 사실상 변경했다고 판단했다. 또한 상속증여세법이 시행령에 위임한 것은 시가 인정의 세부 사항에 불과한데, 시행령이 법률이 정한 평가 원칙을 잠식해 위임입법의 한계를 일탈했다고 지적했다. 과세 형평성 문제는 시행령이 아니라 법률 개정이나 공시가격 현실화로 해결해야 한다는 점도 분명히 했다.

이번 판결로 유사 사건과 기존 과세 처분에 대한 다툼이 확산될 가능성이 커졌다. 국세청은 항소와 세법보완을 통해 판결 확산을 막으려 할 것으로 보이며, 대법원 확정 판결까지는 2~3년 이상이 소요될 전망이다.

Part 6.

기업경영과 상속세

세대를 이어주는
현명한 가업승계 전략

기업을 경영해 온 대표에게 상속은 단순한 재산 이전의 문제가 아니다. 오랜 시간 쌓아 온 사업의 연속성, 조직의 안정성, 그리고 기업을 둘러싼 신뢰 구조 전체가 함께 이전되는 과정이다. 실제로 젊은 대표가 교통사고로 갑작스럽게 사망하면서 장래가 유망하던 신생 기업이 한순간에 공중 분해된 사례를 직접 경험한 바 있다. 그래서 가업승계는 상속세를 줄이는 기술에 그치는 문제가 아니라 '경영의 연장선'이라는 관점에서 종합적으로 판단해야 할 과제이다.

✎ 가업상속공제와 가업승계 증여세 과세특례

가업상속공제는 피상속인이 영위하던 기업을, 상속을 통해 다음 세대로 이전하고 기업이 계속 영업을 이어가도록 지원하는 제도다. 단순한 주식 이전이나 명의 변경만으로는 부족하며, 실질적인 경영권 이전과 사업의 지속성이 핵심이다. 세법이 이를 엄격히 관리하는 이유도 여기에 있다.

실무에서는 가업상속공제와 가업승계 증여세 과세특례를 혼동하는 경우가 많다. 가업승계 증여세 과세특례는 대표자가 생전에 자녀에게 가업 지분을 증여할 때 증여세 부담을 크게 줄여주는 제도로, 조기 지분 이전과 단계적 경영 참여가 가능하다는 장점이 있다. 다만, 사후관리 요건이 까다로워 요건을 지키지 못하면 세금이 추징될 위험이 있다.

반면 가업상속공제는 대표자 사망 시 상속 단계에서 적용되며, 요건을 충족하면 큰 공제를 받을 수 있다. 그러나 상속 시점에 지분이나 경영 요건을 충족하지 못하면 적용이 배제된다. 결국 어떤 제도가 유리한지는 대표자의 연령, 기업 규모, 후계자 준비 정도 재무 구조 등을 종합적으로 고려해 판단해야 한다.

✍️ 피상속인이 법인 대표이사인 경우, 가지급금 문제

가업승계를 준비할 때 반드시 점검해야 할 항목 중 하나가 법인 대표이사의 가지급금이다. 가지급금은 대표자가 법인 자금을 개인적으로 사용하고도 정산되지 않은 금액으로, 상속이 개시되면 대표 개인의 채무가 아니라 법인이 회수해야 할 채권으로 남는다.

문제는 이 가지급금이 금전소비대차 약정서 등 명확한 법적 근거와 자금 흐름이 정리되어 있지 않은 경우, 상속세 신고 시 부채로 인정받기 어렵다는 점이다. 오히려 상속 시점까지 회수되지 않은 가지급금이 대표이사에게 상여로 처분되어 종합소득세 문제가 발생하기도 한다.

또한 상속인이 대표 지위를 승계하더라도 가지급금이 정리되지 않으면, 가업승계 전반의 발목을 잡는 리스크로 작용한다. 그래서 가업승계 논의를 시작할 때 가장 먼저 점검해야 할 것이 바로 가지급금이며, 가능한 한 사망 전에 이를 정리하는 것이 바람직하다.

✎ 개인사업자의 가업승계와 영업권 문제

피상속인이 개인사업자인 경우, 법인과 달리 주식 대신 '영업권'이 핵심 쟁점이 된다. 개인사업자가 사망하면 사업용 토지·건물 등 유형자산뿐 아니라, 매출과 거래처, 수익 구조가 있다면 영업권도 상속재산에 포함될 수 있다. 세법은 영업권을 초과이익을 기준으로 현재가치로 평가하도록 하고 있어 가액이 높게 산정되는 경우도 적지 않다.

이러한 불확실성을 줄이기 위해 실무에서는 사전에 감정평가를 통해 영업권 가치를 명확히 하기도 한다. 다만, 상속인은 눈에 보이지 않는 자산에 대해서도 세금을 부담해야 하며, 자금 여력이 부족하면 사업 지속 자체가 위협받을 수 있다. 따라서 개인사업자의 가업승계에서는 영업권을 포함한 상속재산 범위와 평가 구조를 미리 검토하는 것이 필수적이다.

결국 가업승계는 세무·회계·법률·경영이 함께 작동하는 문제로, 충분한 준비 시간이 있을수록 리스크와 세금 부담을 줄일 수 있다. 가업승계는 단순한 상속 절차가 아니라 마지막 경영 전략이라는 점을 기억해야 한다.

내가 운영하는 회사 주식 가치는 얼마로 평가될까?

M씨는 약 30년간 건설업을 운영해 온 중견 사업가로, 현장을 직접 챙기며 회사를 키워왔다. 그러나 현장 점검 중 발생한, 예기치 못한 안전사고로 갑작스럽게 사망하게 된다.

사망 당시 M씨는 법인 주식의 60%를 보유하고 있었고, 나머지 40%는 장남 소유였다. 상속인은 배우자 1명과 아들 2명이다. 세법상 평가 기준에 따라 M씨 보유 비상장주식 가액은 20억 원, 여기에 예금 1억 원이 상속재산으로 포함되었다.

문제는 실제 기업의 경영 여건과 전망에 비해 비상장주식 평가액이 과도하게 산정되었다는 점이었다. 이에 따라 상속세 부담이 현실과 동떨어지게 커지는 상황에 놓이게 되었다.

최근 상속세·증여세 신고 과정에서 많은 기업이 하나같이 겪는 어려움이 있다. 바로 "왜 우리 회사의 비상장주식 평가액이 이렇게 높게 산출되는가?"라는 의문이다. 실제로는 회사의 현금흐름이 불안정하고 향후 사업 전망 역

시 불확실한 상황임에도 불구하고, 세법에 따른 비상장주식 평가액은 현실보다 과도하게 높게 산정되는 경우가 적지 않다. 그 결과, 기업과 주주들은 예상보다 큰 상속세·증여세 부담을 떠안게 된다. 이러한 문제는 세법에서 정하고 있는 비상장주식 평가 방식이 기업의 실질적인 가치나 경영 여건을 충분히 반영하지 못하고, 현실과 상당한 괴리를 보이는 데서 비롯된다.

상속세 및 증여세법상 비상장주식 평가 방법

비상장주식은 상장주식과 달리 자유로운 시장가격이 존재하지 않기 때문에 「상속세 및 증여세법」은 별도의 평가 규정을 두고 있다. 원칙은 시가평가이나 거래사례가 없는 경우 대부분 보충적 평가방법이 적용된다.

구 분		계산 방식	특 징	문제점
시가평가		최근 6개월 내 거래사례가액, 유상증자 발행가액 등	실거래가액 반영, 객관성 확보	거래가 없거나, 특수관계인 거래 인정 안 됨
보충적 평가방법		(순손익가치×3+ 순자산가치×2)÷5	자산·수익력을 함께 반영	자산·손익 편차에 따라 왜곡 가능
☐	순손익가치 (60%)	최근 3년 평균 순손익÷ 환원율(10%)	영업성과 반영	계속기업 가정으로 과대평가
☐	순자산가치 (40%)	자산총액−부채총액 (장부가액을 시가로 보정)	재무 상태 반영	무형자산, 성장성 반영 어려움
특례 규정		부동산 과다 보유 (80% 이상), 적자기업: 순자산가치	업종, 재무 상태별 특례 적용	영업성과·성장성 반영 어려움

✏️ 보충적 평가방법의 계산구조

시가가 없는 경우, 보충적 평가방법을 적용한다.

$$1주당\ 평가액 = (순손익가치 \times 3 + 순자산가치 \times 2) \div 5$$

순손익가치: 최근 3년 평균 순손익÷환원율(10%)
순자산가치: 자산총액−부채총액(토지·건물 등은 시가로 보정)
단순한 이 계산식으로 실제 기업의 성장성과 존속 가능성을 충분히 반영하지 못한다는 한계를 지적받고는 한다.

✏️ 계속기업이라는 가정 아래 산출된, 현실과 괴리된 비상장주식 평가

세법은 기업가치를 평가할 때 계속기업 가정을 전제로, 현재의 순손익이 장래에도 무한히 이어진다고 보고 이를 환원율로 나누어 가치를 산정한다. 예를 들어 최근 3년 평균 순손익이 10억 원인 기업은 계속기업 가정하에서 약 100억 원으로 평가된다. 그러나 기업 존속을 10년으로 한정하면 동일한 수익에도 약 61억 원으로 평가되어, 가정의 차이만으로 40% 이상 격차가 발생한다.

이러한 차이는 상속·증여세 과세표준에 그대로 반영되어 과도한 세 부담으로 이어질 수 있다. 문제는 세법상 평가 방식이 기업의 현실적 불확실성과 경영환경 변동성을 충분히 반영하지 못한다는 점이다. 특히 건설업처럼 부동산·금리·정책 영향

이 큰 경기 민감 업종의 경우, 기업이 영원히 안정적 수익을 낼 것이라는 전제 아래 산출된 비상장주식 평가는 현실과 괴리될 수밖에 없다.

✏️ 상속받은 비상장주식으로 담보 제공하여 연부연납이 가능할까?

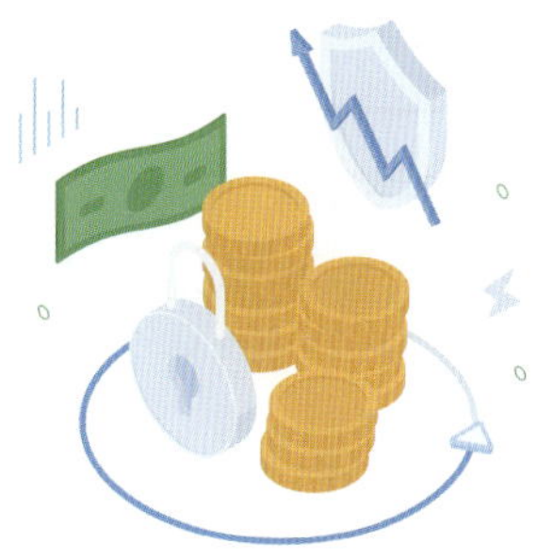

연부연납은 상속세 또는 증여세를 한 번에 전액 납부하기 어려운 경우, 세법이 정한 요건을 충족하면 세금을 여러 해에 걸쳐 나누어 납부할 수 있도록 허용하는 제도이다. 국세징수법은 연부연납을 허용하면서 담보의 적정성을 매우 중요하게 판단하고 있으며, 담보로 제공할 수 있는 자산의 범위도 비교적 엄격하게 규정하고 있다. 특히 유가증권의 경우에는 증권시장에 상장되어 있고 실제 매매 사실이 있는 유가증권을 담보로 인정하는 것을 원칙으로 하고 있다. 이는 담보 설정 이후 세액을 회수해야 하는 상황이 발생할 경우, 국가가 해당 자산을 신속하고 안정적으로 현금화할 수 있어야 한다는 점을 고려한 것이다. 그러므로 비상장주식의 담보제공을 통한 연부연납은 어려운 경우가 많다.

✏️ 상속인의 최선의 선택은?

M씨의 상속인들은 상속세 부담을 최소화하기 위해 세법상 허용 범위 내에서 가장 유리한 방법을 선택하였다. 배우자 상속공제를 최대한 활용하기 위해 비상장주식과 금융재산을 포함한 총 21억 원 상당의 상속재산을 배우자에게 협의 분할 하였고, 이에 따라 비상장주식 명의개서와 금융재산 이전을

완료하였다.

결과적으로 상속재산에 법정상속분 비율을 고려하여 배우자 상속공제 9억 원을 적용받을 수 있었다.

한편 상속세 납부 재원 마련을 위해 상속인들은 법인의 잉여자금을 활용한 자기주식 취득 후 소각 방식을 선택하였다. 법인이 배우자로부터 일부 비상장주식을 취득·소각함으로써 배우자는 현금을 확보하였고, 이는 상속세 납부 재원으로 활용되었다.

이 구조는 상속세 부담을 합법적으로 줄이는 동시에 지분 구조 안정과 경영권 변동 최소화라는 효과를 가져왔다. 결과적으로 상속인들은 세법이 허용하는 제도를 활용하여 세금 부담과 자금 조달 문제를 동시에 해결하였다.

Chapter 2

창업자금, 부모로부터 증여세 없이 받을 수 있을까?

M씨의 아들은 국내 유수 대학을 졸업했지만, 아직 취업하지 못해 청년실업의 현실을 겪고 있었다. 부모로서 걱정이 컸지만, IT 전문가로서 잠재력은 충분했다. M씨는 아들에게 정보통신업 창업을 권유했으나, 5억 원에 달하는 창업자금이 문제였다. 해당 금액을 증여하면 약 1억 원의 증여세가 발생해 부담이 컸다.

이에 M씨는 스타트업 전문 세무사를 찾아 상담받았고, 세무사는 창업자금 증여세 특례제도를 소개하며 요건 충족 시 세금 부담을 크게 줄일 수 있다고 설명했다. 이 말을 들은 M씨는 큰 희망을 느꼈고, 곧바로 아들에게 창업을 준비하라고 독려했다.

✎ 창업은 중소기업을 새로 설립하여 사업을 영위하는 것

'창업'이란, 단순히 일을 시작하는 것이 아니라 중소기업을 새로 설립하여 사업을 영위하는 것을 의미한다. 다음의 경우는 '창업'에 해당하지 않는다.

첫째, 타인으로부터 사업을 상속이나 증여받은 사람이 기존과 동일한 업종의 사업을 개인 중소기업자로 다시 시작하는 경우는 창업으로 보지 않는다.

둘째, 개인 중소기업자가 기존 사업을 계속하면서 자신이 지배하는 새 중소기업을 설립해 같은 업종의 사업을 개시하는 경우 역시 창업에 해당하지 않는다.

셋째, 개인 중소기업자가 기존 사업을 폐업한 뒤 같은 업종의 중소기업을 다시 설립해 사업을 재개하는 때도 원칙적으로 창업으로 인정되지 않는다. 조세특례제한법에서 다음은 창업에 해당하지 않는다.

① 합병·분할·현물출자 또는 사업의 양수를 통하여 종전의 사업을 승계하여 같은 종류의 사업을 하는 경우

② 종전의 사업에 사용되던 자산의 30%를 초과 인수 또는 매입하여 같은 종류의 사업을 하는 경우

③ 거주자가 하던 사업을 법인으로 전환하여 새로운 법인을 설립하는 경우

④ 폐업 후 사업을 다시 개시하여 폐업 전의 사업과 같은 종류의 사업을 하는 경우

⑤ 다른 업종을 추가하는 등 새로운 사업을 최초로 개시하는 것으로 보기 곤란한 경우 및 증여받기 이전부터 영위한 사업의 운용자금과 대체 설비자금 등으로 사용하는 경우

✏️ 창업자금 과세특례를 적용받기 위해서는 정보통신업 등 특정 업종에 한정

증여세 특례가 적용되는 업종에는 광업과 제조업을 비롯하여, 수도·하수 및 폐기물 처리업과 원료 재생업, 건설업 등 전통적인 산업 분야가 포함된다. 또한 통신판매업, 물류산업, 음식점업도 창업 대상 업종에 해당한다.

아울러 정보통신업, 정보통신 기술을 활용한 일부 금융·보험 서비스업, 전문·과학·기술 서비스업과 같은 지식기반 산업도 포함되지만, 변호사·세무사·회계사 등 일정한 전문자격을 전제로 한 업종과 가상자산 매매·중개업 등은 제외된다. 이 밖에도 사업시설 관리 및 사업지원 서비스업, 사회복지 서비스업, 예술·스포츠·여가 관련 서비스업 중 일부 업종, 개인 및 소비 용품 수리업과 이용·미용업 등 생활밀착형 서비스업도 창업 업종에 포함된다.

더 나아가 직업기술 학원 및 직업능력 개발 훈련시설 운영업, 관광숙박업·국제회의업·테마파크업 등 관광 관련 업종, 노인복지시설 운영업, 그리고 전시산업발전법에 따른 전시산업까지 폭넓게 창업으로 인정되어, 다양한 분야에서 중소기업 설립과 사업 영위가 가능하도록 제도가 설계되어 있다. 요즘 많이 창업하는 프랜차이즈 가맹점이나 커피숍 등 휴게음식점, 부동산 임대업, 단순 도소매업, 전문직 서비스업, 금융 및 보험업의 경우에는 적용이 되지 않는다.

최근 창업자금 과세 특례나 가업상속승계를 적용받기 위해서 제조업인 베이커리로 사업자등록을 해 창업을 하면서, 실질은 빵을 제조하지 않고 커피숍으로 운영하여 편법으로 특례를 받은 납세자들에 대해 과세관청에서 전수

조사를 하여 추징하는 사례가 늘고 있으니 주의가 필요한 부분이다.

 국세청 National Tax Service	보도참고자료

보도 시점 2026. 1. 25.(일) 12:00   배포 2026. 1. 25.(일) 10:00

"자산 규모가 큰 수도권 대형 베이커리카페"
국세청 실태조사

▶ 명품장수기업 지원을 위한 **가업상속공제** 제도가 **부동산 투기, 상속세 회피** 수단으로 **전락**하지 않도록 선제적 대응

창업자금 5억 원까지 증여세가 없으며, 50억 원까지는 10%의 낮은 세율적용

「조세특례제한법」 제30조의5에 따르면, 성년 자녀가 60세 이상 부모로부터 창업 목적으로 현금 등을 증여받는 경우 5억 원까지는 증여세를 과세하지 않으며, 5억 원 초과 50억 원까지는 10%의 낮은 세율이 적용되는 '창업자금 증여세 과세특례(창업자금 과세특례)'가 있다.

다만, 이 제도는 신청, 업종, 증여재산, 사용기한, 사후관리 등 여러 요건을 모두 충족해야 하므로 적용요건이 까다롭다. 증여세 신고기한까지 과세표준 신고서와 함께 「창업자금 특례신청 및 사용내역서」를 관할 세무서에 제출해야 하며, 기한 내 신청하지 않으면 특례를 적용받을 수 없다. 따라서 먼저 창업 업종 해당 여부를 검토하는 것이 중요하다.

또한 대상 재산은 양도소득세 과세 대상이 아닌 재산이어야 하므로, 토지·

건물, 부동산 관련 권리, 특정 주식, 주식 또는 출자지분 등은 특례 대상에서 제외된다. 증여받은 날부터 2년 이내에 창업을 완료해야 하며, 4년 이내에 자금을 모두 창업 목적에 맞게 사용해야 하고, 사용 용도도 사업용 자산 취득이나 사업장 임차 관련 비용 등으로 제한된다.

기한 내 사용 명세를 제출하지 않거나 목적에 맞게 사용하지 못한 경우에는 가산세가 부과되며, 미사용 또는 목적 외 사용 금액에 대해서는 과세특례가 배제되고 일반 증여세율이 적용된다. 더불어 창업 후 10년간 사업을 유지해야 하며, 그 이전에 폐업하면 감면받은 증여세와 이자 상당 가산액이 추징된다.

구 분	일반증여	창업자금 과세특례
증여재산공제	5천만 원(10년간 누적 합산)	평생 5억 원
한도	없음	50억 원(최대 100억 원)
세율	10~50% 누진세율	10% 단일세율
사용 제한	없음	있음
사후관리	10년 이내 증여분만 합산	무조건 상속재산에 가산

✎ 창업자금 과세특례를 선택하게 되면 가업승계 주식 등 과세특례의 중복 적용이 배제

실무적으로 보면 가업승계 증여 특례, 가업상속공제와 연계하여 활용할 때 가장 강력한 상속·증여세 절세 효과를 발휘한다. 그러나 각 제도는 적용요건과 사후관리 요건이 매우 엄격하고, 어느 하나라도 요건을 충족하지 못하

면 감면받았던 세금이 추징되는 위험이 있다. 특히 업종 요건, 지분율 요건, 고용 유지 요건, 사후관리 기간 등이 서로 얽혀 있어 단편적인 판단만으로 접근하는 것은 오히려 세무 리스크를 키울 수 있다.

따라서 명확하고 안정적인 절세계획을 수립하기 위해서는 반드시 상속·증여 및 가업승계에 정통한 전문가와 상담하여 가족의 상황과 기업의 성장 단계에 맞는 맞춤형 가업승계 설계를 해야 한다.

구　분	창업자금 과세특례	가업승계 주식 등 과세특례
증여자	60세 이상인 수증자의 부모	60세 이상 수증자의 부모 (증여자가 10년 이상 계속하여 경영)
수증자	18세 이상인 거주자인 자녀	18세 이상 거주자인 자녀 (신고기한까지 가업 종사, 증여일로부터 3년 이내 대표이사 취임)
대상 중소기업	법인 또는 개인	법인만 가능
대상 자산	양도소득세 과세 대상 이외의 모든 재산	주식 또는 출자지분 (증여자 포함한 최대주주 등 지분 40%(상장법인 20%) 이상을 10년 이상 계속하여 보유)
증여재산공제	평생 5억 원	평생 10억 원
세율	10% 단일세율	120억 원까지 10%(초과 시 20%)
한도	50억 원(또는 100억 원)	600억 원
사후관리	증여 특례 적용 후 상속 개시 시점에 정산하여 과세함(과세이연)	

Chapter 3

밤낮없이 일했는데 남은 건 비상장주식뿐, M씨의 상속대비책

M씨는 고려상회를 설립해 홍삼을 재배하고, 이를 바탕으로 홍삼정·홍삼액·홍삼 사탕을 가공·판매하며 회사를 성장시켰다. 재배를 위해 토지를 매입하고 공장 건물도 마련했지만, 오랜 노력 끝에 그의 손에 남은 것은 현금이나 부동산이 아닌 고려상회의 비상장주식이었다.

어느 날 그는 "준비되지 않은 상속의 제1 수혜자는 국가다"라는 말을 듣고 상속세에 대비해야겠다는 생각이 들어 세무사를 찾았다. 상담 자리에서 세무사는 상속인의 가업 상속 의사, 주권 발행 여부, 법인보험 등 예상과 다른 질문들을 던졌고, M씨는 의아함을 느꼈다.

이에 세무사는 "상속세는 재산의 크기보다 어떤 형태로 남아 있는지, 그리고 사전에 무엇을 준비했는지에 따라 결과가 달라진다"라고 설명했다.

가업상속공제, 아버지 회사를 최소의 세금으로 물려받을 수 있다.

가업상속공제는 평생 일군 가족기업을 상속인이 승계해 계속 경영하는 경우, 최대 600억 원 한도 내에서 상속세 부담을 크게 줄여주는 제도다. 정부는 상속세 부담으로 기업이 폐업하는 것을 막기 위해 요건을 충족한 중소·중견기업에 대해 상속세 계산 시 회사 가치 일부를 공제하도록 했다.

예를 들어 평생 홍삼 회사를 운영한 M씨의 사망으로 회사 주식 가치가 100억 원으로 평가된다면, 물려받을 현금 자산이 없는 상속인은 거액의 상속세를 부담하기 위해 회사를 매각해야 할 수도 있다.

이러한 상황을 방지하기 위해 상속인이 가업을 승계하여 고용을 유지하는 등 일정 요건을 충족하는 경우에 한하여 가업상속공제를 이용하여 상속세의 부담을 경감해 주고 있다.

다만, 혜택이 큰 만큼 요건은 엄격하다. 부동산 임대업 등 일부 업종은 제외되며, 피상속인은 10년 이상 40% 이상의 지분을 보유하고 대표이사로 회사를 운영했어야 한다. 상속인 역시 상속 후 5년간 대표이사로 직접 경영해야 하며, 주식 매도나 사업 변경 시 공제세액이 추징될 수 있고, 고용 유지 요건도 충족해야 한다.

또한 모든 기업 자산이 공제 대상은 아니며, 투자주식이나 임대용 부동산 등 사업무관자산은 제외된다. 아울러 가업상속공제는 세금을 완전하게 면제하는 것이 아니라 과세 시점을 미루는 과세이연 제도로, 이후 주식을 양도하는 경우 피상속인의 취득가액을 기준으로 양도차익이 계산된다. 따라서 가업상속공제는 장기간 기업을 계속 운영하는 경우 적합한 제도이며, 향후 주식 양도 시 발생할 수 있는 양도소득세까지 고려한 장기적인 계획이 필요하다.

✎ 상속세 재원이 필요하다면 미리 준비해야

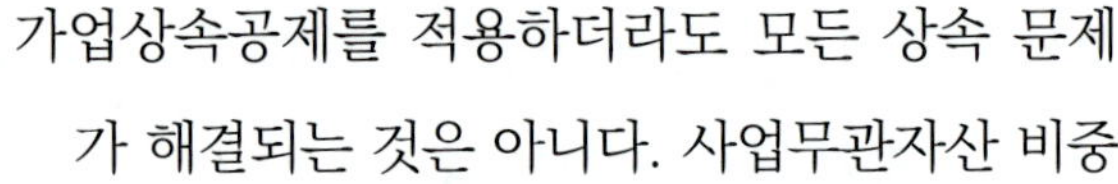

가업상속공제를 적용하더라도 모든 상속 문제가 해결되는 것은 아니다. 사업무관자산 비중이 크면 공제 제외 자산에 대해 상당한 상속세가 과세될 수 있고, 후계자가 없거나 가업승계를 원하지 않아 요건을 충족하지 못하는 경우도 많다. 또한 대표자 개인 명의 자산이 많아 상속세 납부를 위한 현금 확보가 필요한 상황도 흔하다.

이처럼 가업상속공제만으로 부담을 감당하기 어려운 경우 주권 발행과 감자 전략이나 보험을 활용한 사전 대비가 대안이 될 수 있다. 주권을 미리 발행하면 상속 시 주식 소유관계가 명확해지고, 이후 감자를 통해 상속인은 주식을 소각하는 대가로 현금을 받아 상속세 재원으로 활용할 수 있다. 이는 회사 자산을 처분하지 않고도 필요한 현금을 확보할 수 있는 실무적인 방법이다.

또한 경영인 정기보험이나 법인보험을 활용해 사망 시 보험금이 법인에 유입되도록 하면, 회사 유동성이 높아져 감자나 배당 등을 통해 상속세 납부 자금 마련이 수월해진다.

결국 상속 설계는 가업상속공제 하나에 의존하기보다 공제 가능 여부와 자산 구조, 후계자 유무 등을 종합적으로 고려해 여러 수단을 병행하는 것이 중요하다. 대표자가 의사결정이 가능한 시점에 상속세와 현금 흐름을 점검하고 출구 전략을 준비하는 것이 바람직하다. 상속은 사후가 아닌 생전에 설계해야 할 경영의 마지막 단계이다.

✏️ 상속감자를 활용한 상속 재원 마련과 절세비법

감자(자본감소)는 회사의 자본금을 줄이는 행위로서 '상속감자'는 상속 발생 후 감자를 통해 상속인이 상속받은 주식을 법인에게 양도하고 이에 대한 대가를 회사로부터 받는 것을 말한다. 이는 회사에 묶여 있던 자본을 합법적으로 현금화해 상속세 납부 재원을 마련하는 방법이다.

다만, 감자는 회사의 자본 구조를 변경하는 중대한 행위이므로 신중해야 한다. 자본금 감소는 채권자와 주주 등 이해관계자에게 영향을 미치기 때문에 주주총회 특별결의, 채권자 보호 절차, 주권 정리 등 상법상 절차를 철저히 준수해야 하며, 일부라도 누락되면 감자가 무효가 될 수 있다.

또한 업종에 따라 일정 수준의 자본금 유지가 요구되는 경우가 많아 인·허가나 입찰 요건을 감자 후에도 충족하는지 반드시 검토해야 한다. 상속세 재원 마련만을 고려한 무리한 감자는 오히려 회사의 경영 안정성을 해칠 수 있다.

결국 상속감자는 법적 요건과 회사의 자본 구조, 향후 경영 계획을 함께 고려해 신중하게 진행해야 한다.

✏️ 주권 발행으로 배당소득세를 "0원"으로

비상장회사는 주주가 명확하다는 이유로 주권을 발행하지 않는 경우가 대부분이다. 그러나 상속감자 과정에서 주권 발행 여부는 감자차익과 세금 부담을 크게 좌우한다. 그 내용을 자세히 살펴보자.

배당소득세는 감자차익이 발생하는 경우에 부과가 되며, 감자차익은 감자대가에서 해당 주식의 취득가액을 차감하여 계산된다. 감자대가가 고정되어 있다면 해당 주식의 취득가액을 높이는 것이 감자차익을 줄이는 결과를 가져

오게 된다. 주식의 취득가액은 일반적인 경우 평균법으로 산정하고 있으나, 예외적으로 주권이 구분 가능하다면 개별법도 허용하고 있다.

예를 들어 A 주식은 1,000원에 취득하고, B 주식은 상속을 원인으로 2,000원에 취득했다고 가정하자. 평균법을 적용한다면 A와 B 주식 모두 취득가액이 1,500원이지만 개별법을 적용하면 A의 취득가액은 1,000원, B의 취득가액은 2,000원이 된다. 일부의 자본금만 감자한다면 경우에 따라서 평균법 적용 시 감자차익이 발생하지만, 개별법을 적용하면 감자차익이 발생하지 않을 수 있다. 즉, 주권을 구분 가능하게 하려면 별도로 주권을 발행하는 것이 선행되어야 한다.

이처럼 주권 발행여부는 평소에는 중요성이 드러나지 않지만, 상속 시점에서는 절세의 성패를 가르는 핵심 요소가 된다. 따라서 상속을 고려하는 비상장회사는 주권 발행 여부를 미리 점검하고 정비해 두는 것이 중요하다.

✏️ 경영인 정기보험, 상속 설계의 숨은 카드

기업을 오래 운영한 대표는 결국 상속세 문제에 직면하게 된다. 특히 비상장주식회사 대표는 회사에 재투자해 개인 현금은 부족하지만, 주식 가치는 커져, 상속세를 납부할 현금이 부족해지기 쉽다. 이를 보완하기 위한 수단 중 하나가 '경영인 정기보험'이다.

경영인 정기보험은 회사가 대표자의 유고에 대비해 가입하는 보험으로서 보험료를 회사가 부담하고 일정 요건을 충족하면 법인 비용으로 처리할 수 있다. 계약자와 수익자는 법인, 피보험자는 대표이사로 설정되며, 대표 사망 시 보험금은 회사로 직접 지급된다. 이 자금은 상속세 재원 마련이나 감자,

지분 정리 등 다양한 용도로 활용될 수 있고, 평소에는 장부에 자산으로 계상되지 않는 부외자산의 성격을 가진다.

다만, 보험금이 회사로 유입되면 회사 자산이 증가해 비상장주식 가치가 상승하고, 그 결과 상속세 과세표준이 커질 수 있다는 점에 유의해야 한다. 따라서 경영인 정기보험은 단순 가입이 아니라 주식 평가와 상속 구조 전반을 함께 고려해 설계해야 한다.

결국 기업이 납입하는 보험은 자산과 세금에 직접적인 영향을 미치는 만큼, 가입 구조와 시기, 활용 방식까지 세무 전문가와 충분히 상담해 신중하게 준비하는 것이 필요하다.

✏️ 가업을 운영하는 대표자라면 가업의 승계 및 정리라는 숙제가 남아 있다.

가업을 잇는 대표자에게 가업상속공제, 상속감자, 주권 발행, 경영인 정기보험은 단순히 세금을 줄이기 위한 수단이 아니다. 이는 상속세를 어떻게 낼 것인가의 문제가 아니라, 회사를 어떻게 지키고 다음 세대에 어떤 형태로 넘길 것인가에 대한 미래 전략에 가깝다.

기업의 업종과 재무 구조, 사업무관자산의 비중, 후계자의 유무, 그리고 상속세 납부를 위한 자금 흐름에 따라 해법은 모두 달라질 수밖에 없다. 어느 하나의 제도가 모든 기업에 정답이 될 수는 없으며, 상황에 맞는 조합과 설계가 핵심이다.

따라서 가업승계를 고민하고 있다면, 제도 자체보다 자신의 회사에 가장 적합한 승계 시나리오가 무엇인지를 먼저 점검해야 한다. 이를 위해서는 세법과 기업 구조를 함께 이해하는 전문가와 동행하며 장기적인 관점에서 계획을 세우는 것이 가장 현명한 선택이다.

어머니가 일군 노포(老鋪) 물려받을까? 폐업할까? 영업권에 숨어 있는 세금의 진실

40대 중반의 M씨는 5년 전부터 어머니가 운영하는 음식점에서 일손을 돕고 있었다.

그 가게는 30년 전통을 지닌 지역의 이름난 맛집으로, '줄 서서 먹는 집'으로 불릴 만큼 신뢰를 쌓아왔다.

5년 전 어머니가 암 진단을 받으면서 M씨는 본격적으로 가게 운영에 합류했다.

처음 겪는 외식업 일은 거칠고 바빴고, 그는 낯선 환경에 적응하느라 힘든 하루하루를 보냈다.

최근 어머니의 병세가 급격히 나빠져 결국 병원에 입원하게 되었다.

병상에 누운 어머니는 M씨를 불러 조용히 당부했다. "이제 가게 명의를 당장 네 이름으로 바꿔라." 애정이 담긴 말이었지만 M씨의 마음은 무거워졌다.

가게를 폐업하고 새로 사업자등록을 할지, 어머니 명의를 유지할지 결정을 내리기 어려웠다. 상속·증여 전문 세무사를 찾은 그는 영업권에도 세금이 나올 수 있다는 뜻밖의 이야기를 듣게 되었다.

☑ 영업권은 장기간의 영업을 통해 축적된 무형의 경제적 가치를 말한다.

통상 권리금이라고 말하는 영업권은 사업과 관련하여 단순히 점포, 집기, 시설 등 유형자산에 한정되지 않고, 장기간의 영업을 통해 축적된 **무형의 경제적 가치 전부**를 의미한다.

특히 음식점의 영업권은 오랜 기간 형성된 단골 고객층, 지역 내 인지도, 상호에 대한 평판, 안정적인 거래처 관계, 특정 메뉴의 조리법과 운영 노하우 그리고 입지에 따른 집객력(손님 유인력) 등이 결합 되어 동종 업종보다 지속적으로 높은 수익을 창출할 수 있는 능력 자체가 된다.

세법은 이러한 영업권을 단순한 영업상의 '이미지'가 아닌, **금전적 가치로 환산할 수 있는 재산상 권리**로 본다. 그래서 음식점을 자녀에게 무상으로 이전하거나 사망으로 인해 승계되는 경우 형성된 초과수익 창출 능력(권리금 상당액) 역시 상속재산 또는 증여재산에 포함된다.

따라서 음식점을 물려주는 행위는 가게의 물리적 이전을 넘어, 그동안 쌓아온 **'장사 자체의 가치'**까지 함께 이전하는 것으로 보아 영업권에 대한 과세가 발생할 수 있다.

☑ 눈에 보이지 않는 영업권 어떻게 가치를 평가할까?

영업권은 일반적으로 무형자산 평가를 전문으로 하는 감정평가법인의 감정가액을 기준으로 한다. 감정가액이 존재할 때는 그 금액이 우선 적용되며,

별도의 감정가액이 없는 경우에는 「상속세 및 증여세법」이 정한 법정 평가 방식으로 영업권을 계산하게 된다.

세법상 영업권 평가는 '초과수익력'을 기준으로 한다. 즉, 단순한 영업이익이 아니라 자기자본이 정상적으로 벌어들일 수 있는 이익을 초과하는 부분을 영업권 가치로 보는 구조다. 이를 위해 먼저 사망일(또는 증여일)을 기준으로 최근 3년간의 당기순이익을 가중평균한 금액을 산출하고, 여기에서 자기자본에 대한 적정 이자(자기자본×10%)를 차감한다. 이렇게 계산된 금액을 1년간의 영업권 수익력으로 간주하고, 해당 효과가 통상 5년간 지속되는 것으로 추정하여 평가한다.

이를 법정 계산식으로 정리하면 다음과 같다.

영업권 평가액=[최근 3년간 순이익의 가중평균액×50%−자기자본×10%]×3.7098

여기서 3.7098이라는 계수는 초과 이익이 일정 기간 지속된다고 가정해 현재가치로 환산한 수치다. 결과적으로 최근 3년간 순이익이 높을수록 영업권의 평가액은 커지며, 이는 곧 상속세·증여세 부담 증가로 직결된다.

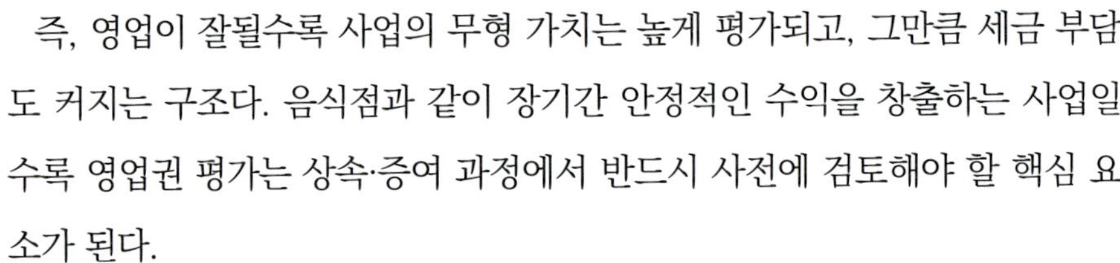

즉, 영업이 잘될수록 사업의 무형 가치는 높게 평가되고, 그만큼 세금 부담도 커지는 구조다. 음식점과 같이 장기간 안정적인 수익을 창출하는 사업일수록 영업권 평가는 상속·증여 과정에서 반드시 사전에 검토해야 할 핵심 요소가 된다.

✎ 폐업하고 신규사업자를 낼까? 아니면 가업상속을 받을까?

폐업 후 신규 사업자등록을 할지, 아니면 가업상속 방식으로 승계할지는 단순한 명의 변경의 문제가 아니라, 향후 세금 부담과 사업의 연속성을 좌우하는 중요한 선택이다. 따라서 M씨는 어머니의 사업자등록을 정리하기 전에 각 방법의 법적·세무적 효과를 충분히 비교할 필요가 있다.

먼저 폐업 후 신규 개업 방식은 절차가 비교적 단순하고, 사업자 명의를 즉시 M씨 단독으로 변경할 수 있다는 장점이 있다. 또한 기존 사업자의 체납세액, 금융채무, 미지급금 등이 원칙적으로 승계되지 않아 법적 리스크 관리가 쉽다. 그러나 이 방법은 치명적인 단점도 갖는다. 30년 동안 축적된 영업권(노하우, 단골, 상권 신뢰, 평판, 배달앱 리뷰, 온라인 검색 평점 등 무형자산)을 제도적으로 승계받기 어렵고, 각종 영업 인·허가, 위생등급, 프랜차이즈 등록, 플랫폼 평판 등도 사업의 연속성을 인정받기 어렵다는 문제가 있다. 즉, 형식적으로는 '새 가게'로 취급될 가능성이 크다.

반면 가업상속 방식은 부모가 평생 일군 사업 자체를 하나의 '가업(家業)'으로 인정받아 세법상 특별한 공제를 적용받는 제도다. M씨의 상황은 가업상속 요건 측면에서 매우 의미 있는 구조를 갖추고 있다.

어머니의 음식점은 30년 이상 계속 운영되어 '10년 이상 계속 경영' 요건을 충족하고 있으며, M씨 또한 상속 개시 전 2년 이상 가업에 실제 종사해왔기 때문에 '가업 종사 요건'을 충족한다. 그렇다면 M씨는 일반 상속이 아니라 가업상속공제 적용 대상이 될 가능성이 크다.

가업상속공제가 적용되면, 가게에 포함된 유형자산(집기, 시설, 권리금 등)뿐 아니라 영업권까지 포함된 상속재산 상당 부분에 대해 최대 수백억 원까지 상속세 과세가 이연되거나 공제될 수 있다. 특히 M씨의 음식점처럼 영업권 가치가 높은 사업의 경우 일반 상속 방식으로 이전하면 영업권 평가액이 상속재산에 포함되어 높은 세금이 발생할 수 있지만, 가업상속공제를 활용하면 이 부담을 대폭 줄일 수 있다.

다만, 가업상속공제는 사후관리 요건이 매우 엄격하다. 상속 이후 일정 기간 업종을 유지해야 하고, 사업을 폐업하거나 주요 자산을 처분하면 이미 공제받은 세액이 추징될 수 있다. 또한 대표자 유지, 고용 유지 비율, 업종 동일성 등도 관리 대상이 된다. 따라서 이는 단순한 절세 수단이 아니라, '사업을 계속 이어갈 확실한 의지'가 있는 경우에만 적합한 제도다.

결론적으로 M씨에게 폐업 후 신규 개업은 단기적으로는 간편할 수 있지만, 30년 전통이라는 무형의 자산을 포기하는 선택일 수 있다. 반면, 가업상속은 절차와 사후관리 부담은 크지만, 어머니가 평생 쌓아온 가게의 가치와 역사를 지키면서 세금 부담까지 합리적으로 설계할 수 있는 방향이다. M씨의 경우, 이미 가업상속 요건을 상당 부분 충족하고 있다는 점에서 가업승계를 전제로 한 상속 설계가 가장 경제적이고 전략적인 대안이 될 수 있다.

갑작스러운 회장님의 죽음, 재무 제표에 남아 있는 가지급금·가수금 상속세에 어떤 영향을 미칠까?

〈사례1〉 제주도에서 수십 년간 건설회사를 운영해 온 M 회장은 지역에서는 모르는 사람이 없을 만큼 입지전적인 인물이었다. 굵직한 공사들을 도맡아 하며 회사를 키워왔고, 바쁜 현장 일정 속에서 영업과 자금 운용을 직접 챙겨왔다.

문제는 그 과정에서 가지급금이 서서히 쌓여갔다.

거래처 영업 과정에서 발생한 리베이트, 개인적으로 사용한 회사 자금, 증자 과정에서 정리되지 못한 금액들이 하나둘 회사 장부에 남았다. 결국 재무제 표에는 '대표이사 단기대여금 20억 원'이라는 항목이 버젓이 찍히게 됐다. 언젠가 정리하겠다는 생각은 있었지만, 회사 운영에 쫓기다 보니 그대로 시간이 흘러갔다. 그러던 어느 날, M 회장은 심정지로 갑작스럽게 세상을 떠났다.

〈사례2〉 부산에서 건설회사를 수십 년간 경영해온 Y 회장은 한때 지역에서 손꼽히는 자수성가형 기업인이었다. 그러나 최근 몇 년간 이어진 건설경기 침체로 회사는 점차 어려워졌고, 결국 적자가 누적되기 시작했다.

회사를 운영하다 보면 자금 흐름의 불균형으로 인해 가지급금과 가수금이 빈번하게 발생한다.

세법상 가지급금은 명칭과는 달리, 회사가 특수관계자에게 자금을 대여한 것으로 보는 금액을 의미한다. 즉, 업무와 직접적인 관련 없이 대표이사나 주주 등에게 회사 자금이 유출되었으면 이를 가지급금으로 보아 세법상 불이익이 발생할 수 있다.

반면 가수금은 법인 운영 과정에서 일시적으로 자금이 부족할 때 대표이사 등이 개인 자금을 회사에 투입한 금액을 말한다. 주로 급여 지급, 거래처 대금 결제 등 긴급한 자금 수요를 충당하기 위해 발생하며, 부채로 계상된다.

이처럼 가지급금과 가수금은 회사 운영 과정에서 자연스럽게 발생할 수 있으나, 장기간 방치하면 세무 리스크로 이어질 수 있으므로 발생 원인과 처리 방향을 명확히 관리하는 것이 중요하다.

가지급금은 상속채무로 인정받기가 쉽지 않아

상속세 신고 시 공제되는 채무로 인정받으려면, 상속 개시 당시 피상속인에게 존재하였고 상속인이 실제로 부담하게 되는 채무임이 객관적으로 확인되어야 한다. 이러한 채무는 그 성격에 따라 다음과 같은 방법으로 증명되어야 한다.

우선, 국가·지방자치단체 또는 금융회사 등에 대한 채무의 경우에는 해당 기관에 대한 채무임을 확인할 수 있는 관련 서류를 통해 증명한다.

한편, 국가·지방자치단체 및 금융회사 등을 제외한 자에 대한 채무의 경우에는 채무부담계약서, 채권자 확인서, 담보 설정 및 이자 지급에 관한 증빙자료 등 채무의 존재와 내용을 객관적으로 확인할 수 있는 서류에 의해 그 사실이 증명되어야 한다. 장부상에는 가지급금으로 되어 있으나, 실제 법인 자금이 피상속인에게 흘러간 금융 증빙(입금 내역 등)이 없거나 자금의 성격이 불분명한 경우 상속채무로 인정하지 않는다. 다만, 금전소비대차 약정서가 작성되어 있고 법인 장부에 가지급금이 계속 발생·반제된 기록이 있고, 매년 인정이자를 계산하여 법인세를 성실히 신고해왔다면, 이를 실질적 채무로 보아 상속재산에서 공제해야 한다. 법인계좌에 입금된 것으로 나타나는 사실에서 피상속인의 사망 전에 가지급금 채무가 존재하였고 이를 상속인이 변제하였다면 상속채무로 공제하여야 한다는 심판사례가 있다.

🖉 피상속인에게 사망 후 인정상여로 처분된 금액

피상속인이 사망한 후에 피상속인이 대표이사로 재직 중이던 법인의 소득금액이 조사 결정됨에 따라 피상속인에게 상여로 처분된 소득에 대한 종합소득세·지방세는 채무로 인정된다.

✍ 가수금은 피상속인의 채권으로 상속재산에 포함되어야!

법인의 대표이사가 사망한 경우, 재무상태표에 계상된 가수금이 상속재산에 포함되는지는 그 가수금의 실질이 무엇인지에 따라 판단해야 한다.

가수금은 통상 법인 운영 과정에서 자금이 부족할 때 대표이사나 주주 등이 법인에 일시적으로 불입한 금액으로, 법인의 부채로 계상된다. 즉, 가수금은 법인이 대표이사에게 반환해야 할 채무이며, 대표이사 입장에서는 법인에 대한 채권에 해당한다.

따라서 대표이사가 사망한 경우, 그가 법인에 실제로 자금을 불입하여 가수금으로 계상된 사실이 객관적인 자료(계좌이체 내역, 차입 경위, 금액의 흐름 등)로 확인된다면, 해당 가수금은 피상속인이 보유한 법인에 대한 금전채권으로서 상속 개시와 동시에 상속인에게 승계된다. 이 경우 가수금 상당액은 상속재산에 포함되는 것이 원칙이다.

다만, 형식적으로 가수금으로 계상되어 있더라도 실질적으로는 대표이사의 개인적 자금 불입이 아닌 경우, 예컨대 법인 자금의 장부상 오류, 미확인 수입금의 임시 계상, 또는 반환 의사나 반환 가능성이 없는 금액으로 인정될 때는 상속재산에 포함되지 않을 수 있다. 이 경우에는 과세관청이 가수금의 실질을 부인하거나, 반대로 상속인이 실질 채권임을 주장할 때도 그 실재를 입증하여야 한다. 또한 가수금의 회수가 불가능한 경우 감정평가 등을 통하여 적절한 금액으로 평가하여 상속재산에 포함할 수 있다.

법인이 가지급금을 보유하고 있는 경우 가지급금 인정이자 계산과 지급이자 손금불산입으로 인하여 법인세 부담이 늘어난다. 또한 특수관계가 소멸한 경우 그 귀속자에게 상여 등 소득처분을 하게 된다. 주의할 점은 대표이사인 피상속인이 사망 전까지 가지급금을 정리하지 않으면 법인 장부상 가지급금은 피상속인의 상여로 처분하여 종합소득세가 과세된다. 이렇게 과세된 종합소득세를 상속인이 부담하는 경우 상속채무로 공제된다.

가수금은 그 출처 원인이 중요하다. 만약 가수금이 매출 누락이나 가공경비 등에 따라 계상된 경우라면 이에 따른 부가가치세, 법인세, 소득세 등이 부과되며 이 세금을 상속인이 납부하고 상속채무로 공제된다.

세무 전문가들은 중소기업을 운영할 때 가지급금 관리의 중요성을 거듭 강조한다. "살아 있을 때는 언제든지 정리할 수 있지만, 상속이 발생하는 순간 선택의 폭은 크게 줄어든다"는 것이 그들의 한결같은 조언이다.

특히 건설업처럼 자금 운용 구조가 복잡한 업종일수록 더욱 주의가 필요하다. 입찰을 위해 관리되는 재무제표와 실제 자금 흐름 사이의 괴리는 상속 시점에 이르러 예상치 못한 큰 문제로 이어질 수 있기 때문이다.

회사 경영자금과 개인 자금이 뒤섞이는 상황을 최대한 피하고, 불가피한 경우라 하더라도 그 내역을 명확하게 기록해 두어야 한다는 점이다. 작은 방심 하나가 훗날 가족에게 감당하기 어려운 부담으로 돌아올 수 있다는 사실을 잊지 말아야 한다.

Part 7

화폐 혁명과 상속세

디지털 자산, 비트코인도 상속재산에 포함될까?

　상속재산이라고 하면 여전히 토지, 건물, 예금 같은 전통적 자산을 떠올리는 경우가 많다. 그러나 최근에는 자산의 형태가 더욱 다양해졌다. 비트코인을 비롯한 가상자산, 유튜브 채널과 같은 디지털 콘텐츠, 게임 아이템까지 상속 대상이 되는 시대다. 문제는 이러한 자산들이 상속세 과세 대상인지, 그리고 과세 대상이라면 어떻게 평가해야 하는지에 대한 세법 규정이 명확하지 않다는 점이다.

📝 상속·증여재산에 포함되는 가상자산

　먼저 가상재산과 관련한 상속·증여세의 기본 원칙부터 짚어볼 필요가 있다. 상속세와 증여세는 재산의 형태와 무관하게 경제적 가치가 있고 금전으로 환산할 수 있는 자산이라면 과세 대상이 된다. 민법상 재산권 인정 여부와는 별개로 세법은 실질적인 경제적 가치를 기준으로 판단한다. 비트코인이나 이더리움과 같은 가상자산은 상속·증여세 과세 여부가 비교적 명확한 영역이다. 이미 세법상 가상자산은 재산적 가치가 있는 무형자산으로 취급되고 있다. 현행 「상속세 및 증여세법」상 가상자산의 평가 방법은 「금융거래정보의 보고 및 이용 등에 관한 법률」에 따라 신고 수리가 완료된 가상자산사업자 중 국세청장이 고시한 사업자의 거래소에서 거래되는 가상자산을 기준으로 하며, 평가기준일(상속개시일 또는 증여일) 전후 각 1개월간의 일평균가액을 산술평균한 금액으로 평가한다.

문제는 '파악'이다. 가상자산은 실명 계좌만 확인한다고 해서 자동으로 드러나는 자산이 아니다. 지갑 주소, 거래소 계정 정보, 개인 키 관리 상태에 따라 상속 과정에서 존재 자체가 누락되는 경우도 적지 않다. 사후에 누락이 적발되면 추가 상속세뿐만 아니라 가산세 부담까지 이어질 수 있으므로, 가상자산을 보유하고 있다면 생전에 이에 대한 정보를 상속인이 인지할 수 있도록 정리해 두는 것이 매우 중요하다. 실제로 수십억 원 상당의 가상자산이 있었음에도 상속인이 피상속인의 개인 키 암호를 알지 못해 접근하지 못하는 사례도 현실에서 발생하고 있다.

✍ 유튜브 채널, 블로그 등 디지털 재산도 상속재산일까?

유튜브 채널, 블로그, 온라인 쇼핑몰 계정과 같은 이른바 디지털 재산도 마찬가지다. 단순한 계정이나 아이디 자체는 인격과 결부된 요소가 있어 이전이 제한될 수 있지만, 해당 계정이 지속적인 수익을 창출하고 있다면 상황은 달라진다. 광고 수익, 콘텐츠 사용료, 후원금 등으로 안정적인 수익 구조가 있다면 경제적 가치가 있는 자산으로 평가될 수 있으며, 상속세 과세 대상에 포함될 가능성이 크다. 특히 유튜브 채널처럼 구독자 수와 조회 수를 기반으로 수익이 지속된다면 영업권 또는 무형자산의 성격이 인정되어 과세 대상으로 보는 것이 타당하다.

✏️ 게임 아이템도 상속재산에 포함될까?

게임 아이템 역시 과세 대상이 될 수 있다는 점을 간과해서는 안 된다. 현금 거래가 가능한 아이템, 계정 자체가 거래되거나 시세가 비교적 명확하게 형성되었으면 재산적 가치가 인정된다. 특히 일부 온라인 게임에서는 아이템이나 계정이 수천만 원, 수억 원에 거래되기도 하는데, 이러면 상속세 과세 대상에서 제외하기는 어렵다. 다만, 모든 게임 아이템이 과세 대상이 되는 것은 아니며, 현금화 가능성, 거래의 일반성, 평가 가능성이 핵심 판단 기준이 된다.

디지털 자산 상속에서 가장 큰 리스크는 실체가 없어 과세관청이 파악하지 못할 것이라 오인하고 평가와 신고를 누락하는 것이다. 평가가 어렵다는 이유로 신고에서 제외하면, 사후 세무조사 과정에서 문제가 될 가능성이 크다. 세법에 평가 방법이 구체적으로 열거되어 있지 않더라도 유권해석이나 판례 등을 참고해 합리적이고 타당한 평가금액을 반영하는 것이 중요하다. 과세관청은 평가의 불확실성을 감경 사유로 인정하지 않는다.

디지털 자산은 전통적인 재산과 형태가 다를 뿐, 세법의 기본 원리는 동일하게 적용된다. 상속과 증여를 고민하는 단계에서 비트코인, 가상자산, 디지털 콘텐츠를 별도로 떼어 생각할 것이 아니라, 전체 상속재산의 중요한 축으로 인식해야 한다. 상속의 세계는 이미 오프라인에서 온라인으로 확장되었으며, 세금 역시 그 흐름을 따라가고 있다.

비트코인 개인 지갑에서 자녀에게 송금한 경우 증여세 내야 할까?

강남에 사는 M씨는 비트코인 가격이 오를 것으로 예상해 미성년 자녀에게 비트코인을 증여하기로 했다. 하지만 국내 주요 거래소는 미성년자 계정 개설을 제한하고 있으므로, 결국 자녀의 개인 지갑을 만들어 코인을 직접 전송하는 방법을 택했다. M씨는 가상자산 전문 세무사를 찾았다. "미성년자는 가상자산 거래소에서 계좌를 못 만든다고 해서, 개인 지갑에서 직접 전송했어요. 국세청이 모를 텐데, 증여세 신고를 해야 하나요?"

✎ 가상자산의 증여 방법과 절차

자녀에게 가상자산을 이전하는 방식에는 크게 두 가지가 존재한다. 첫째는 현금을 증여하여 자녀가 직접 거래소에서 가상자산을 매수하도록 하는 방법이고, 둘째는 부모가 보유한 가상자산을 직접 자녀의 지갑으로 이전하는 방법이다.

그러나 국내 주요 가상자산 거래소는 내부 약관과 KYC(고객 신원확인) 규정에 따라 미성년자의 계정 개설을 제한하고 있으므로 미성년자 자녀에게 현금을 증여하고 자녀가 거래소를 통해 가상자산을 매수하는 방식은 현실적으로 불가능하다.

따라서 미성년자 자녀에게 가상자산을 이전하는 유일한 방법은 장외에서 자녀 명의의 개인 지갑(콜드월렛, 하드월렛 등)을 개설하고, 부모가 보유한 가상자산을 트랜잭션을 통해 해당 지갑으로 직접 전송하는 것이다. 이 경우 가상자산이 자녀 지갑으로 이전되는 순간이 곧 증여재산의 취득 시점이 된다.

✍ 가상자산의 증여와 재산평가 기준

가상자산 역시 상속세 및 증여세 법상 과세 대상 재산에 포함된다. 국세청은 **디지털 자산**을 경제적 가치가 있는 무형재산으로 판단하며, 무상으로 이전되면 반드시 증여세 신고 대상임을 명확히 안내하고 있다.

가상자산의 평가 방법은 증여일 전후 각각 1개월 동안, 국세청장이 고시하는 가상자산사업자(업비트, 빗썸, 코인원, 코빗, 고팍스)의 일평균가액을 산술평균하여 시가로 산정하는 방식이다. 홈택스에서는 이러한 공식 기준가를 손쉽게 확인할 수 있다.

이를 통해 가상자산 증여나 상속 시에도 기존 자산과 동일하게 객관적 평가와 세법 적용이 이루어짐을 알 수 있다.

✒️ 가상자산증여 시점과 신고 서류 준비

실제 가상자산 증여가 이루어졌음을 입증하기 위해서는 이전 트랜잭션의 해시값, 증여자의 거래소 출금 내역, 수증자의 지갑 주소와 수령 확인서, 그리고 해당 일자의 공식 시세 산출 근거 등 거래 사실과 가액을 설명할 수 있는 자료들이 활용된다.

거래소 간 이체의 경우 비교적 추적이 쉽고 거래 기록 또한 명확하게 남지만, 개인 지갑 간 이체는 블록체인의 특성상 익명성이 강해 입증이 상대적으로 어렵다. 이에 따라 국세청은 단일 자료가 아닌 여러 정황 자료를 종합적으로 제출하도록 요구한다.

이러한 입증 자료를 제대로 갖추지 못하면 자금출처조사 대상이 될 수 있으며, 이후 무신고 가산세 등 세무상 불이익이 발생할 위험이 크다. 따라서 가상자산 증여는 단순한 이전에 그치지 않고, 입증 가능성을 전제로 한 체계적인 기록 관리가 필수적이다.

✒️ 증여재산공제와 실거래가의 확인

미성년자는 10년간 2천만 원을 초과하는 증여를 받는 경우 반드시 증여세를 신고·납부 해야 한다. 최근에는 금융정보분석원(FIU) 데이터와 블록체인 추적 기술이 고도화되어 실질적인 상속·증여 흐름을 파악하기가 쉬워졌다.

증여 대상이 성년이라면 거래소 계정 개설 및 가상자산 이전 절차가 자유롭다. 이 경우에도 거래소 출금 내역과 실제 수령 금액 간의 차이(수수료 등)를 고려하여 증여가액과 신고 내용이 일치하는지 확인할 필요가 있다.

✍ 가상자산 양도·대여에 따른 소득세 과세와 상속·증여 과세 시기

가상자산 자체를 팔거나 빌려주어 발생하는 소득(양도·대여 소득)은 2027년부터 본격적으로 과세한다. 이와 달리 상속·증여와 같이 무상으로 이전된 가상자산은 이미 현행 세법상 과세 대상이다.

많은 사람이 세법상 가상자산의 양도소득 등의 과세 시기 유예를 증여세 과세와 혼동하지만, 거래이익 과세와 증여세 과세는 별개임을 반드시 인식해야 한다.

✍ 해외 거래소 이전도 신고 대상

해외 거래소에서도 상황은 크게 다르지 않다. 한국 거주자가 보유한 자산이라면 장소와 상관없이 전 세계 재산이 모두 과세 대상이다. 예를 들어, 미국에 거주하는 자녀에게 바이낸스 등의 가상자산을 이전하면 한국에서는 증여세가 부과되고, 미국에서도 별도의 보고 의무가 발생할 수 있다.

다만, 외국납부세액공제는 한도와 조건에 여러 제한이 있어 실제로 이중과세 조정이 쉽지 않다. 따라서 해외 거래소를 통한 증여를 계획할 때는 신고 전에 반드시 전문가의 조력을 받는 것이 안전하다.

✍ 국세청의 정보 수집과 세무조사 강화

최근 개정된 특정금융정보법에 따라, 국내 거래소는 출금·이체 내역을 금융정보분석원(FIU)에 지속해서 보고하고 있다. FIU는 필요할 때 해당 자료를 국세청에 통보하며, 국세청은 이를 상속·증여·해외재산 미신고 등 다양한 조사 업무의 기초자료로 활용한다.

가상자산 분야에서는 '익명성'만을 믿고 신고를 누락할 때는 최대 40%의 무신고가산세가 부과되며, 고의적인 탈루 시에는 징역형 등 무거운 처벌로 이어질 수 있다.

✍️ 미국 국세청(IRS)과 우리나라 국세청의 일관된 과세

미국 국세청(IRS)은 2014년 비트코인을 '재산(property)'으로 규정하고 이에 따라 상속 및 증여에 대해 **일반 재산과 동일한 과세 원칙**을 적용하고 있다. 미국 IRS는 이미 비트코인을 '재산'으로 인정하고 2014년부터 상속과 증여에 대해 과세해왔다. 한국도 마찬가지로, 실체가 없는 경제적 가치의 보유분 역시 세법상 재산이며, 실제 거래소 시세, 블록체인 기록 등 객관적 자료가 남는 한 과세가 원칙이다. 따라서 가상자산 과세는 부동산, 현금, 주식 등과 본질적으로 다르지 않다.

M씨는 이러한 안내에 따라 거래소 출금 내역, 블록체인 트랜잭션 해시값, 홈택스 가격 조회 등 모든 증빙자료를 확보한 후 증여세 신고를 무사히 마칠 수 있었다.

디지털 유산의 상속, 인스타그램, 카카오톡, 비트코인, 하드디스크 영상은 상속될까?

"내가 죽으면 인스타그램 비밀번호는 누가 알게 될까? 비트코인도 상속세를 내야 하나?"라는 질문은 더 이상 단순한 호기심이 아니다. 우리는 하루 평균 약 7시간을 온라인에서 보내며, 평생으로 환산하면 30년이 넘는 시간이 된다. 이 시간 동안 단순히 정보를 소비하는 것에 그치지 않고, 사진과 영상, 메시지, 검색 기록, 클릭 이력, 가상자산과 게임 아이템까지 우리의 삶이 디지털 공간에 그대로 축적된다.

그렇다면, 세상을 떠난 뒤 이 디지털 흔적들은 어떻게 될까? 가족이 내 계정에 접근할 수 있을까? 아니면 영영 닫혀 버릴까? 특히 부모가 보유한 비트코인, 이더리움, NFT, 고인이 운영하던 유튜브 채널이나 게임 계정이 상속재산에 포함되는지, 포함된다면 상속세는 어떻게 산정되는지에 관한 질문이 최근 상속 상담 현장에서 점점 더 빈번하게 등장하고 있다.

결론부터 말하면 **디지털 유산과 가상자산**은 원칙적으로 상속재산에 포함되며 상속세 과세 대상이 된다. 문제는 다음 단계, 즉 이러한 디지털 자산을 어떻게 찾아내고, 평가하며, 어떻게 상속인 간에 나눌 것인가에 있다.

사람이 생전에 디지털 형태로 남긴 모든 정보와 권리를 통틀어 '디지털 유산(Digital Estate)'이라 부른다. 이메일 계정, SNS 프로필, 사진·영상 파일, 클라우드 자료, 구독형 서비스 이용권, 가상화폐, 게임머니와 아이템까지 모두 포함된다.

문제는 이들 가운데 상당수가 전통적인 의미의 '재산'과는 성격이 다르다는 점이다. 어떤 것은 명백한 재산적 가치를 가지지만, 어떤 것은 고인의 인격과 밀접하게 결부된 정보에 불과하다. 이 경계가 불분명한 상태에서 상속이 개시되면, 법적·윤리적 갈등이 동시에 발생한다.

하지만 현행 「상속세 및 증여세법」은 상속재산을 "피상속인에게 귀속되는 모든 재산"으로 폭넓게 정의한다. 유형·무형을 가리지 않으며, 명칭이나 형식도 중요하지 않다. 재산적 가치가 있다면 과세 대상이 된다.

이에 따라 다음과 같은 디지털 자산은 상속세 과세 대상에 포함될 수 있다.

• 비트코인·이더리움 등 가상자산

• NFT와 같은 디지털 토큰

• 환금성이 인정되는 게임머니·아이템

• 광고 수익이 발생하는 유튜브·SNS 채널

반면, 개인의 인격과 밀접하게 결부된 이메일 내용이나 사적 메시지, 사진·영상 등은 재산적 가치가 없는 한 과세 대상이 되지는 않는다. 다만, 재산성과 인격성이 혼재된 영역에서는 다툼의 소지가 크다.

✍ 디지털 유산 상속에서 반복되는 분쟁 유형

1. 인격적 정보는 상속되는가?

디지털 계정에는 고인이 공개하고 싶지 않았을 사진, 영상, 메시지가 포함된 경우가 많다. 더 나아가 제3자의 개인정보까지 함께 담겨 있을 수 있다. 이러한 계정에 대해 유족의 접근을 무제한으로 허용하면 사자의 명예 훼손이나 제3자의 프라이버시 침해 문제가 발생할 수 있다. 유언이나 사전 지침이 없는 상태에서 계정이 공개되면, 고인의 의사와 전혀 다른 방식으로 정보가 소비되거나 왜곡될 위험도 배제할 수 없다.

2. 소유권이 아니라 '이용권'에 불과한 경우

우리가 일상적으로 사용하는 디지털 콘텐츠의 상당수는 실제로는 소유가 아니라 계약상 이용권에 불과하다. 사용자가 사망하면 해당 이용권 자체가 소멸하는 구조도 적지 않다.

예를 들어 고인이 수년간 키워온 유튜브 채널이나 게임 아이템이 있더라도 플랫폼 사업자의 약관에 따라 유족은 제한적인 접근권만을 부여받거나 아예 아무 권리도 행사하지 못하는 경우가 발생한다.

3. 해외 플랫폼이라는 장벽

SNS, 이메일, 클라우드 서비스의 상당수는 해외 기업이 운영한다. 국가별 법제와 약관이 상이하여 대한민국 법원의 절차만으로는 계정 접근이나 이전이 어려운 경우가 많다. 이중 인증 등 보안 장치로 인해 기

술적으로 접근할 수 없어지는 사례도 늘고 있다.

✏️ 1958년에 멈춰 있는 상속법의 한계

우리 민법은 상속재산을 '피상속인의 재산에 관한 포괄적 권리·의무'로 규정하면서도, 일신에 전속하는 것은 제외하고 있다. 이 규정은 1958년 제정 당시의 틀을 그대로 유지하고 있다.

문제는 당시에는 인터넷도, 디지털 자산도 존재하지 않았다는 점이다. 현행 상속법은 디지털 유산이 가지는 인격적 가치와 재산적 가치를 구분하여 다룰 수 있는 기준을 제공하지 못하고 있다. 이에 따라 특히 가상자산(비트코인) 상속세 계산은 다음과 같은 현실적 난제를 양산하고 있다.

1. 평가기준일과 시가 산정

상속세는 상속개시일 현재의 시가를 기준으로 계산한다. 가상자산 역시 원칙은 동일하다. 문제는 시가를 어떻게 산정할 것인가이다. 가상자산은 거래소별 가격 차이가 존재하고, 해외 거래소와 국내 거래소 간 괴리(일명 김치 프리미엄)도 발생한다. 상속개시일 전후 일정 기간의 평균가를 기준으로 삼더라도, 어떤 거래소의 가격을 기준으로 할 것인지는 명확하지 않다.

2. 접근 불가능한 자산의 문제

프라이빗 키나 지갑 정보가 확인되지 않는 경우 가상자산은 사실상 인출이나 이전이 불가능하다. 그러나 접근할 수 없다고 해서 과세 대상에서 자동으로 제외되는 것은 아니다.

상속세 신고 시 재산으로 계상했음에도 실제로 처분·현금화가 불가능한 경우 상속인은 세금 납부를 위해 별도의 유동성을 확보해야 하는 상황에 놓일 수 있다.

3. 분할과 납세의 불균형

가상자산은 현물 분할이 어렵고 가격 변동성이 크다. 특정 상속인이 가상자산을 단독 취득 시 그 상속인이 부담해야 할 상속세와 실제 수익 사이에 큰 괴리가 발생할 수 있다.

📝 해법은 '미리 정해두는 것'이다

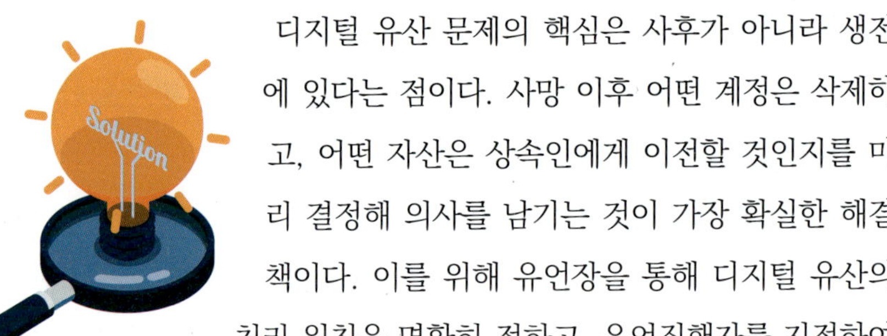

디지털 유산 문제의 핵심은 사후가 아니라 생전에 있다는 점이다. 사망 이후 어떤 계정은 삭제하고, 어떤 자산은 상속인에게 이전할 것인지를 미리 결정해 의사를 남기는 것이 가장 확실한 해결책이다. 이를 위해 유언장을 통해 디지털 유산의 처리 원칙을 명확히 정하고, 유언집행자를 지정하여 계정 관리와 자산 이전을 맡기는 것이 필요하다. 또한 재산적 가치가 있는 디지털 자산과 인격적 정보를 구분하여 관리할 필요가 있다.

만약 유언장이 없는 경우에는 상속과 재산 관리에 필요한 최소한의 정보만을 허용하는 방향으로 제도가 정비될 가능성이 크다. 특히 비트코인을 비롯한 가상자산의 과세 문제는 국내 거래소를 통해 거래되면 과세관청이 금융정보분석원(FIU) 체계를 통해 추적할 가능성이 크다. 반면, 해외 거래소나 개인 지갑에 보관된 가상자산은 상속인이 자발적으로 신고하지 않는 한 발견이 쉽지 않지만, 신고하지 않은 사실이 적발되면 가산세와 형사적 리스크가 발생할 수 있으므로 전문가와의 상담이 필수적이다.

✏️ 디지털 유산은 새로운 상속의 표준이 된다.

앞으로 상속 분쟁의 상당 부분은 디지털 공간에서 시작될 가능성이 크다. 계정이나 비밀번호의 분실이 수억 원의 가치 상실 또는 회복 불가능한 갈등으로 이어질 수 있다.

디지털 유산은 더 이상 특수한 문제가 아니다. 상속과 증여를 설계할 때, 이제는 부동산과 예금뿐 아니라 디지털 자산과 계정까지 함께 고려해야 하는 시대가 되었다.

Part 8.

상속세의 국제화

글로벌 시대의 증여와 상속,
자녀가 해외에 있다면?

　　자녀가 해외에서 생활하는 경우 상속과 증여는 더 이상 국내 세법만의 문제가 아니다. 거주자와 비거주자의 구분, 과세 범위, 국외 자산의 신고 문제까지 함께 고려해야 한다. 특히 이런 사안들을 이해하지 않은 상태에서 국외로 이주하거나 해외에 거주 중인 자녀에게 증여할 경우, 예상하지 못한 세금 폭탄으로 이어질 수 있어 사전 점검은 필수다.

✎ 거주자 vs. 비거주자

　　먼저 출발점은 거주자와 비거주자의 구분이다. 상속세와 증여세에서 거주자인지 비거주자인지는 과세 범위를 결정하는 핵심 기준이다. 거주자는 국내에 주소를 두거나 1 과세기간 동안 또는 2 과세기간에 걸쳐 계속하여 183일 이상 거소를 둔 사람을 말하며, 비거주자는 이에 해당하지 않는 경우를 뜻한다. 거주자 판단은 「소득세법」에서 규정하고 있는데, 「소득세법」에서 1 과세기간이란 '매년 1월 1일부터 12월 31일까지'를 말한다. 세법은 국적이 아니라 생활 관계의 실질을 기준으로 판단한다. 따라서 자녀가 외국 국적을 취득했더라도 생활의 근거지가 국내에 있다면 거주자로 볼 여지가 크고, 대한민국 국적이라 하더라도 해외에서 직장을 얻어 생활하고 있다면 비거주자로 판단될 가능성이 크다. 다만, 거주자와 비거주자의 판단은 실무상 매우 난해한 영역이다.

✒ 거주자와 비거주자의 과세 범위

거주자와 비거주자는 그 구분에 따라 과세 범위가 크게 달라진다. 거주자는 국내외 모든 재산에 대해 상속세와 증여세 과세 대상이 되지만, 비거주자는 원칙적으로 국내 소재 재산만 과세 대상이 된다.

해외 거주 자녀에게 증여할 때도 문제가 자주 발생한다. 증여의 경우 수증자가 비거주자라면 국내 재산에 대해서만 증여세가 과세되고, 국외 재산은 과세되지 않는다. 다만, 증여자가 거주자인 경우로서 비거주자인 수증자에게 국외 재산을 증여할 때는 「국제조세조정에 관한 법률」에 따라 증여자가 증여세를 납부할 의무가 생긴다.

한편, 해외 송금만으로는 증여 사실이 과세관청에 드러나지 않는다고 오해하는 경우가 많다. 그러나 2016년부터 시행된 국가 간 '금융정보자동교환제도' 등으로 해외 금융계좌 정보가 상당 부분 파악되고 있어 단순히 해외에 있다는 이유로 신고를 누락할 경우 추후 가산세 부담으로 이어질 수 있다.

✒ 해외 이주 시 국외전출세

해외 이주를 준비하는 경우 국외전출세 역시 반드시 점검해야 한다. 국외전출세는 일정 요건을 충족한 거주자가 국외로 이전해 비거주자가 되는 경우, 출국 당시 보유 중인 상장주식 등을 양도한 것으로 보아 양도소득세를 과세하는 제도다. 쉽게 말해 실제로 주식을 매도하지 않았더라도 해외 이주 시점에 처분한 것으로 보고 세금을 부과하는 것이다.

요건에 해당함에도 해외 이주 전 보유 지분을 점검하지 않으면 예상하지 못한 세금 부담이 발생할 수 있다. 특히 가족법인 지분이나 장기간 보유한 주식이 있는 경우 국외전출세를 간과해서는 안 된다.

✐ 비거주자에 대한 가업상속공제

그렇다면 해외 거주 자녀에게도 가업상속공제를 적용할 수 있을까? 원칙적으로 피상속인이 거주자인 경우 「상속세 및 증여세법」상 요건을 충족한다면 비거주자인 상속인도 가업상속공제를 적용받을 수 있다. 다만, 가업상속공제는 단순히 주식을 상속받는 것만으로는 부족하며, 상속인이 상속 개시 후 일정 기간 해당 가업에 종사하면서 대표이사로서 실질적인 경영을 수행해야 한다. 해외에 거주하면서 국내에 소재하는 가업에 상시 종사하기 어려운 구조라면 요건 충족 자체가 현실적으로 문제가 될 수 있다.

일시적으로 해외에 체류 중인 경우라면 가업상속공제를 적용받을 수 있지만, 상속 이후에도 해외 거주를 지속한다면 사후관리 요건을 충족하기는 사실상 어렵다. 이에 따라 공제를 적용받았다가 추징당하는 사례도 적지 않다. 해외 거주 자녀를 후계자로 고려하고 있다면 가업상속공제 대신 다른 승계 방식이나 구조를 검토할 필요가 있다.

상속과 증여에서 거주자와 비거주자의 구분에 따라 과세 범위와 신고 의무는 크게 달라진다. 자녀가 해외에 있다는 사실 자체보다 더 중요한 것은 **"언제, 어떤 지위에서, 어떤 자산을 이전하느냐"**다. 국경을 넘는 순간 세금은 훨씬 복잡해지며, 준비 없이 진행된 선택은 돌이키기 어렵다.

상속세 신고만 하면 끝인 줄 알았는데... 해외금융계좌 신고가 또 있다고?

M씨의 아버지는 외국 명문대 출신으로 중국·일본과의 거래처를 바탕으로 수십 년간 중계무역을 해온 중견기업인이었다. 그러나 해외 출장 중 교통사고로 갑작스럽게 세상을 떠났고, 남은 가족은 배우자와 남매 뿐이었다.

M씨는 슬픔 속에서도 상속세 신고를 준비하며 국내 재산은 물론 홍콩과 싱가포르에 있던 해외 증권계좌까지 찾아 상속재산에 포함했다. 모든 서류를 정리해 상속세 신고를 마치자 절차가 끝났다고 생각했다.

하지만 곧 세무사로부터 해외금융계좌 신고를 반드시 해야 하며, 6월 말까지 신고하지 않으면 고액의 과태료가 부과될 수 있다고 연락받았다. 상속세 신고와는 별도의 의무가 남아 있었고, 이를 놓치면 예상치 못한 법적 문제가 발생할 수 있다는 현실이 M씨에게 크게 다가왔다.

✍️ 해외금융계좌 신고는 계좌 잔액 기준, 일정도 체크 해야

해외금융계좌 신고는 상속세 신고와는 완전히 별개로, 납세자에게 부과되는 독립적인 협력의무이다. 한국 거주자가 해외 금융기관(은행, 증권사, 보험, 가상자산 등)에 개설한 계좌의 잔액에 대해, 해당 연도 1월부터 12월까지 각 매월 말일 현재 모든 해외금융계좌 잔액을 원화로 합산한 금액이 한 번이라도 5억 원을 초과하는 경우 해외금융계좌 신고 의무가 발생하며, 다음 해 6월 30일까지 국세청에 신고해야 한다.

계좌가 일시적으로 한 사람 명의로 집중되는 경우에는, 상속분할 전이나 협의 분할 이행 단계에서는 그 시점의 월말 잔액을 기준으로 판단한다. 반대로 가족들에게 자산이 분할된 이후에는 각자의 월말 잔액을 개별적으로 계산해야 한다.

상속세 신고는 통상 피상속인 사망일이 속하는 달의 말일부터 6개월 이내에 진행하며, 피상속인이나 상속인 중 한 사람이라도 외국에 주소를 둔 경우에는 9개월로 연장된다. 해외금융자산이 포함된 경우는 상속세 신고와 별도로, 다음 해 6월 30일까지 해외금융계좌 신고를 반드시 완료해야 한다.

✎ 신고하지 않거나 누락한 경우 10%의 과태료가 부과되며 형사처벌도 될 수 있어

해외금융계좌를 신고하지 않거나 잔액 일부만 신고하는 경우 매우 엄격한 제재가 따른다. 국세청은 신고 누락 또는 과소신고 금액에 대해 10%의 과태료를 부과하며, 이 과태료는 최대 10억 원까지 적용될 수 있다. 단순히 일부 누락만으로도 상당한 금액의 과태료가 발생할 수 있어 주의가 필요하다.

만약 미신고 금액이 50억 원을 초과하면 단순 과태료를 넘어 성명 공개 또는 형사처벌까지 이어질 수 있어 더욱 주의하여야 한다.

국세청은 해외금융계좌 신고와 관련하여 신고서류만을 확인하는 데 그치지 않고, 국제적인 금융정보 자동교환 체계를 통해 제공되는 자료를 함께 활용한다. 미국과의 FATCA(Foreign Account Tax Compliance Act) 협정 및 OECD가 개발한 공통보고기준(CRS, Common Reporting Standard)에 따라 다수 국가와 금융계좌 정보를 정기적으로 교환하고 있으며, 해당 정보에는 계좌 보유자 정보, 계좌 식별 정보, 잔액 및 일정한 금융소득 내역 등이 포함되는데, 국세청은 이러한 자동교환 정보와 납세자의 신고자료를 종합하여 해외금융계좌 신고의 적정성을 검토한다. 따라서 해외금융자산을 보유하고 있다면, 신고 의무를 제대로 이행하고 계좌 내역을 투명하게 관리하는 것이 과태료와 형사처벌 위험을 피하고 상속·증여세 리스크를 줄이는 핵심 전략이 된다.

✍ 거주자와 비거주자의 구분, 그리고 복수국 신고 의무

해외에 거주하는 친족에게 상속재산을 이전하거나, 금융자산이 여러 국가에 분산된 경우에도 해외금융계좌 신고 의무 여부는 한국 내 거주자를 기준으로 판단된다. 즉, 상속재산을 해외에서 정산했더라도 한국 거주자가 해당 계좌의 월말 잔액 기준 5억 원을 초과하면 반드시 신고해야 한다.

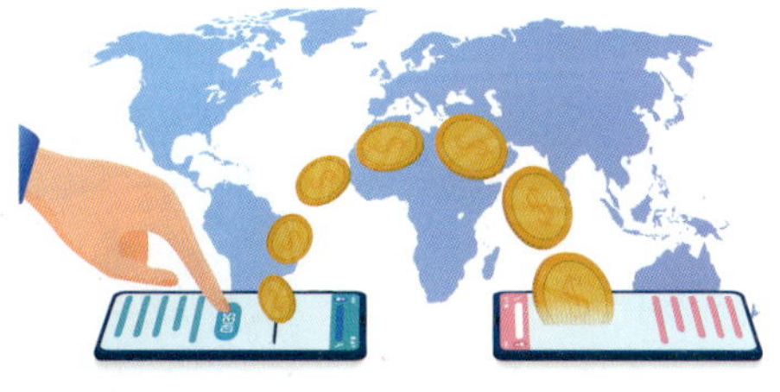

신고 대상 결정에서 중요한 기준은 국적이 아니라 실제 거주 상태이며, 이는 상속인 또는 계좌 보유자가 한국 세법상 거주자 여부에 따라 달라진다. 아울러 미국 FBAR(Report of Foreign Bank and Financial Accounts, 재무부 FinCEN에 대한 해외금융계좌 보고)와 FATCA(Foreign Account Tax Compliance Act, IRS에 대한 해외금융자산 보고) 등 별도의 해외계좌 신고·보고 제도가 존재하므로 해외 금융자산을 보유한 상속인의 경우 이중 신고 가능성과 각국 신고 요건을 종합적으로 검토해야 한다. 따라서 해외계좌 분산이나 다국적 상속 구조에서는 전문가와 상의하여 신고 의무를 명확히 하고 과태료나 형사처벌 위험을 사전에 관리하는 것이 필수적이다.

결국 상속·증여세를 이미 납부했더라도 해외금융계좌 신고 의무는 별도로 존재한다는 점이 핵심이다. 이 신고 의무는 상속세 신고와 독립적으로 판단되므로 납부할 세금이 없다고 해서 신고가 면제되지 않는다.

또한 해외 금융계좌 보유 여부는 매년 회계연도별, 월말 기준일별로 판단되므로 달력을 나란히 놓고 계좌별·일정별로 체계적으로 확인하고 신고하는 것이 실무상 불이익을 예방하는 가장 확실한 방법이다.

한국 거주자 사망 시, 미국 시민권자인 자녀의 상속세는 어느 나라에 내야 할까?

"자녀가 미국 시민권자라면 미국에서만 상속세를 내면 되지 않나요?"

영등포에서 평생 회사를 일군 M 회장이 세상을 떠났다. 상속인 중에는 이미 로스앤젤레스에 거주하는 장녀 K도 있었다. K는 오래전 미국 시민권을 취득했고, 상속재산에는 한국의 부동산과 비상장주식, 미국 상장주식, 그리고 미국 내 콘도 한 채까지 포함되어 있었다.

가족들 사이에서는 의견이 엇갈렸다. "미국 세금만 내면 된다"라는 쪽도 있었고, "아니야, 한국 세금도 내야 한다"라는 주장도 있었다. 과연 누구의 말이 맞을까?

✎ 우리나라 상속세는 "피상속인의 거주자 여부"에 따라 달라진다.

한국 상속세 및 증여세법은 상속세 과세 범위를 피상속인의 거주자 지위에 따라 결정한다. 즉, 고인이 한국 세법상 거주자에 해당하면, 국내외 모든 상속재산이 과세 대상이 된다. 반대로 피상속인이 비거주자라면 한국 내 재산

에 한정하여 과세가 이루어진다. 이때 상속인의 국적이나 거주 여부는 과세 판단의 기준이 되지 않는다.

예를 들어, 미국 시민권자인 K가 상속인이라 하더라도, 부친 M 회장이 한국 거주자였다면, 국내 부동산과 비상장주식뿐 아니라 해외 금융자산까지 모두 한국 상속세 과세 대상에 포함된다. 이는 상속세 과세권이 고인의 사망 사건에 기초하기 때문이다. 따라서 "누가 상속받는가?"가 아니라 "고인이 어디에 거주했는가?"가 과세 판단에서 가장 중요한 기준으로 작용한다.

미국 상속세의 과세 기준, 피상속인의 신분과 자산 위치에 따라 달라진다.

미국 연방 상속세는 피상속인의 시민권 및 미국 세법상 거주지(domicile, 실질적 생활 근거지) 여부에 따라 과세 범위가 결정된다. 미국 시민권자는 전 세계 자산에 대해 과세 대상이 되며, 영주권자의 경우에도 미국에 domicile이 인정되면 전 세계 자산이 과세 대상이 된다. 다만, 사망 시점에 미국을 실질적 거주지로 인정받지 못하면 비거주 외국인(NRA, Non-Resident Alien)으로 분류되어 미국 situs 자산(US situs property, 미국 세법상 미국에 소재한 것으로 간주하는 자산으로, 비거주 외국인의 미국 상속·증여세 과세 여부를 결정하는 기준이 되는 자산)만 과세될 수 있다.

미국 situs 자산에는 미국 부동산, 미국 법인이 발행한 주식, 미국 내 유형자산 등이 포함된다. 상속인은 미국에서도 해당 자산에 대해 상속세 신고 의무를 지며, 미국 내 자산가액이 일정 금액(통상 60,000달러)을 초과하면 과세가 이루어진다. 다만, 일부 예금 등은 과세대상에서 제외된다.

이번 사례에서 M 회장의 미국 콘도와 미국 상장주식은 미국 situs 자산에 해당하므로, 미국에서도 별도의 상속세 신고가 필요했고 실제 납부세액이 발생했다. 이후 한국 상속세 신고 시에는 해당 미국 상속세를 외국납부세액공제로 반영하여 중복과세를 조정하였다.

✒ 미국 증여세와 상속의 차이

미국 세법에서 증여세와 상속세는 과세 기준과 적용 대상에서 명확한 차이가 있다. 증여세는 수증자가 아닌 증여자(donor)의 세법상 신분과 증여 자산의 성격에 따라 과세 여부가 결정된다. 미국 세법상 미국에 domicile을 둔 개인은 전 세계 자산을 증여할 때 미국 증여세 규정을 적용받는다.

고인이 미국 세법상 미국에 domicile을 둔 개인인 경우 전 세계 자산이 상속세 과세 대상이 되며, 비거주 외국인(NRA)의 경우 미국 내 소재 자산에 한정하여 과세한다.

따라서 미국 주식은 비거주 외국인(NRA)에게 생전 증여 시 미국 증여세가 비과세되지만, 사망 시 상속세 과세 대상이 될 수 있다. 반면, 미국 부동산이나 유형자산은 증여 시뿐만 아니라 상속 시에도 과세되므로 미국 내 불필요한 세금 부담과 분쟁을 예방하려면

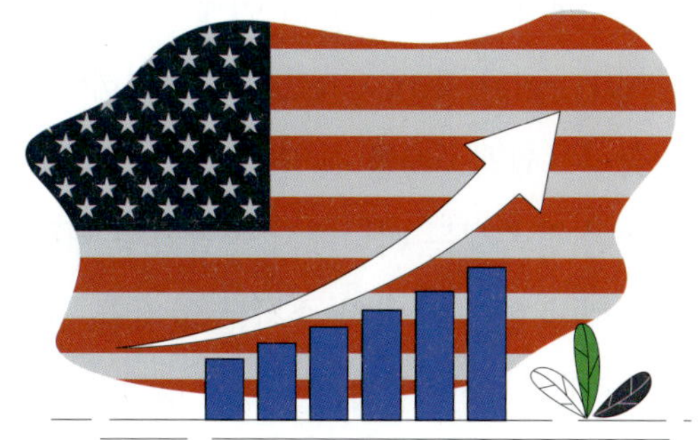

자산별 과세 기준을 명확히 이해하고 계획하는 것이 필수적이다.

✎ 미국 시민권자의 보고 의무

상속인의 미국 시민권 또는 영주권 신분은 단순히 과세 여부를 결정하는 요소를 넘어 보고 의무 측면에서도 중요한 의미가 있다. 예를 들어, 미국 시민권자나 영주권자인 상속인은 해외(예: 한국)에서 받은 상속이나 증여가 일정 금액 이상이면 미국 세법상 정보 보고 의무가 발생하기도 하므로 주의하여야 한다.

사례와 달리 고인이 미국 시민권자 또는 영주권자였다면 상속세 신고를 누락하거나 신고가 부정확할 경우 미국 국세청(IRS)으로부터 상당한 페널티가 부과될 수 있다. 따라서 미국 시민권 또는 영주권 신분은 단순한 세금 과세 여부를 넘어, 해외 자산 및 상속·증여와 관련된 엄격한 신고·보고 책임을 수반함을 명확히 이해하고, 사전 계획과 전문가 자문을 통해 대응하는 것이 필수적이다.

✎ 신고 순서와 외국납부세액공제의 활용

한국에서는 해외(예: 미국)에서 이미 납부한 상속세에 대해 외국납부세액공제(Foreign Tax Credit)를 인정하여 이중과세를 조정한다. 반면 미국도 외국납부세액공제를 운영하지만, 일반적으로 미국 내 자산에 대해 한국에서 납부한 상속세는 미국에서 연방 상속세를 공제받기가 어렵다. 어느 나라부터 신고해야 한다는 법적 순서는 없지만, 보통 미국에서 과세 대상 자산과 세액을 먼저 확정한 뒤 이를 바탕으로 한국 상속세 신고에 반영하는 편이 이중과세 조정과 실무 처리에 더 수월하다.

즉, 신고 순서가 법적으로 절대적 요건은 아니지만, 실무상 미국 과세 대상 자산과 납부세액을 먼저 확정하면 분쟁 예방과 정확한 외국납부세액공제 적용에 유리하다.

✎ 미국 시민권자 자녀가 있는 경우 상속 설계

최근 미국 시민권자 자녀 및 개인 투자자의 미국 주식 보유가 크게 늘면서, 단순히 "국적이 다르니 한쪽 국가에서만 세금을 내면 된다"라는 생각은 매우 위험하다. 상속세 과세 여부는 고인의 거주지와 자산 소재지에 따라 결정되며, 상속인의 시민권이나 영주권은 주로 신고 의무와 사후관리에 영향을 미친다.

따라서 한미 양국의 세법을 자세히 검토하고, 상속 및 증여 신고와 납부 절차를 신중하게 설계하는 것이 필수적이다. 이를 통해 불필요한 세금 부담을 줄이고, 사후 세무 리스크를 예방할 수 있다.

해외에 있는 자녀에게 '해외 자산'을 증여하면 증여세는 안 나오나요?

　실제로 자녀가 외국에 거주하고 영주권자나 시민권자라도 국내에 있는 재산을 증여받는 경우 한국에서 증여세가 부과된다. 즉, 자녀가 비거주자라 하더라도 국내 재산은 과세 대상이 되지만, 해외 재산은 원칙적으로 한국 증여세 과세 대상에서 제외된다.

　다만, 예외가 있다. 수증자가 비거주자라도 부모와 같은 특수관계인일 경우 국외 재산을 증여하더라도 그 가액이 시가와 크게 다른 금액으로 이루어지는 등 일정 요건을 충족하면 「국제조세조정에 관한 법률」에 따라 그 차액을 증여로 보아 증여자인 부모에게 한국 증여세 납부 의무가 생길 수 있다.

　우리나라 「상속세 및 증여세법」은 원칙적으로 다음과 같이 규정한다.

- 거주자가 증여받는 경우: 국내외 모든 재산에 대해 과세
- 비거주자가 증여받는 경우: 국내 재산만 과세

　예를 들어, 자녀가 한국 거주자라면 뉴욕 아파트나 캘리포니아 주식계좌 등 해외 재산도 모두 증여세 과세 대상이 된다. 반대로 자녀가 비거주자라면, 국외에 있는 뉴욕 아파트처럼 해외 재산은 한국 증여세 과세 범위에 포함되지 않는다.

즉, 해외 자산 증여라고 해서 무조건 세금이 없다고 생각하면 안 되며, 수증자의 거주 상태와 특수관계 여부에 따라 과세 여부가 달라진다.

✏️ 자녀가 비거주자라면 거주자인 부모에게 연대납세의무가 부과되기도

증여세는 원칙적으로 재산을 받는 사람, 즉 수증자가 부담하는 세금이다. 하지만 수증자가 해외에 거주하는 비거주자인 경우는 상황이 달라진다. 예를 들어, 한국에 거주하는 부모가 미국에 있는 자녀에게 미국 부동산을 증여했다고 가정하자. 이 경우 자녀는 비거주자이고 부동산도 해외에 있으므로 자녀에게 세금을 부과하는 것은 사실상 불가능하다. 따라서 한국 세법은 징수의 실효성을 확보하기 위하여 증여자인 부모에게 증여세에 대한 연대납세의무를 지우고 있다.

여기서 한 가지 유리한 점이 있다. 일반적으로 증여자가 수증자를 대신해 세금을 부담하면, 그 세금 부담액도 다시 증여로 간주하여 추가 증여세가 부과될 수 있다. 하지만 증여자가 거주자이고, 수증자가 비거주자이면 증여자가 증여세를 부담해도 이를 또다시 증여한 것으로 보지 않는다.

〈증여자와 수증자의 거주자 여부와 증여재산 소재지에 따른 납세의무자〉

증여자	증여재산	수증자	납세의무자	비 고
거주자	국내 재산	거주자	수증자	
		비거주자	수증자	연대납세의무로 증여세 대납분 과세 ×
	국외 재산	거주자	수증자	
		비거주자	증여자	「국제조세조정에 관한 법률」에 따름

증여자	증여재산	수증자	납세의무자	비 고
비거주자	국내 재산	거주자	수증자	
		비거주자	수증자	연대납세의무로 증여세 대납분 과세 ×
	국외 재산	거주자	수증자	
		비거주자	×	

✍ 미국 세법은 '증여자의 신분'과 '자산의 성격'이 중요하다

미국 세법은 한국과 달리 수증자가 아닌 증여자의 신분과 자산의 성격에 따라 증여세 과세 여부를 결정한다. 미국 시민권자나 영주권자라면 전 세계 자산에 대해 증여세 신고 의무가 있지만, 미국 세법상 비거주 외국인(NRA)이면 과세 범위가 제한된다.

예를 들어, 한국 거주자인 부모가 미국 주식을 자녀에게 증여하는 경우를 생각해보자. 미국 세법에서 주식은 무형자산(intangible asset)으로 분류되며, 증여자가 비거주 외국인(NRA)으로서 무형자산을 증여할 때는 미국 증여세 과세 대상이 아니다. 즉, 한국에서는 증여세가 과세 되지만, 미국에서는 과세하지 않는다.

다만, 주의할 점은 생전에 증여할 때는 미국에서 과세하지 않더라도, 부모가 사망 후 해당 자산이 상속재산으로 남으면 미국 상속세 과세 대상이 될 수 있다는 점이다. 즉, 증여와 상속 여부에 따라 세금 구조가 크게 달라지므로 사전에 양국 세법을 모두 고려한 계획이 필요하다.

✎ 한 건의 증여에 두 나라 과세권의 경합 및 조정

해외 자산 증여는 단순히 외국에서 이루어지는 거래가 아니라 한국과 미국 등 여러 국가의 세법이 동시에 적용될 수 있는 복합 구조라는 점에서 신중한 접근이 필요하다. 한국 세법에서는 증여자의 거주자 여부와 자산 소재지를 기준으로 증여세 과세 여부가 결정된다. 반면 미국 세법에서는 증여자의 세법상 신분(시민권자, 영주권자, 비거주 외국인 여부)과 자산의 성격(유형자산·무형자산 등)이 과세 판단의 핵심 기준이 된다. 여기에 자녀가 미국의 납세의무자라면, 한국 증여와 별개로 IRS 보고 의무(FBAR, FATCA 등)까지 발생할 수 있어 국제적 세무 리스크가 추가된다.

특히 미국 세법에서는 자산의 성격이 과세 여부를 결정하는 중요한 요소다. 예를 들어 비거주 외국인(NRA)이 보유한 미국 주식을 증여할 경우, 미국 증여세 과세 대상이 아니지만, 미국 내 부동산과 같은 유형자산은 증여세 과세 대상이 될 수 있다. 이처럼 같은 거래라도 자산 종류에 따라 세법 적용이 크게 달라진다.

결국 한 건의 증여라도 증여자가 어느 나라에 거주하는지, 수증자가 어떤 신분인지, 자산이 어디에 위치하며 어떤 성격인지에 따라 한국과 미국의 과세 구조가 복합적으로 적용될 수 있다. 이러한 국제적 세법 구조를 충분히 이해하지 않고 증여를 진행하면 예상치 못한 이중과세 위험, 과세 누락, 신고 불이행에 따른 가산세 등이 발생할 수 있으므로 반드시 국제 조세 전문가의 사전 검토가 필수적이다.

싱가포르 유학 자녀에게 보내는 사랑의 송금, 어느 순간 증여로 바뀌게 된 사연

M씨는 고등학교 시절부터 아들을 싱가포르로 유학 보냈다. 넓은 세상에서 더 많은 것을 보고 배우며 성장하길 바라는 마음이 컸다. 그래서 부모와 조부모는 학자금, 기숙사비, 생활비 등 필요한 체재비를 꾸준히 송금했다.

"아직 학생이니까 우리가 든든하게 책임져야지."

지원할 때마다 뿌듯함이 뒤따랐다.

그런데 어느 날, 낯선 등기우편 한 통이 집에 도착했다. 발신인은 국세청, 순간 마음이 철렁 내려앉았다. 조심스레 봉투를 열어보니, 안에는 세무조사 통지서가 들어 있었다. 예상치 못한 상황 앞에서 불안감이 스며들기 시작했다.

도대체 무엇이 문제였을까?

✏️ 유학의 출발선, 부모의 지원과 국세청의 예리한 시선

「상속세 및 증여세법」에서는 부양의무가 있는 자녀의 해외 유학 지원은 원칙적으로 증여세를 비과세한다. 「상속세 및 증여세법」 제46조 제5호에는

"사회 통념상 인정되는 생활비 또는 교육비로 실제 사용된 금액"은 증여세 과세 대상에서 제외된다고 규정하고 있다.

즉, 자녀가 유학 중 실제로 지출한 학비, 기숙사비, 식비, 교재비 등은 증여로 보지 않는다는 뜻이다. 문제는 돈의 사용처가 달라질 때 발생한다. 송금된 자금이 저축, 주식·부동산 등 재산 형성에 쓰였다면 그 순간부터 이 돈은 '생활비'가 아닌 증여재산으로 판단한다. 그리고 부양의무가 없는 조부모가 지원할 때도 증여로 본다. 결국 국세청에서 가장 중요한 질문은 단 하나. "돈이 어디서 왔고, 어디로 흘러갔는가?" 따라서 해외 유학비를 송금할 때는 학교 납부 영수증, 기숙사 계약서, 송금 내역 등 실제 사용을 입증할 자료를 꼼꼼히 보관해야 한다.

✎ 조부모의 손자 학비 지원, "사랑의 지원"이 왜 증여가 될까?

증여란 그 행위 또는 거래의 명칭·형식·목적 등과 관계없이 직접 또는 간접적인 방법으로 타인에게 무상으로 유형·무형의 재산 또는 이익을 이전하거나 타인의 재산 가치를 증가시키는 것을 말한다.

세법상 조부모가 손자에게 금전을 지원하는 경우 일정 범위 내에서는 증여세가 부과되지 않는다. 구체적으로, 손자가 미성년자라면 10년 동안 2천만 원까지, 성년자라면 10년 동안 5천만 원까지는 비과세로 인정된다. 이 한도를 초과하여 지원한 금액은 증여로 간주하여 과세 대상이 된다. 조부모는 동일인으로 보므로 금액을 합하여 판단한다.

조부모가 손자에게 직접 금전을 증여하면, 세대가 한 단계 건너뛴 것으로 보아 증여세가 30% 가산된다. 따라서 조부모로부터 유학자금을 지원받는 경우 비과세로 인정되기 위해서는 부모가 경제력이 없어 조부모가 민법상 부양 의무를 대신하여 부담한 것임을 입증할 수 있어야 한다.

✏️ 조부의 학비 지원은 '사랑의 지원'이 아닌 '증여'가 된다.

부모가 경제적으로 충분한 상황으로 자녀를 부양할 능력이 있는 경우, 조부모가 손자에게 직접 지출한 생활비나 교육비는 증여로 본다. 즉, 부모가 경제적으로 충분히 지원할 수 있음에도 조부가 손자의 학비를 대신 부담하면, 이는 실질적으로 조부가 손자에게 증여한 것으로 판단되어 과세 대상이 된다. 또한 30% 증여세가 할증된다. 이러한 규정은 가족 간에 세대 건너뛰기 방식의 증여를 통해 증여세를 회피하려는 경우를 방지하기 위한 취지다.

예를 들어, 부모의 연 소득이 충분한 상황에서 조부가 손자의 대학 등록금을 대신 내주면 증여세 과세 대상이 된다. 반면에 부모가 실직 중이거나 소득이 거의 없는 상황이라면, 조부의 학비 지원은 사회 통념상 부양으로 인정되어 증여로 보지 않는다.

결국 부모의 경제적 능력이 과세와 비과세를 가르는 핵심 기준이다.

✏️ 유학 자녀의 자립, 인턴·아르바이트 수입과 증여세·소득세 과세

대학생이 된 아들은 싱가포르 현지 기업에서 인턴으로 근무하며 급여를 받고 또 방학에는 한국으로 돌아와 샌드위치 가게와 카페에서 아르바이트를 하며 소득이 발생했다.

이 경우 충분히 독립적인 생활이 가능한 성년이라면 부모나 조부모의 유학 자금은 증여로 볼 수 있다.

또한 소득세가 부과될 수 있는데 과세 여부는 결국 어디에서 일했는지, 그리고 세법상 어느 나라의 거주자로 분류되는지에 따라 달라진다.

먼저, 싱가포르에서 인턴 급여를 받은 경우를 보자.

아들이 183일 이상 싱가포르에 체류하고, 주거와 생활의 중심이 현지에 있어 한국 세법상 비거주자로 판정된다면 해당 인턴 소득은 한국에서 과세하지 않는다.

반면, 한국 거주자로 판정된다면 이야기가 달라진다. 해외에서 벌어들인 인턴 급여는 국외원천소득으로 국내 과세 대상에 포함된다. 다만, 싱가포르에서 이미 세금을 납부했다면 외국납부세액공제를 통해 이중과세를 조정할 수 있다.

한편, 방학 중 한국에서 아르바이트를 하면 근로 장소가 국내이므로 이는 한국 원천 근로소득이 된다. 사업자가 원천징수한 뒤 연말정산이나 다음 해 5월 종합소득세 신고 시 납부 또는 환급받을 수 있다.

✍ 아들이 투자를 배우는 시기, 펀드와 해외 주식 그 뒤에 숨은 세금

인턴과 아르바이트로 번 돈과 부모로부터 받은 학자금 일부를 가지고 아들은 해외 주식과 펀드 투자에 발을 들였다.

하지만 투자로 얻는 소득은 소득세·증여세·거주자 판정이 복합적으로 얽힌 영역이다.

우선, 한국 세법상 거주자라면 해외 주식의 양도차익에서 기본공제 250만 원을 제외하고 양도소득세 22%(지방소득세 포함)가 부과된다. 그리고 다음 해 5월 말까지 신고·납부 해야 한다. 반대로 비거주자라면 해외에서 발생한 투자소득은 한국에서 과세 대상이 아니다.

다만, 투자에 사용한 자금의 출처가 부모나 조부모의 지원금이라면, 해당 금액이 증여에 해당하는지를 먼저 따져야 한다.

✍ 체류 일수 183일 규칙의 이면, 세법이 진짜 보는 것

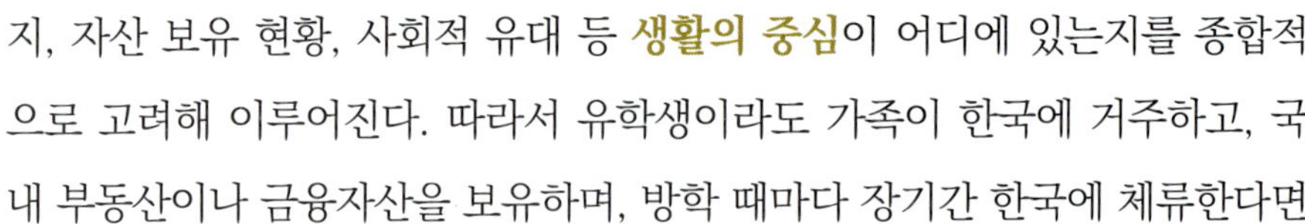

거주자 여부는 단순히 체류 일수만으로 결정되지 않는다.

세법에서는 '국내에 주소를 두거나 1 과세기간 동안 또는 2 과세기간에 걸쳐 계속하여 183일 이상 국내에 거소를 둔 개인'을 거주자로 보지만, 그 판단은 가족관계, 주거지, 자산 보유 현황, 사회적 유대 등 **생활의 중심**이 어디에 있는지를 종합적으로 고려해 이루어진다. 따라서 유학생이라도 가족이 한국에 거주하고, 국내 부동산이나 금융자산을 보유하며, 방학 때마다 장기간 한국에 체류한다면 한국 세법상 거주자로 판정될 수 있다. 이 경우 해외에서 발생한 소득을 포함한 전 세계 소득이 한국의 과세소득이 된다.

✏️ 거주자인 자녀, 해외금융계좌 미신고 시 닥치는 막대한 과태료의 그늘

해외금융계좌의 잔액이 매월 말일 기준 어느 한 시점이라도 5억 원을 초과하면, 다음 해 6월까지 해외금융계좌 신고 의무가 발생한다. 이를 이행하지 않으면 과태료 부과는 물론, 향후 자금출처조사에서 불리한 정황으로 작용할 수 있다.

더불어 국세청은 해외 송금 및 투자 내역을 국제자동정보교환제도(CRS, Common Reporting Standard)를 통해 실시간에 가깝게 확보하고 있으므로, 이제는 "몰라서 신고하지 않았다"라는 변명이 더 이상 통하지 않는 시대다.

✏️ 세무 리스크를 줄이는 가장 확실한 방법은 관리와 기록을 남기는 것이다.

유학비와 생활비는 가족의 사랑에서 비롯된 지원이지만, 세법은 그 사랑의 방식까지 세밀하게 따져 묻는다.

부모의 송금은 통상적인 교육비로 인정될 수 있지만, 조부의 경제적 지원, 유학생 본인의 투자 활동, 국내 아르바이트 소득 등은 각기 다른 세목의 규율과 관리가 필요하다.

따라서 다음 세 가지 원칙을 지키는 것이 중요하다.

첫째, 자금 흐름의 투명한 기록

송금 내역, 등록금 고지서, 영수증 등 객관적 증빙을 철저히 확보한다.

둘째, 증여는 적시에 신고

적법한 신고만으로도 가산세와 사후 추징 리스크를 최소화할 수 있다.

셋째, 거주자 판정의 주기적 점검

체류 방식, 소득 원천, 생활 중심지 변동 시 과세 체계가 근본적으로 달라질 수 있다.

M씨 사례는 단순한 유학비 지원처럼 보이는 가족 간 경제적 관계가 세법 적용에 따라 얼마나 다양한 변수로 확장되는지를 보여준다.

생활비는 비과세일 수 있지만, 조부의 학비 지원은 증여세 과세 대상이 될 수 있으며, 자녀의 투자소득과 근로소득은 거주자 판정에 따라 과세 범위가 달라진다.

결국, 사랑과 세금의 균형은 투명한 기록과 정확한 신고에서 출발한다.

국제 상속과 국제 조세, 국경을 넘는 자산을 어떻게 설계하고 과세할 것인가?

　"한국에 살지만, 자산은 이미 국경을 넘었습니다"라는 전제는 고액 자산가의 상속 상담에서 더 이상 낯설지 않다. 피상속인이나 상속인이 이중국적·외국 시민권·영주권을 보유하고 있거나, 자산의 상당 부분이 해외에 분산된 경우가 많기 때문이다. 과거에는 대한민국 국적자와 국내 자산이라는 단순한 구도로 상속세 문제를 정리할 수 있었지만, 이제 상속은 한 국가 안에서 끝나는 문제가 아니다. 국제 상속에서는 하나의 사망 사건이라도 민법, 국제사법, 조세법이 각각 다른 연결고리로 작동한다. 어떤 법이 상속을 규율하는지, 어느 국가에 상속세를 신고해야 하는지, 이중과세를 어디까지 피할 수 있는지는 모두 별개의 질문으로 고려해야 한다. 특히 국제 상속 실무에서 분쟁과 과세 리스크가 가장 집중되는 자산은 해외 부동산과 국외 법인 지분이다. 이 두 자산은 공통으로 소재국의 강한 과세권 주장을 받으며, 상속과 동시에 이전이나 등기가 필요한 실물 또는 권리라는 특징을 가진다. 또한 국가별 평가 방식과 과세 체계가 현격히 달라 단순 신고로 끝나지 않는다. 금융자산이나 예금과 달리, 해외 부동산과 국외 법인 지분은 상속과 동시에 현지 법상 권리 이전 절차를 거쳐야 하며, 현지 상속세, 취득세, 양도소득세 등 유사 과세가 연쇄적으로 발생한다.

✏️ 상속의 준거법, 어느 나라의 법이 상속을 지배하는가?

국제 상속에서 가장 먼저 검토해야 할 것은 상속에 적용되는 준거법이다. 우리 국제사법은 원칙적으로 상속을 피상속인의 본국법에 따르도록 정하고 있다. 다만, 피상속인은 유언을 통해 일정한 범위에서 준거법을 지정할 수 있으며, 부동산은 전통적으로 소재지법 주의가 강하게 적용된다.

예컨대 피상속인이 생전에 거소를 둔 국가의 법을 유언으로 지정하거나, 부동산에 대해서는 그 소재지법을 적용하도록 선택할 수 있다. 이러한 준거법 선택은 상속인의 범위, 상속분, 대습상속 여부 등 상속의 실체적 내용을 좌우한다. 그리고 해외 부동산 상속은 피상속인의 국적과 무관하게 해당 부동산이 실질적 영향을 끼치게 되므로, 상속인의 범위·상속분은 본국법에 따라 정해지나 실제 소유권 이전은 현지 상속법·등기법에 따르는 구조가 빈번히 발생한다. 이 과정에서 유언의 효력 인정 여부, 공증 방식, 번역·아포스티유 문제까지 모두 현지 법에 따라 재검토되는 경우가 발생한다.

✏️ 거주자성과 상속세, 세금은 다른 기준으로 움직인다.

상속에 적용되는 법이 결정되었다고 해서 상속세 문제까지 자동으로 해결되는 것은 아니다. 상속세는 국적이나 시민권이 아니라 '거주자성'을 중심으로 과세권이 정해진다. 대한민국 세법상 거주자는 국내에 주소를 두거나 1 과세기간 동안 또는 2 과세기간에 걸쳐 계속하여 183일 이상 거소를 둔 사람 또는 실질적 거주성을 가진 사람 등을 말한다. 거주자로 판단되면, 국적과 무관하게 전 세계에 있는 모든 재산이 상속세 과세 대상이 된다. 반대로 비거주자는 국내 소재 재산에 대해서만 상속세를 신고·납부 한다.

그러나 국제 상속에서는 다음과 같은 역설적 상황이 자주 발생한다. 상속은 외국법에 따라 이루어지지만, 상속세는 대한민국에 전 세계 재산을 기준으로 신고해야 하는 구조이다. 특히 해외 부동산은 거의 예외 없이 소재지국에서 상속세 또는 이에 따르는 세금의 과세 대상이다. 문제는 한국 거주자의 경우 이 자산이 한국 상속세 과세표준에도 다시 포함될 수 있다는 점이다. 즉, 이중과세 구조가 형성된다.

✏️ 상속재산의 소재지, 또 하나의 분기점

거주자성과 더불어 중요한 요소가 상속재산의 소재지다. 비거주자의 국내 재산은 대한민국의 상속세 과세 대상이 되는 동시에, 외국에서는 거주자의 해외재산으로 다시 과세할 수 있다. 문제는 상속재산의 '소재지' 개념이 국가마다 다르다는 점이다. 부동산처럼 명확한 자산은 비교적 단순하지만, 지식재산권·파생금융상품·주식·가상자산과 같은 무형자산은 국가별로 전혀 다른 결론에 이를 수 있다. 이 과정에서 평가기준일과 평가 방식의 차이가 절세 또는 과세 리스크로 이어진다.

📝 이중과세와 외국납부세액공제의 한계

국제 상속에서 가장 큰 현실적 문제는 이중과세다. 우리나라는 상속세 분야에서 미국·일본·유럽 주요 국가들과 상속세 조약을 거의 체결하지 않은 상태이므로 동일한 상속재산에 대해 두 국가 이상에서 상속세가 부과되는 구조가 발생하기 쉽다. 이를 완화하기 위한 제도가 '외국납부세액공제'이다. 이는 어디까지나 제한적인 장치다. 각 국가의 과세 방식, 과세표준, 사전증여 합산 범위가 달라 세액 전부가 상쇄되지 않는 경우가 대부분이다. 이미 납부한 세금을 다른 국가에서 환급받는 것은 현실적으로 매우 어렵다.

📝 국제 상속에서 반드시 고려해야 할 설계 포인트

국제 상속은 사후 대응만으로 해결할 수 있는 영역이 아니다. 따라서 사전에 철저한 설계가 필수적이다. 먼저 거주자성에 대한 점검과 공식적인 판단을 통해 과세 관할을 명확히 하고, 국가별 상속세 과세 범위와 평가 방식을 비교하여 최적의 대응 방안을 마련해야 한다. 또한 유언을 통해 준거법을 지정할지를 검토하고, 해외 자산의 보유 구조를 재설계하는 과정이 필요하다. 필요할 경우 복수 국가의 전문가와 협업 체계를 구축하여 상속 전반을 관리하는 전략도 고려해야 한다. 특히 고액 자산가의 경우 단순한 절세를 넘어, 과세 리스크를 예측 가능케 만드는 것이 핵심 목표가 된다. 이러한 사전 설계 없이는 국제 상속 과정에서 발생할 수 있는 법적·세무적 문제를 사후에 바로잡기 어렵다.

✒️ 국제 상속은 전문가와 결합한 상속 설계가 필요하다.

국제 상속은 국적의 문제가 아니라 구조의 문제다. 어느 나라 법을 따르는지, 어느 나라에 세금을 내는지, 어느 자산이 어느 국가의 과세 대상이 되는지는 모두 별도로 판단된다. 국경을 넘는 자산을 가진 이상, 상속 또한 국경을 넘는다. 국제 상속은 단일 전문가의 영역이 아니라 법률과 세무가 결합한 종합 설계의 영역이다. 사전 준비 없는 국제 상속은 거의 예외 없이 예측 불가능한 세금과 분쟁으로 귀결된다.

Part 9.

다양한 가족 형태와 상속세의 진화

이혼도 재혼도 흔한 시대, 상속 증여는 더 복잡해진다.

이혼과 재혼이 일상이 된 요즘, 상속과 증여를 더 이상 전통적인 가족 구조만을 전제로 판단하기는 어렵다. 과거처럼 혼인 관계가 평생 유지되고 자녀 구조가 단순하다는 가정은 이미 현실과 괴리가 크다. 가족 형태가 다양해진 만큼, 재산 이전을 둘러싼 법적·세무적 판단 역시 훨씬 복잡해지고 있다.

혼인 관계가 변하는 순간 상속인의 범위와 재산 귀속 구조는 완전히 달라지며, 그에 따라 분쟁 가능성 또한 급격히 커진다. 배우자의 지위, 친생자와 계자(재혼 배우자의 자녀) 간의 관계, 전(前)혼 자녀와 후(後)혼 배우자 사이의 이해관계가 얽히면서 동일한 재산을 두고 서로 다른 법적 해석과 감정적 갈등이 동시에 발생한다. 이러한 변화는 단순한 가족사 문제가 아니라, 상속 지분·유류분·증여의 효력 여부 등 실질적인 법적 분쟁으로 이어지기 쉽다.

특히 사별 후 재혼이나 이혼 이후 재혼은 실무에서 상속 분쟁의 전형적인 출발점이 된다. 사별 후 재혼의 경우에는 전혼 자녀와 재혼 배우자 간의 이해 충돌이 빈번하고, 이혼 이후 재혼의 경우에는 전 배우자 소생 자녀, 재혼 배우자, 재혼 배우자의 자녀까지 얽히며 분쟁 구조가 더욱 복잡해진다. 이 과정에서 생전

증여의 성격이나 유언의 존재 여부에 따라 분쟁의 양상은 전혀 다른 방향으로 전개되며, 사전에 정리하지 않은 재산은 사후에 큰 갈등과 소송으로 이어질 가능성이 커진다.

✎ 절세만을 좇는 이혼, 과연 타당한가?

서울의 한 유명 병원에서 고령으로 입원한 수천억 원대 자산가들을 상대로 한 법무법인의 영업 이야기를 들은 적이 있다. 그 내용은, 배우자가 상속받으면 상당 부분이 상속세로 과세하므로 생전에 이혼하고 협의이혼에 따른 재산분할을 이용하면 세금 없이 재산 이전이 가능하다는 논리였다. 다시 말해 상속보다는 이혼이 훨씬 유리하다는 점을 강조하며, 이혼을 절세 수단으로 제시한 것이다.

순수하게 경제적 관점에서만 본다면 이러한 선택은 합리적으로 보일 수도 있다. 그러나 인간적인 차원에서, 그리고 제도의 취지라는 측면에서 과연 바람직한 선택인지에 대해서는 의문이 남는다. 더 나아가 이러한 방식은 현행 상속세 제도 자체에 대한 근본적인 문제 제기로도 이어진다. 제도를 우회하지 않고서는 감당하기 어려운 상속 구조라면, 그것은 개인의 일탈이라기보다 제도의 설계 방향을 다시 고민해야 할 사안일지도 모른다.

✎ 황혼의 재혼, 그리고 남은 상속인에 대한 배려

상속 분쟁이 가장 첨예하게 발생하는 상황은 사별 이후 재혼이다. 실제 사례를 보면 이 구조가 가진 위험성은 분명하게 드러난다. 남편과 사별한 뒤 외

로움을 달래기 위해 남편의 친구와 추억
을 나누다 재혼에 이른 경우가 있었다.
두 사람은 인생 후반을 함께 정리하는
동반자라는 인식으로 혼인신고를 했고,
혼인 기간은 비교적 짧았다.

　그러나 재혼 이후 남성 쪽이 먼저 사망
하면서 문제가 발생했다. 남성은 재혼
배우자보다 훨씬 많은 재산을 보유하고 있었고, 법적으로 혼인 관계가 성립
된 이상 재혼 배우자는 명백한 법정상속인이 된다. 그 결과 남성의 자녀 등
기존 상속인은, 재혼이 없었다면 전부 자신의 몫이 되었을 재산 일부가 재혼
배우자에게 이전되는 구조를 마주하게 되었다. 상속재산분할 과정에서 갈등
은 깊어졌고, 상황은 소송 직전까지 치달았다.

　이 사례는 재혼이 감정의 문제인 동시에, 상속은 철저히 법의 문제라는 사
실을 단적으로 보여준다. 재혼 자체가 문제인 것은 아니다. 문제는 재혼 이후
의 상속에 대한 아무런 준비 없이 혼인 관계가 형성되었다는 점이다. 유언,
사전증여, 상속 구조 설계에 대한 고민 없이 재혼만 이루어진다면, 그 결과는
남겨진 상속인에게 큰 박탈감과 갈등을 안길 수 있다. 혼인 기간의 장단은 상
속권에 아무런 영향을 미치지 않기 때문이다.

✏️ 사실혼 관계에서의 이별과 세금 문제

　또 하나 주의해야 할 영역은 사실혼 관계의 해소다. 혼인신고를 하지 않은
사실혼 관계에서는 배우자라는 법적 지위가 존재하지 않는다. 다만, 법원의

판단 등을 통해 사실상 혼인 관계가 인정되는 경우, 사실혼 관계를 해소하면서 재산분할 청구에 따라 재산을 취득했다면 이는 원칙적으로 증여세나 양도소득세의 과세 대상이 아니다.

그러나 모든 사실혼 관계가 무조건 세법상 보호를 받는 것은 아니다. 사실혼 인정 여부, 공동으로 형성한 재산의 범위, 재산 이전의 실질에 따라 과세 여부는 달라질 수 있다. 단순히 사실혼이었기 때문에 나눈 재산이라는 인식만으로 접근하면, 예기치 못한 세무 리스크로 이어질 수 있다.

이혼과 재혼, 사실혼은 모두 상속·증여 구조 자체를 바꾸는 중대한 변수다. 혼인 관계에 대한 하나의 선택이 상속인의 범위를 바꾸고, 같은 재산이라도 귀속 주체와 과세 결과를 완전히 달라지게 만든다. 가족 형태가 다양해진 시대일수록 상속과 증여는 더 이상 관성적으로 접근할 문제가 아니다. 재혼을 앞두고 있거나, 이혼·사별 이후 자산 정리가 이루어지지 않은 상태라면, 그 선택이 불러올 상속세와 상속재산의 귀속 문제를 냉정하게 점검해 볼 필요가 있다.

✍️ 사실혼은 재산분할청구권은 인정되지만 상속권은 인정되지 않아

헌법재판소는 사실혼 관계에 있는 배우자에게는 법정상속인으로서의 지위는 인정되지 않는다는 입장을 일관되게 유지해 왔다. 상속제도는 혼인신고를 전제로 한 법률혼을 기준으로 설계된 제도이므로, 사실혼 배우자를 상속인에서 제외하는 것이 헌법상 평등원칙이나 인간의 존엄과 가치를 침해하지 않는다고 보았다. 다만, 헌법재판소는 사실혼 관계가 단순한 동거가 아니라 혼인의 실질을 갖춘 공동생활이라는 점을 분명히 하였다. 이에 따라 사실혼이 해소될 경우에는, 그 공동생활 동안 형성된 재산에 대하여 재산분할청구권은 인정되어야 한다고 결정한 바 있다. 이는 사실혼 배우자의 기여를 전면적으로 부정할 경우 실질적 정의에 반하기 때문이다. 헌법재판소는 재산분할청구권을 상속권과 구별되는 청산적·형평적 권리로 이해하였다. 즉 상속은 신분관계에 기초한 권리인 반면, 재산분할은 공동생활에 대한 경제적 기여의 정산이라는 것이다. 이러한 헌법재판소의 입장은 법률혼 보호라는 제도적 안정성과 사실혼 배우자 보호라는 형평성을 조화시키려는 판단으로 평가된다. 결국 사실혼은 상속의 문턱은 넘지 못하지만, 재산분할을 통해 최소한의 경제적 정의는 보장받는 관계라고 할 수 있다.

Chapter 1.

이혼은 끝이 아니다.
'아이들 미래와 재산을 지키는 현명한 방법'

M은 고등학교 2학년 때 처음 만난 K와 10년의 열애 끝에 결혼했다. 20년 동안 두 아이를 키우며 살아온 결혼생활은 길었고, 때론 치열했다.

남편은 중견기업을 운영하며 부동산, 주식, 사업체 등 많은 재산을 불려왔고, 겉으로 보기엔 누구나 부러워할 만한 단란한 가정이었다.

그러나 어느 날, 남편이 회사 여직원과 부적절한 관계를 맺었고 심지어 혼외자까지 있다는 사실이 밝혀졌다.

그 순간 M의 세계는 산산이 무너졌다. 하지만 두 아이의 미래를 생각하니, 감정만으로 결정을 내릴 수는 없었다.

✎ 이혼은 끝이 아닌 '설계의 시작'

이혼은 단순한 '끝'이 아니었다. 앞으로 아이들의 상속권과 재산을 지키기 위한 전략의 시작이었다. 이혼하면, M은 더 이상 남편의 상속인이 아니다. 하지만 자녀들은 여전히 아버지의 상속권을 갖는다. 문제는 혼외자가 생긴 이상, 남편이 사망하는 경우 혼외자와 기존 두 자녀는 모두 동일한 비율로 상속받게 된다는 점이었다. 즉, 아무런 준비 없이 이혼해버리면, 훗날 두 아이는 남편의 재산을 혼외자와 나누어야 하는 상황이 온다.

이혼 상담을 위해 전문 변호사를 찾았을 때, 변호사는 조용히 말했다. "**이혼은 끝이 아니라, 상속 구조를 다시 설계하는 시작입니다.** 지금 확보하지 못한 재산은 결국 혼외자와 나누게 됩니다."

변호사의 한마디로 M은 본인과 두 아이의 새로운 삶을 위한 인생 설계를 다시 하게 되었다.

✎ 유책 배우자와 재산분할의 기준이 되는 기여분

우리 민법에서 배우자의 부정행위에 대한 형사처벌 규정, 즉 간통죄는 2015년에 폐지되었다.

그러나 이는 형사처벌이 없어졌을 뿐, 민사상 책임은 여전히 인정된다. 따라서 피해 배우자는 정신적 위자료를 청구할 수 있고, 이혼 시 재산분할 역시 정상적으로 진행된다.

중요한 점은 다음과 같다.

배우자의 부정행위 자체는 재산분할 비율에 직접적인 영향을 미치지 않는다. 재산분할은 '기여도'를 기준으로 판단되기 때문이다. 이와 같은 절차를 거쳐 M은 전체 부부 재산 중 약 50%를 재산분할로 확보할 수 있었다. 또한 확보된 재산 중 일부는 자녀의 미래를 고려하여 자녀 명의로 분산·증여하는 세무 설계도 함께 진행되었다.

남편의 유책이 명백했던 만큼, 법원은 위자료 3천만 원을 인정했고 두 자녀에 대한 양육비로 월 400만 원을 결정했다. 비유책 배우자는 단순히 '잘못이 없는 사람'을 넘어, 이혼 과정에서 더 두텁게 보호받아야 할 당사자로 인정된다.

특히 다음과 같은 영역에서 보호가 강화된다.

첫째, 유책주의 원칙에 따라 '유책 배우자의 이혼 청구'는 제한

대법원은 오랫동안 '잘못한 사람이 먼저 이혼을 요구할 수 없다'라는 유책주의 원칙을 유지했다. 즉 유책 배우자가 비유책 배우자를 상대로 이혼을 청구하는 것은 원칙적으로 불허한다.

둘째, 재산분할 비율은 기여도 중심, 책임 유무는 직접적 영향 없어

비유책 배우자라 해서 재산분할 비율이 자동으로 높아지는 것은 아니지만, 혼인 유지·가사·양육 기여도가 고려되어 결과적으로 비유책 배우자에게 유리한 경우가 많다.

셋째, 위자료 청구권 인정

배우자의 부정행위나 폭력이 원인이 된 경우 비유책 배우자는 상당한 금액의 정신적 손해배상(위자료)을 청구할 수 있다.

이혼은 감정적인 사건이지만, 세금 관점에서는 하나의 '기회'가 될 수 있다.

일반적으로 이혼으로 인한 재산분할은 **'부부가 혼인 중에 쌍방의 협력으로 이룩한 공동재산을 청산·분배하는 것'**으로 보아 각자 자신의 기여로 형성된 지분을 되찾는 것이기 때문에 증여세·양도소득세가 과세되지 않는다. 또한 재산분할에 따른 부동산의 소유권 이전 시 1.5%의 낮은 취득세 특례 세율을 적용받게 된다.

다만, 주의해야 할 점도 있다.

만약 조세회피를 목적으로 과도하게 높은 비율(예: 70% 이상)로 재산을 넘기거나, 실제로는 이혼할 의사가 없으면서 재산을 이전하기 위해 위장 이혼을 하는 경우 국세청이 이를 증여로 판단할 수 있다. M은 남편을 설득해서 남편 명의 자산 중 일부를 자녀에게 미리 증여했다.

이에 대해 TAX CLUB 17은 이렇게 조언했다.

"이혼을 준비하면서 파악한 재산 중 일부를 자녀 명의로 먼저 이전해 두면, 남편이 사망했을 때 혼외자와 나누어야 할 상속재산이 그만큼 줄어듭니다. 상속보다 사전증여가 절세의 첫걸음입니다."

✎ 유언대용신탁으로 자녀의 미래까지 설계

이혼이 끝났다고 모든 위험이 사라지는 것은 아니었다. 특히 M은 자신이 먼저 사망하고 자녀가 미성년일 경우, 전남편 K가 법적으로 재산관리권을 갖게 되는 점을 가장 큰 리스크로 보았다. 이를 막기 위해 M은 이혼 과정에서 친권과 양육권을 확보하고, 유언 공증으로 자녀의 후견인을 따로 지정했으며, 추가로 유언대용신탁을 선택했다.

유언대용신탁은 사망 후 재산 분배를 미리 정한다는 점에서는 유언과 같지만, 분쟁 위험이 적고 훨씬 유연하다. 재산을 신탁회사에 맡겨 지급 시기·금액·대상을 생전에 정할 수 있어서 미성년 자녀의 재산을 전 배우자가 관리할 수 없고 조건별·단계별 지급이 가능하다.

M은 이 제도를 통해 자녀의 성장 과정에 맞춰 재산이 흘러가도록 설계했다. 대학 입학 시 학비와 생활비를 지원하고, 이후 결혼이나 사회 진출 시에도 추가 자금이 지급되도록 한 것이다. 이는 단순한 상속이 아니라, 자녀가 불안 없이 본인의 삶을 살아가도록 돕는 보호 장치였고, M에게 신탁은 재산이 아닌 미래를 남기는 선택이었다.

📝 이혼 후 삶을 좌우하는 것은 감정이 아니라 냉철한 미래의 설계다.

이혼 과정에서는 감정이 앞서기 쉽다. 억울함, 분노, 실망 같은 감정은 자연스럽지만, 그 감정만으로 움직이면 중요한 것을 놓치기 쉽다. 정작 이혼 이후의 삶을 결정짓는 것은 감정이 아니라 재산 구조, 세금 구조, 그리고 미래 설계의 구조다.

누가 친권을 가지는지, 어느 시점에 어떤 재산을 물려줄지, 자녀가 미성년일 때 누가 관리권을 갖는지, 사후에 분쟁이 생기지 않도록 어떤 장치를 마련할지, 이 모든 것이 구조다.

M이 한 선택들, 재산분할·사전증여·후견인 지정·유언대용신탁을 통한 자녀 보호는 결국 감정보다는 구조로 움직였기 때문에 가능한 전략이었다. 이혼은 끝이 아니라 재정비의 시작이다.

감정은 잠시 흔들리지만, 구조는 평생을 지킨다.

이혼 전 아내에게 준 현금 6억 원 상속재산에 다시 들어갈까?

> M씨는 사랑하는 아내에게 2020년 5월 현금 6억 원을 증여했다. 배우자 간에는 6억 원까지 증여세가 과세되지 않아 증여세를 신고하면서 세금은 내지 않았다. 그런데 그렇게 사이가 좋았던 M씨는 아내의 불륜으로 1년이 채 지나지 않아 이혼하였고 2023년 5월 갑작스러운 교통사고로 사망하였다. M씨의 상속재산은 강남아파트 시가 30억 원이 전부였다. 상속인은 자녀 2명이었으며 사이좋게 협의 분할 하여 상속세를 신고기한 이내에 신고·납부 하였다. 그런데 2년이나 지나서 세무조사 사전통지서가 왔고 세무조사를 마친 후 아버지가 3년 전 어머니에게 증여한 6억 원에 대해서 상속세와 가산세를 추가로 내라고 고지서가 송달되었다.

✍ 상속개시일 전에 사전증여한 재산은 상속재산에 합산한다.

증여세는 살아있을 때 미리 물려준 재산에 붙는 세금이고, 상속세는 세상을 떠난 후 남겨진 재산에 붙는 세금이다. 만약, 상속세를 피하기 위해 부모가 살아있을 때 자녀에게 미리 재산을 전부 증여하게 된다면 어떻게 될까? 세법은 증여를 통해 상속세 부담을 줄이려는 행위를 방지하기 위해 '상속인(배우자·자녀 등)에게 10년 이내' 증여한 재산과 '상속인 이외의 자에게 5년 이내' 증여한 재산은 상속재산에 합산하여 증여세의 역할을 보완한다.

✏️ 상속인과 상속인이 아닌 자의 구분은 상속개시일 현재를 기준으로 판단한다.

상속개시일 현재 아버지와 어머니가 이혼한 상태라면, 어머니는 아버지의 법적 배우자가 아니므로 상속인이 아니다. 따라서 아버지의 어머니에 대한 생전 증여는 상속개시일 현재 상속인이 아닌 자에게 이루어진 증여이므로 증여가 상속개시일 전 5년 이내에 이루어졌다면 증여한 재산 가액을 상속재산가액에 합산해야 하고, 그 이전에 이루어졌다면 상속재산가액에 합산하지 않는 것이다.

✏️ 상속재산에 합산하는 사전증여재산가액은 배우자증여공제(6억 원) 전의 총 증여재산가액이다.

아버지의 어머니에 대한 생전 증여가 상속개시일 전 5년 이내에 이루어진 것으로서 상속재산가액에 합산해야 하는 경우 아버지의 상속재산에 합산해야 할 '증여한 재산가액'은 아버지가 어머니에게 증여한 금전 총액이다. 증여 당시 배우자증여공제 6억 원을 받아 증여세를 하나도 안 냈더라도, 증여받은 가액에서 배우자증여공제를 제외한 나머지 가액만을 상속재산의 가액에 합산하는 것이 아니라는 점에 주의해야 한다. 만일 5년 전에 부부간 증여가 있었고, 이혼한 후에 아버지의 상속이 개시되었다면 어머니는 상속인 이외의 자에 해당하여 상속재산에 합산되지 않는다.

✏️ 상속세와 증여세의 이중과세를 조정하기 위하여 사전증여재산에 대한 증여세 산출세액을 공제한다.

그 이유는 상속개시일로부터 일정한 기간 내에 증여한 재산가액을 상속재산가액에 합산하도록 하면, 증여재산가액도 상속세의 산출 기준인 상속세 과세가액으로 된다. 만약 증여세를 고려하지 않는다면, 동일한 재산에 대해 상속세와 증여세를 이중으로 과세하거나 비과세 증여재산에 상속세를 부과하는 결과를 초래한다. 따라서 이런 불합리한 점을 제거하기 위해 기납부 증여세를 상속세 산출세액에서 공제하는 데 여기서 말하는 증여세액이란 증여재산에 대해 부과된 또는 부과될 증여세액 또는 비과세 증여재산인 경우에는 과세 대상인 것으로 가정해 산출된 증여세액 상당액을 말한다. 즉, 증여 당시 수증자가 배우자인 관계로 배우자증여공제를 받았다가 상속 개시 당시에는 이혼으로 상속인이 아니어서 배우자 상속공제를 받을 수 없게 된 경우, 상속세 산출세액에서 공제할 증여세액은 실제로 납부된 증여세액(배우자증여공제를

적용해 산출된 증여세액)이 아니라 증여한 재산 가액에 대해 배우자증여공제
를 하지 아니했을 때의 증여세 산출세액이 되는 것이다. 아버지와 어머니가
애초부터 부부가 아닌 제3자였다면 어머니가 내야 했을 증여세 산출세액 상
당액만큼은 증여세 상당액을 납부할 상속세액에서 공제해서 이중과세를 조
정한다.

✐ 상속재산에 합산되는 사전증여재산가액은 증여 당시의 가액으로 평가한 금액이다.

상속재산가액에 가산되는 증여재산가액은 상속개시일이 아닌 **증여일 현재
평가한 가액**으로 한다. 예를 들면 아파트를 자녀에게 증여했는데 증여 당시
의 가액은 10억 원이며 상속 개시 당시의 평가액은 20억 원이라고 할 때 상
속재산에 가산되는 증여재산가액은 10억 원이다. 이러한 이유로 부동산 가
격의 상승이 예상되는 경우 가격이 낮을 때 사전증여하는 것이 현명한 절세
기법이다.

Chapter 3. 가족 해체의 시대, 달라진 가족 구조에서 유언·유류분·신탁을 통한 상속 설계

왜 상속 분쟁은 점점 더 복잡해지고 있을까? 최근 상속 분쟁의 특징 중 하나는 재산 규모와 분쟁 강도가 반드시 비례하지 않는다는 점이다. 수백억 원대 자산가뿐 아니라, 아파트 한 채와 예금 일부를 남긴 평범한 가정에서도 상속 소송이 빈번하게 일어난다. 이는 단순히 사람들이 욕심이 많아졌기 때문이 아니라, 가족 구조가 급격히 변화했음에도 상속을 준비하는 사고방식은 여전히 과거에 머물러 있기 때문이다.

황혼이혼과 재혼, 사실혼, 독신 가구, 재구성 가족, 해외 거주 상속인이 증가하면서 '법정상속'이라는 자동 배분 시스템은 현실과 점점 어긋나고 있다. 그 결과 상속은 더 이상 사후 정산의 문제가 아니며, 생전에 설계하지 않으면 반드시 분쟁으로 이어지는 고위험 영역이 되었다.

✍ 유언, 상속 설계의 출발점이자 최소 요건

유언이 없는 상속의 실체는 단순하다. 유언이 없으면 상속은 민법이 정한 비율에 따라 자동으로 분배되지만, 이는 **'공정한 분배'**가 아니라 국가가 대신

정해준 평균값에 불과하다. 가족 간의 관계, 기여도, 부양 정도, 재산의 성격 등은 전혀 반영되지 않는다. 특히 ① 재혼 가정에서 배우자와 기존 자녀가 함께 존재할 때, ② 사실혼 배우자나 비혈연 동거인이 있는 때, ③ 독신자가 특정인이나 단체에 재산을 남기고 싶을 때, ④ 해외 거주 상속인이 있어 절차 간소화가 필요한 때, 유언이 없다는 사실 자체는 곧 분쟁의 시작이나 마찬가지이다.

✎ 유류분, 유언의 자유를 현실에서 막는 제도

많은 사람이 '내 재산은 내 마음대로'라고 생각하지만, 법은 이를 그대로 허용하지 않는다. 배우자와 자녀에게는 유류분이라는 최소 지분이 보장되기 때문에 유류분을 무시한 유언은 매우 위험하다. 특히 황혼·재혼 가정에서는 전 재산을 배우자에게 남기고, 사후 기존 자녀들이 유류분 반환청구를 하며, 결국 배우자와 자녀 사이에서 장기간의 소송으로 이어지는 구조가 흔히 발생한다.

유류분 분쟁은 단순한 금전 다툼이 아니라 감정 전쟁이지만, 유류분을 완전하게 배제하는 전략은 현실적으로 거의 불가능하다. 실무에서는 결국 완전 배제보다 조정의 길을 택할 수밖에 없다. 충돌을 줄이는 방법으로는 생전 증여를 통해 유류분의 기초 재산을 조정하거나 유언대용신탁을 활용하여 수익 구조를 분리하고, 유류분 수준을 고려한 최소 분배를 설계하는 전략이 있다. 중요한 것은 누가 더 많이 가져가는가가 아니라 분쟁이 발생하지 않는 선을 미리 설계하는 것이다.

신탁은 소유권 이전과 관리, 수익 귀속을 분리할 수 있는 제도로서 상속 분쟁 예방에 결정적인 역할을 한다. 특히 고령 배우자의 생활 보장이 필요하거나 장애 자녀나 미성년 상속인이 있을 때, 가업이나 부동산처럼 분할이 어려운 자산이 존재할 때나 해외 거주 상속인이 있어 관리의 일관성이 요구될 때, 신탁은 사실상 필수적인 수단으로 고려해 볼 수 있다.

최근에는 유언의 자유를 더욱 폭넓게 보장하는 도구로 '**유언대용신탁**'이 주목받고 있다. 유언대용신탁은 유언자의 의지를 광범위하게 보장하면서도 자녀와의 유류분 충돌을 완화하는 효과가 있으므로 상속 계획에서 전략적 활용도가 매우 높다.

✏️ 상속은 기술이 아니라 책임이다

위에서 살펴본 유언·유류분·신탁을 함께 보아야 하는 이유는 실무에서 함께 고려하는 상속 설계를 해야 하기 때문이다. 유언만으로는 유류분 분쟁을 막기 어렵고, 신탁만으로는 가족 간 감정 갈등을 완전하게 해소할 수도 없다. 상속 설계의 핵심은 어느 한쪽 제도만 보는 것이 아니라 '구조'를  설계하는 것으로서 가족 구성, 재산의 성격, 상속인의 관계를 종합적으로 고려해 유언·증여·신탁을 유기적으로 결합하여야 한다.

상속은 죽음 이후의 문제가 아니다. 상속은 남겨질 사람들의 삶을 어떻게 보호할 것인가에 대한 생전의 결정이다. 유언, 증여, 신탁은 선택지가 아니라 도구다. 이 도구들을 어떤 구조로 결합하느냐에 따라 준비되지 않은 상속은 분쟁을 남기고, 준비된 상속은 분쟁을 피하고 관계를 남긴다.

✍ 상속 설계, 그 프레임과 체크리스트

상속 설계는 가족관계, 상속인, 재산, 유류분, 유언, 신탁이라는 핵심 요소가 빠짐없이 검토되어야 비로소 완성된다. 혼인, 이혼, 재혼 여부는 물론 사실혼이나 비혈연 동거인의 존재까지 가족관계를 명확히 정리하고, 법정상속인을 기준으로 누구를 포함하거나 제외할 것인지 상속인을 확정해야 한다. 이어 부동산과 금융자산뿐 아니라 가업이나 지분, 디지털 자산까지 모든 재산을 목록화하고, 유류분권자의 범위와 향후 분쟁 가능성을 함께 점검해야 한다. 그 위에서 공정증서 유언 여부와 유언집행자 지정 등 적절한 유언 방식을 선택하고, 관리가 필요하거나 장기간에 걸쳐 분배해야 할 자산이 있는 경우에는 신탁 도입의 필요성도 판단해야 한다. 이 중 하나라도 빠져 있다면 상속 설계는 아직 미완성 상태라고 볼 수 있다.

상속 설계의 실제 진행은 체크리스트 점검과 함께 이루어진다. 먼저 법률혼, 사실혼, 재혼, 독신 여부 등 가족 구조를 정확히 파악하고, 법정상속 구조에 따라 아무런 조치를 하지 않았을 때 재산이 어떻게 자동 분배되는지를 확인한다. 그다음 배제하거나 추가하거나 조정할 대상이 있는지를 기준으로 유언의 필요성을 판단하고, 유류분 침해로 인한 분쟁 가능성이 있는 지점을 분석해 리스크를 표시한다. 이후 자산의 관리·수익·귀속을 분리할 필요가 있는지를 검토해 신탁 도입 여부를 결정하고, 마지막으로 공증 유언, 유언대용신탁, 생전 증여 등 상황에 맞는 실행 도구를 선택함으로써 상속 설계를 구체적으로 완성해 나간다. 물론 그 과정에서 유언자의 진실한 의도에 맞춘 인터뷰와 그의 의지를 남기는 과정은 필수적이다.

반려동물과 상속

반려동물은 더 이상 '재산'이나 '물건'으로만 불리기 어려운 존재가 되었다. 가족 구성원에 가까운 정서적 지위를 가지지만, 법과 세금의 세계에서 반려동물은 여전히 스스로 권리를 가질 수 없는 대상이다. 그래서 상속이라는 제도가 등장하는 순간 반려동물은 보호의 주체가 아닌 보호의 대상에서 미묘하게 공백에 놓인다. 상속재산이 분배되는 과정에서 반려동물의 삶은 법조문 어디에도 직접 등장하지 않는다. 그러나 그 공백을 방치할수록 남겨진 생명은 우연과 선의에 맡겨질 수밖에 없다.

✎ 법은 '가족'을 어디까지 보호하는가?

반려동물이 가족의 지위를 갖는 시대가 되었지만, 법은 여전히 반려동물을 권리 주체가 아닌 '물건'으로 취급한다. 이에 따라 상속 국면에서 반려동물은 직접 재산을 상속받을 수 없으며, 보호 역시 간접적인 방식으로만 가능하다.

✏️ 반려동물은 상속의 주체가 될 수 없다

현행 민법상 상속의 주체는 사람에 한정한다. 반려동물에게 재산을 남기겠다는 의사는 법적으로 실현할 수 없으며, 반려동물은 오직 귀속의 대상으로만 취급한다. 따라서 '**반려동물에게 상속한다**'라는 표현은 법적 효력이 없다.

✏️ 부담부 유증: 가장 전통적인 방식

실무에서 가장 널리 활용되는 방식은 부담부 유증이다. 즉, 일정 재산을 유증하면서 그 조건으로 반려동물의 사육·치료·보호 의무를 부과하는 구조다. 그러나 반려동물 스스로 권리를 행사할 수 없다는 구조적 한계 때문에, 감시 주체가 누구인가, 의무 위반을 누가 문제 삼을 것인가에 따라 실효성은 크게 달라진다.

✏️ 신탁을 통한 보호: 가장 현실적인 대안

최근 보험사·신탁회사 등 금융권에서 반려동물을 위한 유언대용신탁 상품이 잇따라 주목받으며 출시하고 있는데, 이러한 상품은 기본적으로 자신이 사망한 후에도 반려견이 안정적으로 돌봄과 재정적 지원을 받을 수 있도록 설계된 신탁 상품이다. 이는 재산을 신탁회사 등에 맡겨, 반려동물의 사육·의료·생활비 목적에만 자금을 집행하도록 하는 방식이다. 반려동물은 여전히 수익자가 될 수 없지만, 보호자가 지급받는 신탁금의 사용 목적을 엄격히 제한함으로써 실질적 보호 효과를 기대할 수 있다. 다만, 신탁 비용 부담, 반려동물 사망 후 잔여재산의 귀속 문제 등은 사전에 명확히 결정하여 마련해야 한다.

✎ 유류분과의 충돌

반려동물 보호를 이유로 상당한 재산을 특정인에게 유증하거나 신탁할 경우, 다른 상속인의 유류분 침해 문제가 발생할 수 있다. 반려동물 보호 목적이라 하더라도 유류분 반환청구의 권리는 여전히 남아있으므로 반려동물 관련 설계는 반드시 전체 상속 구조 속에서 조정해야 한다.

결국 반려동물과 상속의 문제는 '재산을 누구에게 남길 것인가'가 아니라, '책임을 어떻게 이어갈 것인가'에 대한 이야기다.

Part 10.

사전증여, 절세의 출발점

자녀가 읽어주는
상속·증여

가족을 지키는 상속 준비,
빠를수록 좋다.

부모 세대가 공통으로 하는 말이 있다. "아직은 괜찮다.", "조금 더 지나 생각하겠다."

하지만 상속은 언제든지 갑작스럽게 찾아온다. 준비가 되어 있느냐에 따라 가족의 삶은 완전히 달라질 수 있다. 특히 장애인 자녀가 있거나 가족 간 경제적 사정이 다른 경우에는 상속 설계가 단순한 절세 차원을 넘어, 가족의 생계 안정과 권리 보호라는 더 큰 목적을 갖게 된다.

✎ 상속은 미루는 일이 아니라, 가족을 위해 미리 시작해야 할 과제다.

장애인 자녀가 있는 가정이라면 상속 계획은 더욱 섬세해져야 한다. 부모가 먼저 세상을 떠난 이후에도 자녀가 안정적으로 생활할 수 있도록 법적·경제적 장치를 마련하는 일은 필수적이다. 장애인 자녀에게 일시에 큰 금액을 상속하면 각종 복지 혜택이 중단될 수 있고, 재산을 스스로 관리하지 못해 각종 위험에 노출될 가능성도 커진다. 이러한 이유로 장애인 신탁, 유언대용신탁과 같은 신탁 제도가 널리 활용되고 있다. 신탁을 활용하면 자녀가 재산을 직접 관리하지 않더라도 복지 수급 요건을 유지하면서 필요한 지출을 안정적으로 할 수 있다. 신탁은 단순한 재산 이전이 아니라 재산 관리를 설계할 수 있는 제도이기 때문에 장애인 자녀를 둔 부모에게 가장 현실적인 대안이 될 수 있다.

✎ 상속 준비는 미리, 그리고 구체적으로 준비할 필요가 있다.

가족 구성원 간 경제적 사정이 크게 다른 경우에도 상속 준비는 중요하다. 부모는 자녀들에게 공평하게 나누어 주고 싶어 하지만, 경제적 자립이 어려운 자녀가 있을 수 있다. 이 경우 특정 자녀에게 재산을 미리 이전해 생활 기반을 마련해 줄 수도 있고, 장래의 분쟁을 예방하기 위해 생전에 증여 계획을 세워 균형을 맞출 수도 있다. 어떤 방식을 선택하더라도 중요한 것은 사망 이후가 아니라, 생전부터 가족 간 합의를 바탕으로 합리적인 분배 방식을 설계하는 일이다. 아무런 계획 없이 갑작스러운 상속이 발생하면 형제간 갈등은 물론, 상속세 부담이 예상보다 많이 증가하는 상황도 적지 않다.

✎ 늘어나는 유언대용신탁

최근에는 유언대용신탁을 선택하는 사례가 증가하고 있다. 전통적인 유언장은 사망 이후에야 효력이 발생하지만, 유언대용신탁은 생전에 재산을 신탁으로 이전하면서도 본인이 살아 있는 동안에는 그 재산을 자유롭게 사용하고 관리할 수 있다. 사망 이후에는 신탁계약에서 정해 둔 방식대로 재산이 이전되므로, 유언장을 둘러싼 분쟁을 크게 줄일 수 있다. 특히 "어떤 자녀에게 어떤 재산을 어떻게 이전할지", "누가 어떤 방식으로 이를 관리할지"를 구체적으로 설계할 수 있다는 점에서 상속 과정의 불확실성을 줄여주는 매우 실무적인 제도라 할 수 있다.

최근 들어 관심이 높아진 제도 중 하나가 이른바 효도계약서다. 이는 부모 부양, 정기적인 방문, 의료·생활 지원 등에 관한 약속을 명확히 문서화하고, 일정 의무가 이행되지 않을 때 재산의 증여나 상속을 제한하는 내용을 담는 계약을 말한다. 효도계약서는 다소 낯설게 느껴질 수 있으나, 급격한 고령화와 가족 구조의 변화 속에서 부양의무의 실효성을 확보할 수 있는 현실적인 도구로 자리 잡아 가고 있다. 다만, 법적 효력을 확보하기 위해서는 계약 체결 방식과 조항 구성이 매우 중요하므로 반드시 전문가의 검토를 거치는 것이 바람직하다.

이처럼 가정의 사정에 따라 상속 설계는 각기 다르게 접근해야 한다. 장애인 자녀 보호, 자녀 간 형평성 조정, 생전 증여와 양도의 시기 판단, 유언대용신탁과 효도계약서의 활용 등 각 제도는 각각의 의미가 있지만, 상호 연계하여 설계할 때 더욱 강력한 효과를 발휘한다. 가족 구성, 자산의 형태, 자녀들의 의사와 삶의 방향 등을 종합적으로 고려해 가장 적합한 상속 전략을 마련하는 것이 세무 전문가의 역할이다.

☑ 사전증여를 통한 상속 설계는 결국 가족을 지키기 위한 준비다.

이는 단순히 갑작스러운 상황에 대비하기 위한 것이 아니라, 남겨질 가족 구성원이 안정적인 삶을 이어갈 수 있도록 배려하는 과정이다. 상속세 신고는 사망 이후에 시작되지만, 상속 준비는 살아 있는 지금부터 시작해야 한다. 준비가 빠를수록 위험은 줄어들고, 가족 간 갈등을 사전에 예방하며, 무엇보다 가족 모두가 한층 더 안정적인 미래를 준비할 수 있다. 상속은 언젠가 반드시 마주하게 될 현실인 만큼 준비를 미룰수록 선택지가 줄어든다. 지금이야말로 상속 준비를 진지하게 고민해야 할 때이다.

✒️ 일반증여와 부담부증여

부동산을 증여하는 경우 크게 두 가지 유형으로 나뉜다.

부동산 자체만을 이전하는 경우를 '일반증여'라 하고, 해당 부동산에 설정된 임대보증금이나 금융기관 담보 대출 등 부채를 함께 승계하는 경우를 '부담부증여' 라 한다.

부담부증여는 실무에서 오랫동안 활용되어 온 전형적인 절세기법의 하나다. 부담부증여 의 법적 성격상 수증자는 순재산가액만큼만 증여받은 것으로 보아 증여세 과세표준이 줄어드는 반면, 증여자는 본인이 부담하던 채무를 수증자에게 이전함으로써 그 채무 상당액을 양도한 것으로 보아 양도소득세를 과세한다. 즉, 하나의 거래에서 증여세와 양도소득세가 동시에 발생하는 구조이며, 두 세금의 합계가 일반증여보다 작아지는 때에만 절세 효과가 발생한다.

다만, 2025년 10월 20일부터 서울 전 지역과 경기도 12개 지역이 토지거래허가구역으로 지정되면서 해당 지역 내 부동산에 대한 부담부증여는 사실상 활용이 불가능해졌다. 토지거래허가구역에서는 원칙적으로 실거주 목적의 취득만 허용되는데, 임대보증금이나 채무를 승계하는 부담부증여의 채무 부분은 세법상 매매로 분류하므로 허가 요건을 충족할 수 없기 때문이다.

이에 따라 과거에 자주 활용하던 부담부증여 전략은 지역 요건에 따라 전면 재검토가 필요해진 상태이다.

✎ 증여재산가산액

증여세는 기본적으로 증여자별·수증자별 과세가 원칙이지만, 동일인으로부터 10년 이내에 증여받은 재산의 합계액이 1천만 원 이상이면 이를 합산하여 과세한다. 이를 '증여재산가산' 규정이라 한다.

여기서 실무상 가장 자주 오해하는 부분이 바로 동일인의 범위이다. 증여세법에서는 부친과 모친을 동일인으로 본다. 따라서 부친으로부터 증여받은 후 10년 이내에 모친으로부터 추가 증여받는 경우 각각 별도로 신고하는 것이 아니라 합산하여 신고해야 한다는 점에 유의해야 한다.

반대로 이 규정을 활용한 절세 설계도 가능하다. 예컨대 경제적 능력이 없는 자녀에게 부동산을 증여하면서 증여세나 취득세 납부가 부담되는 경우 조부모나 외조부모가 세금 상당액을 별도 현금으로 증여해주는 방식을 고려할 수 있다. 부모와 조부모는 동일인이 아니므로 합산과세를 피할 수 있기 때문이다.

다만, 조부모로부터의 증여는 세대 생략증여에 해당하여 30% 또는 40%의 할증 과세가 이루어질 수 있으므로 단순히 합산이 제외된다는 이유로 선택하기보다는 반드시 사전 시뮬레이션을 통해 전체 세 부담을 비교해 본 후 의사결정을 하는 것이 바람직하다.

✏️ 증여재산공제

배우자 간 증여는 10년 동안 6억 원까지 공제할 수 있으며, 성년 자녀에게는 10년 동안 5천만 원, 미성년 자녀에게는 2천만 원의 공제가 적용된다. 문제는 이 공제가 '증여자별'이 아니라 '그룹별'이라는 점이다.

예를 들어 부친, 모친, 조부, 조모, 외조부, 외조모가 성년 자녀에게 각각 5천

만 원씩 증여한 경우, 총 3억 원을 증여받았다 하더라도 모든 직계존속은 동일한 직계존속 그룹에 해당하므로 자녀는 5천만 원만 공제된다. 결과적으로 사례에서는 증여세가 부과된다.

한편 일반적으로는 부모가 자녀에게 증여하는 구조를 떠올리지만, 반대로 자녀가 부모에게 증여할 때도 5천만 원의 증여공제가 적용된다. 형제자매, 사위·며느리, 삼촌·이모·고모 등은 기타친족으로 분류되며, 기타친족 그룹 전체 기준으로 1천만 원의 증여공제가 적용된다.

2024년부터 자녀의 혼인과 출산에 따른 경제적 부담을 완화하기 위하여 「혼인·출산 증여재산공제」 제도가 신설되었다. 이 제도는 기존 증여재산공제와는 별도로, 직계존속으로부터 증여받은 재산에 대해 최대 1억 원까지 추가로 공제해 주는 것이 핵심이다.

혼인공제는 자녀가 혼인일 전후 2년 이내에 직계존속으로부터 증여받았을 때 적용되며, 출산공제는 자녀의 출생일 또는 입양일로부터 2년 이내에 증여받았을 때 적용된다. 두 공제 모두 기존의 일반 증여재산공제와 별도로 적용된다는 점에서 절세 효과가 상당하다.

2024년 1월 1일 이후 증여분부터 적용되는 이 제도는 혼인이나 출산을 앞둔 가정에서 증여 시점을 조금만 조정하더라도 세 부담을 크게 줄일 수 있어, 현재 실무에서 활용도가 빠르게 높아지고 있는 공제항목 중 하나이다.

✎ 증여세 계산 흐름도

증여재산가액
- 증여일 현재의 시가에 의한 평가. 단, 시가 산정이 어려우면 개별공시지가 등 보충적 평가방법으로 평가

(−)

증여세과세가액 불산입재산 등
- 비과세(사회 통념상 인정되는 피부양자의 생활비, 교육비 등) 및 과세가액불산입 증여재산(공익법인 등에 출연한 재산 등)

(−)

채무부담액
- 증여재산에 담보된 채무인수액(증여재산 관련 임대보증금 포함)

(↓)

증여세과세가액

(+)

증여재산가산액
- 당해 증여 전 동일인으로부터 10년 이내에 증여받은 재산의 합계액이 1천만 원 이상인 경우 당해 증여재산가액 합계(동일인이 증여자의 직계존속이면 그 배우자 포함)

증여유형 \ 증여자	배우자	직계존속	직계비속	기타친족
일반	6억 원	5천만 원 (수증자가 미성년자인 경우 2천만 원)	5천만 원	1천만 원
혼인·출산	–	1억 원	–	–

*일반의 경우 10년, 혼인 4년(혼인 이전·이후 2년), 출산 후 2년간의 누계 합계 기준 1억 원 한도

(−)

증여재산공제

(−)

감정평가수수료
- 감정평가의 수수료는 500만 원 한도로 공제

(↓)

증여세과세표준
- 증여재산 − 증여재산공제·재해손실공제 − 감정평가수수료

(×)

세율

과세표준	1억 원 이하	5억 원 이하	10억 원 이하	30억 원 이하	30억 원 초과
세율	10%	20%	30%	40%	50%
누진공제	–	1천만 원	6천만 원	1억 6천만 원	4억 6천만 원

(↓)

산출세액
- (증여세 과세표준×세율) − 누진공제액

(+)

세대생략할증세액
- 수증자가 증여자의 자녀가 아닌 직계비속(손자녀)이면 할증(30% 또는 40%) 단, 직계비속의 사망으로 손자녀에게 대습상속하는 경우 제외

(−)

세액공제+세액감면
- 신고세액공제(3%), 기납부세액공제, 외국납부세액공제, 영농 자녀 증여세 감면 등

(↓)

자진납부할세액

부모의 사랑을 제도에 담다.
장애인 자녀를 위한 증여·상속·보험 전략

서울에 사는 M씨 부부는 평생을 자녀를 위해 헌신해왔다. 큰아들은 이미 독립해 제 몫을 다하고 있었지만, 둘째는 중증 장애로 인해 부모의 보살핌이 절실했다.

나이 육십을 훌쩍 넘긴 부부에게 요즘 가장 큰 고민은 하나였다.

"우리가 떠난 뒤, 이 아이는 어떻게 살아갈까?"

단순히 재산을 남겨주는 것만으로는 마음이 놓이지 않았다. 보호가 필요할 때 제대로 쓰일지, 혹시라도 위험에 노출되지는 않을지, 그리고 무엇보다 세금 부담이 자녀의 삶을 위협하진 않을지 불안했다.

그래서 M씨 부부는 생전에 미리, 세금 걱정 없이 자녀가 평생 보호받을 수 있는 구조를 만들 방법을 찾기 위해 세무사를 찾아 나섰다.

그 선택에는 한 가지 마음이 담겨 있었다.

자신들보다 더 오랫동안 살아가야 할 아이에게, 가능한 한 따뜻하고 든든한 미래를 남기고 싶다는 부모의 사랑.

✏️ 장애인 신탁은 증여세 부담 없이 평생 자녀의 생활 자금을 보호하는 가장 안전한 방법이다.

부모가 보유한 재산을 자녀에게 단순 증여할 경우, 10년간 5천만 원만 공제되고 그 초과분에는 즉시 증여세를 과세한다. 그러나 장애인 자녀를 위한 신탁을 활용하면 세제 효과와 안전장치 측면에서 전혀 다른 결과를 얻을 수 있다.

M씨 부부는 전문가의 자문을 통해 **'장애인부양 신탁'**을 설정하고, 여기에 5억 원을 이전하기로 했다. 신탁계약서에는 '수익자 변경 불가', '해지 제한', '잔여재산의 귀속 규정' 등 세법상 비과세 요건을 충족하는 조항을 체계적으로 반영했다. 이러한 요건을 모두 갖추면 장애인 신탁에 이전하는 금액은 최대 5억 원까지 증여세가 면제된다.

신탁재산은 신탁회사가 독립적으로 관리하며, 장애인 자녀의 생계유지에 필요한 생활비·요양비·의료비·보조기구 비용 등 필수적인 항목에 국한하여 집행된다. 자녀가 직접 재산을 관리하지 않아도 되기 때문에 금융사기·부적절한 사용·관리 소홀 등 다양한 위험으로부터 재산이 보호된다. 또한 신탁 방식은 부모 사후에도 동일한 관리 체계가 유지되어 장기적·지속적인 보호가 가능하다는 장점이 있다.

이 신탁 구조를 마련한 후, M씨 부부는 오랫동안 마음속을 짓누르던 불안을 비로소 덜어낼 수 있었다. 자녀에게 이전되는 재산은 단순한 금전이 아니라 평생에 걸쳐 안정적인 삶을 보장하는 법적·제도적 안전망이 된 것이다.

부모의 사랑이 제도 속에서 실질적 보호로 연결되는 순간이다.

☑ 장애인 자녀를 수익자로 한 보험을 매년 4천만 원까지 증여세 없이
   자녀에게 줄 수 있다.

M씨 부부는 또 하나의 장치를 마련했다. 바로 장애인 자녀를 수익자로 하는 보험이다.

이 방식은 단순히 보험을 들어두는 것을 넘어서 세법이 허용하는 가장 안정적인 생계지원 수단 중 하나다.

현행 세법에서는 장애인을 보험금 수취인으로 지정할 경우, 매년 4천만 원까지 증여세가 면제된다. 이는 부모가 자녀의 미래를 위해 지속적인 재원을 이전할 수 있도록 마련된 특별한 혜택이다. 생명보험, 연금보험, 종신보험 등 보험의 종류는 상관없으며, 부모가 낸 보험에서 매년 일정 금액이 자녀에게 지급될 때 증여세가 부과되지 않는다.

이 제도를 활용하면 장애인 자녀는 매년 안정적으로 생활비·의료비·돌봄비용 등을 충당할 수 있고, 부모는 자녀의 평생을 책임지는 '지속적 현금흐름'을 제도적으로 설계해 두는 셈이다.

즉, 보험이 단순한 재산이 아니라 부모의 사랑이 연금처럼 평생 지급되는 장치로 변하는 것이다.

☑ 장애인전용 보장성보험은 의료비 준비와 세액공제를 동시에 누릴 수
   있는 절세형 보호 장치다.

또 하나의 카드가 있다. 바로 '장애인전용 보장성보험'이다. 이 보험은 장애 자녀의 의료·요양 리스크를 장기적으로 대비할 수 있는 강력한 제도적 수단으로, 장애인을 피보험자로 가입하면 보험금 전액이 비과세되어 향후 치료비나 돌봄비용에 대한 세금 부담이 없다.

부모가 낸 보험료 역시 연 100만 원 한도에서 15% 세액공제를 받을 수 있어, 비교적 부담 없이 보험을 유지할 수 있다. 이는 단순한 절세를 넘어 장애인 자녀의 삶 전반을 안정적으로 보호하기 위한 정부의 지원 장치라 할 수 있다.

M씨 부부도 '언젠가 우리 없이도 치료비와 요양비를 충당할 수 있도록'이라는 마음으로 이 보험을 활용했다. 부모가 떠난 뒤에도 자녀가 의료·생활상의 위험에 노출되지 않도록 하기 위한 현실적이고 합리적인 선택이었다. 결국 이 보험은 장애인 자녀의 의료·요양비를 세금 없이 준비하는 든든한 보호막이 되었다.

✏️ 생활비와 치료비는 사용 목적이 명확하면 증여세 없이 지원할 수 있다.

부모가 장애인 자녀에게 생활비나 치료비를 직접 지급하는 경우, 원칙적으로는 「상속세 및 증여세법」상 '사회 통념상 인정되는 생활비·교육비'에 해당해 증여세를 과세하지 않는다. 다만, 이 비과세는 실제로 생활비·치료비·교육비로 사용된 경우에만 인정된다.

부모가 생활 지원 목적으로 송금했더라도 그 자금으로 부동산을 취득하거나 금융자산을 늘리거나 장기간 예금으로 보유하면 증여로 보아 과세 대상이 된다. 반면 병원비, 약제비, 간병비, 재활치료비, 교육 프로그램 비용 등으로

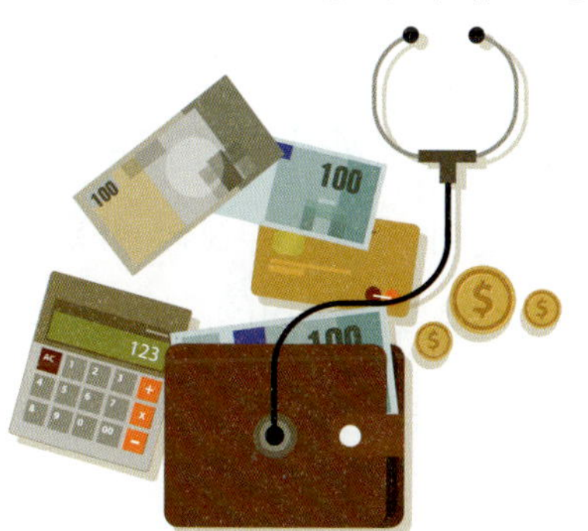

실제 지출되었다면 전액 비과세가 가능하다.

M씨 부부는 이를 정확히 이해하고 매달 일정 금액을 자녀 계좌로 이체하면서, 병원 영수증과 요양비·교육비 납부 내역 등 사용 증빙을 체계적으로 보관했다. 이

는 향후 세무조사 시 생활비 목적 송금임을 입증하는 핵심 근거가 되었고, 제도 안에서 자녀를 안정적으로 보호하는 기반이 되었다.

✏️ 장애인 상속인은 기대여명에 따라 최대 수억 원의 상속공제를 받을 수 있다.

상속 단계에서도 장애인을 위한 중요한 세제 혜택이 있다. 상속세 및 증여 세법은 장애인 상속인을 보호하기 위해 '1,000만 원×기대여명' 방식의 장애인 인적공제를 허용하며, 이는 통계청 생명표에 따른 평균 생존 기간을 기준으로 산정된다. 이 공제는 일반적인 인적공제에 별도로 추가 적용되므로 장애인 상속인이 있는 경우 상속세 과세 가액을 크게 줄일 수 있다.

특히 부모가 생전에 신탁, 보험, 생활비 지원 구조를 체계적으로 설계해 두었다면, 상속 시점에서는 이 장애인공제가 마지막 보호막이 되어 실질적인 세 부담을 크게 경감시키는 효과를 낸다. 그 결과 장애인 자녀가 있는 가정은 생전부터 사후 상속까지 세법이 마련한 보호 장치를 연계해 활용함으로써 일반 가정보다 유리한 상속 구조를 만들 수 있다. M씨 부부의 설계는 단순한 절세 전략이 아니라, 부모가 떠난 뒤에도 자녀가 혼자가 되지 않도록 하기 위한 선택이었다. 신탁으로 자산을 보호하고, 보험으로 생활을 뒷받침하며, 상속 단계에서는 장애인공제로 마지막 부담까지 덜어주는 구조는 돈을 나누는 기술이 아니라 부모의 마음을 제도 속에 담아낸 사랑의 설계였다. 이러한 자산 설계는 시간이 흘러도 자녀의 삶을 조용히 지켜주는 힘으로 남는다.

미리 준비하는 상속 설계, 가장 확실한 절세 전략, 가족 맞춤형 자산 이전의 기술

부모님이 돌아가신 뒤 가족 간에 불화가 생겼다는 이야기, 상속세를 마련하기 위해 가족이 정들었던 건물을 팔았지만 결국 남는 것이 없었다는 사례를 우리는 종종 접하게 된다. 그만큼 상속은 단순한 재산 이전이 아니라, 남겨진 가족의 삶과 가족관계에 깊은 영향을 미치는 중요한 문제이다.

상속을 준비한다는 것은 단지 세금을 줄이거나 재산을 나눠주는 문제가 아니다. 남은 가족들이 원활한 삶을 이어가고, 서로를 원망하기보다 지지하며 살아갈 수 있도록 미리 길을 마련하는 과정에 가깝다. 결국, 상속 준비의 본질은 **'재산'이 아니라 '사람'**에 있다.

그래서 상속은 부모님이 건강하게 살아 계실 때부터 전문가의 도움을 받아 체계적으로 설계하고, 예상되는 위험 요소들을 미리 점검하며 관리해야 한다. 감정이 아닌 제도와 구조로 준비된 상속은, 남겨진 가족에게 갈등이 아닌 안정이라는 가장 큰 선물이 되기 때문이다.

이 글에서는 생전에 상속을 준비하는 것이 남아 있는 가족에게 어떤 실질적인 도움이 되었는지 실제 사례를 통해 살펴보고자 한다.

〈사례1〉

M씨는 40년간 거주 중인 37억 원 정도의 아파트 1채가 있으며 현금은 없는 상황이고 가족은 배우자와 출가한 아들과 딸이 있다.

M씨는 만약 지금 당장 상속이 발생할 경우, 상속세뿐 아니라 취득세 등으로 수억 원의 현금이 필요할 텐데 자녀들과 배우자가 자금을 어떻게 마련할지 또, 상속 이후 당장 생활비마저 큰 걱정이다.

이러한 고민 속에서 M씨는 현재 거주 중인 아파트를 처분하고, 더 작은 평수로 이사하여 현금을 확보하는 방안을 고려하고 있다. 과연 이것이 가족을 위한 올바른 선택일까?

【단위: 원】

구 분	양도 후 금융재산으로 상속		주택으로 상속
	양도소득세	상속세	
세금	약 185,000,000	766,000,000	920,000,000
세금 납부 후 재산	2,749,000,000		2,780,000,000

*위 사례에서의 양도소득세는 1세대 1주택 요건을 충족하고, 취득가액 1억 원을 기준으로 장기보유특별공제 80%를 적용하여 산출한 금액이며, 상속세는 배우자공제를 포함한 기본공제 합계 10억 원과 금융재산 상속공제 2억 원을 반영하여 계산 과정을 단순화해 산출하였다.

상담 끝에 M씨는 현재 거주 중인 아파트를 처분하고, 더 작은 평수로 이사하여 현금을 확보하는 것을 선택했다.

위 계산만 보면 '주택으로 상속하는 것이 더 유리한 것이 아닐까?'라고 생각할 수 있다. 그러나 M씨는 이 정도의 금액 차이라면 주택을 처분해서 본인의 생활비를 마련하고, 상속 시점에 남겨진 가족들이 거액의 상속세와 취득세, 생활비 문제로 어려움을 겪지 않기를 바라는 마음에 이러한 선택을 한 것이다.

K씨는 시세 약 150억 원의 건물을 20년째 보유하고 있으며, 은행 대출 10억 원과 임대보증금 4억 원이 설정돼 있다. 안정적인 임대소득이 있지만 이자 부담도 만만치 않다.

K씨가 가장 걱정하는 것은 현재보다 향후 상속 시점이다. 거액의 상속세를 낼 만큼 자녀들이 충분한 현금을 마련할 수 있을지에 대한 불안 때문이다. 수익형 건물을 보유하고 있음에도 상속 대비 현금 유동성이 부족한 현실이 고민을 키운다.

이에 K씨는 건물을 양도해 부채를 정리하고 일정 수준의 현금을 확보하는 방안을 검토 중이다. 이 결정이 가족을 위한 합리적 선택인지, 아니면 장기적 기회를 포기하는 것인지에 대한 고민은 더욱 깊어지고 있다.

【단위: 원】

구 분	양도 후 금융재산으로 상속		건물로 상속
	양도소득세	상속세	
세금	4,300,000,000	3,590,000,000	5,840,000,000
세금 납부 후 재산	5,710,000,000		7,760,000,000

* 위 사례에서 양도소득세는 양도가액 150억 원, 취득가액 25억 원, 장기보유특별공제 30%를 적용하여 산출한 금액이며 상속세는 배우자공제를 포함한 기본공제 합계 10억 원과 금융재산 상속공제 2억 원을 반영하여 계산 과정을 단순화해 산출하였다.

단순히 건물을 하나 매도했을 뿐인데, 세금을 납부하고 나니 자산이 눈에 띄게 줄어든 모습이 그대로 드러났다. 이 상담 과정에서 "양도소득세는 생각보다 훨씬 무서운 세금입니다"라는 이야기를 나누기도 했다.

다행히 K씨는 당장 급하게 현금이 필요한 상황은 아니었기에, 최종적으로 건물을 매도하지 않기로 했다. 다만, 여전히 마음 한편에는 향후 상속이 발생할 경우, 부담하게 될 상속세에 대한 걱정이 남아 있었다.

이에 대해 세무사는 **'연부연납 제도'**를 안내했다. 상속세는 최대 10년에 걸쳐 분할 납부가 가능하므로, 건물을 유지하면서 발생하는 임대 수입으로 상속세 재원을 마련하는 방식도 충분히 고려할 수 있다는 점을 강조했다. 단번에 현금을 마련해야 한다는 압박감에서 벗어날 수 있는 현실적인 대안이 된 셈이다.

결국 재산을 처분할지, 그대로 보유할지는 각자의 재산 상황과 가족 환경, 미래의 재산 가치의 상승, 현금 흐름에 따라 달라질 수밖에 없다. 상속을 준비할 때는 단순히 '세금을 줄이는 방법'만을 고민하는 것이 아니라, 양도소득세와 상속세를 함께 비교하고 향후 생활 계획과 자산 운용 방향까지 종합적으로 고려해야 한다.

즉, 상속 설계는 숫자만의 문제가 아니라, 가족의 삶과 미래를 함께 설계하는 과정이라 할 수 있다.

 자녀가 읽어주는 상속·증여

홀로 남겨진 아내의 내일을 지키는 상속, 돈이 아닌 삶을 설계하라!

상속세를 상담하다 종종 놀라는 것은 대부분의 사람들이 배우자가 먼저 세상을 떠난 이후의 삶에 대하여 깊이 생각해보지 않았다는 사실이다. 많은 사람이 **'지금처럼 살겠지'**라는 막연한 믿음으로 내일을 미루어 둔다. 하지만 현실은 그렇지 않다. 사랑하는 사람이 곁을 떠난 자리에는 경제적인 변화, 생활 방식의 변화, 그리고 마음의 빈자리가 동시에 찾아온다.

사람들은 '상속 준비'라고 하면 흔히 절세부터 떠올린다. 그러나 상속은 세금만의 문제가 아니다. 오히려 그보다 더 중요한 것은, 내가 없는 세상에서 남겨진 가족들이 어떻게 살아가게 될지를 미리 살피는 일이다. 특히 홀로 남겨질 배우자의 삶은 상상보다 훨씬 큰 변화를 맞이하게 되기에, 미리 준비하는 것만으로도 남은 배우자의 인생은 훨씬 안정적이고 따뜻해질 수 있다.

<사례 1>

M씨는 병으로 노후 자금을 대부분 사용해 현재는 아파트 한 채만 남은 상황에서, 자신이 죽고 나면 홀로 남을 배우자의 삶과 자녀에게 부담이 될 가능성을 걱정했다. 자녀에게 생활비를 받으면 증여세 문제가 생기는지, 이를 빌린 돈으로 인정받아 상속세를 줄일 수 있는지도 고민했다.

세법상 자녀가 부모에게 증여하는 재산은 10년간 5천만 원까지 비과세이며, 사회 통념상 인정되는 생활비·치료비 역시 실제 용도로 사용하면 증여세를 과세하지 않는다. 다만, 재산 형성에 쓰이면 과세 대상이 되고, 생활비 성격의 지원은 채무로 인정받기 어렵다. 채무 공제를 받으려면 차용증 등 명확한 금전대차 관계가 필요하다.

고민 끝에 M씨는 가족과 상의해 주택연금을 선택했다. 주택에 거주하며 평생 연금을 받고, 사망 후에도 배우자가 계속 받을 수 있으며, 이후 연금 지급액은 부채로 반영되어 자녀에게 승계된다. 이로써 본인이 사망한 후에는 배우자의 생활비와 주거걱정을 덜고 본인이 살아있는 동안 사용한 연금은 부채로 상속세를 줄이는 구조를 마련하였다.

<사례 2>

K씨가 사망한 뒤 배우자와 두 자녀는 상속재산 분배를 두고 서로 다른 태도를 보였다. 재산은 시가 8억 원의 아파트와 예금 2억 원으로, 상속세 부담은 없었다. 어머니는 집에 계속 거주하며 예금으로 생활하기를 원했지만, 자녀 중 한 명은 당장 현금이 필요했다.

결국 가족은 아파트를 매도해 대금을 3분의 1씩 나누고, 예금은 어머니가 보유하기로 합의했다. 겉보기에는 공평하고 평화롭게 재산배분이 이루어졌지만, 어머니는 오랜 추억이 담긴 집을 떠나야만 했다.

이 사례는 상속에 세금이 없더라도 문제가 사라지는 것은 아니며, 상속이란 남은 사람들의 삶을 어떻게 이어갈 것인가를 결정하는 일임을 보여준다.

〈사례 3〉

Y씨는 재혼한 배우자 O씨와 전혼 자녀 2명 그리고 재혼한 배우자의 자녀 2명으로 이루어진 가족들과 함께 살고 있었다. Y씨의 사망으로 남은 상속재산은 시가 약 80억 원의 건물과 예금 20억 원이었다. 그 후 재혼 배우자 O씨는 연부연납을 활용하여 일부 예금으로 상속세를 내고 그 건물에서 계속 거주하며 임대수익을 나누길 원했지만, 전혼 자녀들은 건물 매각을 요구했다. 결국 소송 끝에 건물은 급매로 70억 원에 팔렸고, O씨에게는 약 15억 원만 남았다.

O씨는 작은 아파트와 최소한의 노후 자금만 마련할 수 있었고, 과거의 삶과 크게 달라진 현실을 담담히 받아들였다. 이 사례는 상속이 단순한 절세 문제가 아니라, 남겨질 배우자가 익숙한 공간에서 안정적으로 살아갈 수 있도록 삶을 준비하는 일임을 보여준다.

등기 마치자마자 돌변, 효도 끝 불효 시작, 효도 계약서, 안전벨트 될까?

M씨는 부동산을 자녀에게 증여하려는 계획 때문에 주변의 부정적인 이야기들로 밤잠을 설치고 있다. 증여 후 자녀의 태도가 변할 수 있다는 말과 이를 막기 위해 효도 계약서를 써야 한다는 조언이 마음을 무겁게 만든다. 부모와 자식이 계약서를 쓴다는 발상 자체가 M씨에게는 씁쓸하게 느껴진다.

실제로 증여 이후 갈등이 생기는 사례들이 알려지며 '증여는 불효의 시작'이라는 인식도 퍼져 있다. 그러나 모든 증여가 문제를 낳는 것은 아니며, 갈등의 핵심은 증여 이후 부모의 권리와 생활이 보장되지 않는 데 있다. 생활 보장 장치가 없거나 기대와 현실이 어긋날 때 문제가 발생한다.

이러한 위험을 줄이기 위해 최근에는 생활비 지급, 부양의무, 불이행 시 증여취소 조항 등을 담은 '효도계약서'를 작성해 부모의 권리를 미리 보호하려는 움직임이 늘고 있다.

☑ 범죄행위가 있는 때 또는 부양의무 있는 경우에 이를 이행하지
아니하는 때에는 증여를 해제할 수 있다.

「민법」 556조에 따르면 증여자 또는 그 배우자나 직계혈족에 대한 범죄행
위가 있는 때 또는 증여자에 대하여 부양의무 있는 경우에 이를 이행하지 아
니하는 때에는 증여를 해제할 수 있다.

다만, 「민법」 558조에서 이미 이행한 부분에 대하여는 계약을 해제할 수
없다고 규정하고 있어 '증여등기를 완료한 후' 수증자인 자녀가 폭행 등 범죄
행위를 하거나 부양의무를 이행하지 않더라도 증여를 취소할 수 없다.

☑ 효도 계약은 부모가 자녀에게 재산을 증여하고 자녀는 부양 등 의무를
부담하는 조건부 증여계약이다.

효도 계약은 부모와 자녀 사이에 증여계약을 체결하면서, 자녀에게 효도나
충실한 부양 등 일정한 부담을 지우는 조건으로 부모가 자녀에게 재산을 증
여하는 조건부 증여계약을 말한다.

자녀가 계약서의 내용대로 부모에게 부양의무 등 효도계약서에 약정된 내
용을 이행하지 않는다면 약속했던 증여가 그대로 해제될 수 있다.

☑ 금전 이외의 증여재산을 증여세 신고기한 내에 반환하면 당초 증여와
반환 모두 증여세가 과세되지 않는다.

금전 이외의 증여재산을 증여세 신고기한 경과 후 3개월 이내에 반환하면
당초 증여세는 취소되지 않고 반환받은 재산에 대하여 증여세가 과세되지 않

는다. 증여세 신고기한 후 3개월이 지나 반환하면 당초 증여와 반환 모두 증여세가 과세된다.

✎ 증여계약이 취소된 경우에도 취득세를 돌려받을 수 없다.

증여계약 후 소유권이전등기를 완료한 후 증여계약을 해제하더라도 이미 납부한 취득세를 반환받을 수 없다. 다만, 합의해제 후 증여자에게 소유권이 환원되는 경우 증여자는 취득세를 납부할 의무가 없다.

✎ 효도 계약 불이행으로 당초 증여가 해제되고 원상회복되는 경우 증여세 과세 대상이 아니다.

효도 계약인 당초 증여계약의 등기원인이 무효라면 당초 증여세는 부과할 수 없다. 즉, 증여는 처음부터 성립되지 않아 반환시점과 관계없이 증여세가 과세되지 않는다.

✎ 효도계약서를 작성할 때 당사자, 증여재산의 종류, 증여의 조건, 조건의 불이행 시 해제 절차 등을 구체적으로 작성하고 공증받도록 한다.

효도계약서에 증여재산, 수증자인 자녀의 부모에 대한 부양의무의 범위와 조건, 위반 시 반환 의무 등을 구체적으로 명시해야 한다. 생활비나 의료비 금액, 손자와 방문 횟수와 날짜 등 부담의 조건, 내용과 범위를 구체적으로 기재해야 한다. 효도·부양·심부름 등 추상적으로 막연하게 계약서 내용을 작성하는 경우 조건부 증여로 인정받지 못할 수도 있다.

효도계약서 예시

증여자 김성실(이하 "부")과 수증자 김불효(이하 "자")는 아래와 같이 계약을 체결한다.

제1조(증여목적물)

부는 자에게 서울시 강남구 반포동 119-4 래미안 원베일리 OOO동 1302호 토지 32㎡ 건물 117㎡를 증여계약과 동시에 소유권을 이전한다.

제2조(부양의무)

자녀는 부모에 대하여 다음과 같은 부양의무를 성실하게 이행한다.

1. 매월 300만 원을 생활비로 매월 말일에 계좌로 지급한다(신한은행 10-483-0202155).
2. 부모의 병원 진료 및 간호를 성실히 하여야 하며 병원비 전액을 부담한다.
3. 매월 1회(마지막 토요일) 손자녀와 함께 부모를 방문한다.
4. 부모가 살아있는 동안 증여목적물을 처분하거나 담보로 제공하지 않는다.

제3조 (거주 및 사용권 보장)

부모는 증여 부동산에 대하여 평생 무상으로 거주할 권리를 가진다.

제4조 (계약 불이행 시 증여 해제)

자가 제2조 및 제3조 의무를 3회 이상 위반하는 경우 부모는 증여를 해제하고 소유권을 되돌려 받을 수 있다.

제5조 (분쟁 해결)

본 계약과 관련하여 분쟁이 발생할 경우, 부모의 주소지 관할 법원을 제1심 관할 법원으로 한다.

2026년 2월 26일

증여자(부) 김성실(주소 및 주민등록번호) (서명/인)

수증자(자) 김불효(주소 및 주민등록번호) (서명/인)

가족 간의 자금거래,
증여인가 차용인가?
차용증에 숨겨진 진실

부산에서 수십 년간 해운업을 운영해 온 M씨는 최근 가족 자금 문제로 고민에 빠졌다. M씨의 자녀가 서울 강남에 있는 아파트를 15억 원에 취득하면서 생긴 자금 부족 문제에 직면했다. 아파트 취득에 필요한 자금 중 5억 원이 부족했다.

M씨는 자녀에게 무이자로 5억 원을 대여해 주기로 했다. 양측은 금전소비대차 약정을 체결했으며, 상환 계획도 명시했다. 겉으로 보면 단순한 가족 간 거래였지만, M씨와 가족은 한 가지 걱정이 있었다. "혹시 이 거래가 증여로 의심받는 것은 아닐까?"

걱정을 해소하기 위해 M씨는 증여 전문 세무사를 찾았다. 세무사의 답변은 단호했다. "증여인지 차용인지는 단순히 형식적인 계약서만으로 결정되지 않습니다. 거래의 형식과 내용, 즉 실질에 따라 판단합니다."

☑ 가족 간의 자금거래 증여인지 차용인지는 실질에 따라 결정된다.

　최근에는 자녀 명의로 주택을 취득하면서 부모가 일부 자금을 증여하고 나머지는 대여 형식을 빌려 제공하는 사례를 종종 접하게 된다. 겉으로 보면 합법적인 금전소비대차 계약처럼 보이지만, 실제 문제는 **'차용의 형식을 빌린 증여'**가 되는 경우다.

　예를 들어 부모가 자녀에게 금전을 빌려주고 차용증을 작성하여, 이자를 지급하는 형식을 갖춘 뒤, 일정 시점부터 원금 상환이나 이자 지급을 중단하면, 형식상 차용이었더라도 실질적으로는 증여로 볼 수 있다. 이 경우 국세청은 단순한 계약서나 이자 지급 약정보다 거래의 실질을 기준으로 판단한다.

　이는 「국세기본법」 제14조에서 명시한 **실질과세 원칙**에 근거한다. 실질과세 원칙은 단순히 형식에 의존하지 않고, 경제적 실질과 실제 권리·의무 관계를 중심으로 과세 여부를 결정하는 세법상의 기본 원칙이다. 따라서 형식적으로 대여로 처리했더라도, 실제 상환 능력, 상환 의무 이행 여부, 거래 목적 등 여러 정황을 종합하여 실질적으로 증여라고 판단될 수 있다.

　실무적으로 부모가 자녀에게 대여 형태로 자금을 지원할 경우, 단순히 차용증과 이자 지급 기록만으로는 충분하지 않다.

☑ 가족 간의 자금거래 얼마까지 무이자로 빌릴 수 있을까?

자녀가 부모로부터 자금을 빌리는 경우, 얼마까지 무이자로 빌릴 수 있는지가 세법에서 매우 중요하다. 「상속세 및 증여세법」 제41조의4(금전 무상대출 등에 따른 이익의 증여)에 따르면, 연간 이자가 1천만 원 미만의 경우 증여로 보지 않는다는 규정이 있다. 이는 부모가 자녀에게 금전을 무이자로 대여하더라도, 일정 범위 내에서는 증여세 부담 없이 차용으로 인정될 수 있음을 의미한다.

현행 세법상 특수관계자 간 금전거래 시 적용되는 연간 법정이자율은 4.6%이다. 법정이자율로 계산한 이자상당액과 무이자(또는 낮은 이자)의 차이가 1천만 원 이하인 경우 이자상당액에 대한 증여 문제가 없다. 이를 계산해 보면, 약 2억 원까지는 무이자로 대여하더라도 증여세가 과세되지 않는다. 하지만 실무적으로 이자를 지급하지 않는 경우 증여로 볼 가능성이 크다. 따라서 소액이라도 이자 지급에 대한 문구를 금전소비대차계약서(차용증)에 기재하고, 실제로 이자 지급의 근거를 마련하는 것이 안전하다.

✎ 상속채무! 입증이 관건이다.

상속채무의 발생과 상환에 대한 객관적인 증거 서류가 부족하다면 충분한 논의를 거쳐 리스크를 줄이는 쪽으로 상속세 신고를 결정하는 것이 현명하다. 특히 피상속인이 생전에 고액의 채무를 상환한 후 사망한 경우, 상속인들이 해당 채무의 발생과 상환 과정을 명확하게 입증하는 것은 예상보다 훨씬 어려울 수 있다. 상속인들이 제대로 입증하지 못하면 그 내용이 상속재산 가액에 포함되어 추가로 상속세가 부과되는 불리한 상황이 발생할 수도 있다.

국세청은 국가나 지방자치단체, 금융회사가 아닌 개인 간 채무에 대해서는 특히 엄격한 기준을 적용한다. 채무 부담 계약서, 금융거래 증빙, 채권자 확인서, 담보 설정 및 이자 지급 관련 서류 등 모든 관련 자료를 종합적으로 검토하여 실제 채무임을 입증하도록 요구한다. 실무적으로 개인 간 채무를 상속세 신고 시 공제받는 것은 생각보다 훨씬 까다로운 일이다.

📝 가족 간 돈거래, 증여로 의심받는 이유

「상속세 및 증여세법」상 배우자나 직계존비속 간 금전소비대차는 원칙적으로 인정되지 않는다.

차용으로 인정받으려면 차용증과 상환계획이 있는 계약서, 상환 기한과 방법의 명확성, 채무자의 상환 능력과 실제 상환 여부, 거래 목적과 금액의 합리성 등이 충족되어야 한다.

이 요건을 갖추면 무이자 약정이더라도 실질적인 차용으로 볼 수 있지만, 형식만 갖추고 상환 의무가 불분명하거나 상환 능력이 없는 경우에는 증여로 판단될 수 있다.

따라서 부모가 자녀에게 자금을 무이자로 빌려주려면 단순한 한도 계산이 아니라 계약과 증빙, 상환 능력까지 종합적으로 검토해야 한다.

📝 차용증만으로는 부족하며 채무상환 능력이 있어야 한다.

차용증을 작성하고 이자까지 지급했더라도, 국세청이 가족 간 대여를 인정하지 않은 사례가 있다. 예컨대 채무자의 신고 소득에 비해 생활비 지출이 과도해 소득만으로는 상환 능력이 없다고 판단되면, 차용증이 있어도 증여로 과세된다.

또한 담보 없이 무이자로 장기간 대여하거나 상환 기한이 불명확하고 독촉 없이 방치된 경우처럼 일반적인 금전소비대차와 다른 비합리적 조건도 대여로 인정되지 않는다. 이는 타인 간 거래라면 성립하기 어려운 구조이기 때문이다.

결국 증여가 아님을 입증하려면 은행 대출과 유사한 수준의 계약서, 이자율, 상환계획, 담보 등 정상적인 금융거래 요건을 갖춰야 한다. 가족 간 자금 거래일수록 감정이 아니라 제3자 거래처럼 철저한 증빙과 설계가 필요하다.

금전소비대차계약서(예시)

김성실(이하 '갑')과 김착실(이하 '을')은 2026년 1월 30일 당사자 간에 다음과 같은 금전소비대차계약(이하 '계약')을 체결한다.

제1조 【대여일시 및 대여금액】

'갑'은 2026년 1월 30일 '을'에게 금 이억육천만 원(₩ 260,000,000)을 대여한다.

제2조 【변 제】

'을'은 제1조의 원금을 2028년 1월 30일 대여금 전액을 변제하여야 한다.

제3조 【이자 및 지연손해금】

1. 본 계약 대여금의 이자는 2026년 1월 30일 대여일로부터 원금의 연 4.6%의 비율로 한다.
2. 대여일 익월부터 매월 30일에 전항의 이자를 '을'이 '갑'에게 지급하기로 한다.
3. '을'이 본 전항의 이자 변제를 지체한 때에는 지체한 금액에 대하여 연 12%의 비율에 따른 지연손해금을 '갑'에게 지급하여야 한다.

제4조 【기한의 이익상실】

'을'은 다음의 경우에 해당할 때에는 기한의 이익을 상실하고 원리금을 일시에 지급한다.
1. '을'이 원금 또는 이자의 지급을 6개월 이상 지연하였을 경우
2. '을'이 제3자로부터 압류, 가차압, 가처분을 받거나 혹은 경매의 신청 또는 파산선고의 신청을 받았을 경우
3. 기타 '갑'의 합리적인 판단에 따라 '을'의 변제가 어렵다고 판단되는 경우

제5조【지참채무의 원칙】

'을'은 위 대여 원리금을 '갑'의 주소지 또는 '갑'이 지정한 장소에 지참하여 변제하거나 '갑'이 지정하는 은행 계좌에 송금하는 방법으로 변제하여야 한다.

제6조【계약의 해석】

본 계약서에 규정되지 아니한 사항은 관계 법령 및 상관습에 따르며, 계약 규정의 해석에 대하여 '갑'과 '을'의 견해가 일치하지 아니하는 경우 '갑'의 해석에 따르기로 한다.

제7조【합의관할】

본 계약에 대하여 분쟁이 발생하는 경우 '갑' 주소지의 법원을 관할 법원으로 한다.

'갑'과 '을'은 본 계약의 내용을 충분히 숙지한 후 이해하였으며, 본 계약의 성립을 증명하기 위하여 계약서 2통을 작성하고 '갑'과 '을'은 서명날인한 후 각 1통씩 보관한다.

2026년 1월 30일

(갑)

주　　　　　　소　：

주민등록번호(사업자등록번호)　：

성　　　　명(대표이사 성명)　：　　김 성 실　　(인)

(을)

주　　　　　　소　：

주민등록번호(사업자등록번호)　：

성　　　　명(대표이사 성명)　：　　김 착 실　　(인)

✎ 금전소비대차계약서 작성 시 참고사항

첫째, 실제 차용거래가 있었음을 확인하기 위하여 공증법인을 통해 공증받거나 내용증명을 보내면 과세관청의 증여 의심을 피하기 쉽다. 더불어 문자 메시지나 카톡 등을 보내놓는 것도 매우 좋은 방법이다.

둘째, 자금을 이체할 때 금융기관의 송금 메모에 대출이라고 명기하고, 이자 송금 시에도 계좌 송금 메모에 이자라고 남기는 것이 좋다.

셋째, 무이자가 가능한 2억 원 이하로 빌리더라도 특수관계자 간 4.6%의 이자보다 낮은 이자율을 기재하고 되도록 매달 일정 날짜에 이자를 송금하여야 차용거래를 인정받기 쉽다.

넷째, 차용자가 지급하는 이자는 소득세법상 '비영업대금의이익'으로 구분하고 있으므로 이자를 받는 대여자는 종합소득세 신고 시 자발적으로 비영업대금의이익 신고를 하는 것이 좋다. 과세관청이 자금출처조사를 하면서 차용거래로는 인정해주되 그 이자 상당액을 비영업대금의이익으로 종합소득세 과세하는 사례가 많다.

다섯째, 차용 기간을 장기로 하는 것은 금물이다. 2~3년 정도로 작성하되 반드시 그 기간 내로 상환을 하는 것이 가장 중요하다. 만약, 정해진 상환 기한에 갚지 못하는 경우 금전소비대차계약을 연장하는 계약서를 작성해 놓는 것도 좋은 방법이다.

10년이 지난 생명보험금, 어머니가 낸 보험료는 증여세 과세 대상일까?

M씨는 약 11년 전, 노모를 피보험자로 하고 수익자를 본인의 자녀로 지정한 생명보험에 가입해, 보험료 납입까지 모두 마쳤다. 그는 보험료 납부자와 보험금 수익자가 서로 다른 경우 수익자가 증여받은 것으로 보아 증여세가 과세될 수 있다는 사실을 알고 있었고, 동일인으로부터 10년 이내의 증여는 합산된다는 점도 인지하고 있었기에 증여재산공제 한도 내에서만 보험료를 납입하며 신중하게 관리해 왔다. 그러던 중 예기치 못하게 노모가 급작스럽게 세상을 떠났고, 약정되어 있던 보험금은 M씨 자녀의 계좌로 지급되었다. M씨는 보험료 자체도 증여공제 한도 내에서 납입했고, 마지막 납입 시점으로부터 10년도 훌쩍 지났기 때문에 당연히 증여세 문제는 없을 것으로 생각했다. 하지만 며칠 전, 지인이 "보험금이 납입보험료보다 훨씬 크다는 점이 마음에 걸린다"라며 혹시 모를 문제가 있을 수 있으니 전문가에게 상담받아보는 것이 좋겠다고 조심스럽게 권했다. M씨는 '설마' 하는 마음과 함께, 정확한 사실관계를 확인해 보기 위해 세무사를 찾았다.

✎ 보험수령액의 증여 시기는 보험료 납입한 날일까? 보험사고 발생일일까?

일반인이 스스로 판단해 '절세가 되겠다'라고 생각한 접근일수록 반드시 전문가의 검토를 거치는 절차가 필요하다. 세법 규정의 적용 순서와 과세 구조에 따라 결과가 크게 달라질 수 있기 때문이다. M씨의 사례 역시 그러했다. 그는 보험료를 납입한 시점에 이미 증여가 성립된 것으로 이해하고 있었지만, 실제 세법상 적용은 완전히 달랐다.

생명보험이나 손해보험에서 보험료 납입자와 보험금 수령인이 서로 다른 경우, 세법은 증여 시기를 보험료를 납입한 날로 보지 않는다. **'보험사고가 발생한 날'**이 증여 시기가 된다. 보험사고란 단순히 사망만을 뜻하는 것이 아니라, 생존, 사망, 상해, 질병, 수술, 만기, 연금 개시 등 보험계약에서 보장하는 모든 사유를 포괄하는 개념이다.

따라서 위 사례에서 M씨가 "11년 전 보험료를 납입할 때 이미 증여가 이루어졌다"라고 생각한 것과 달리, 세법상 증여 시기는 피보험자인 노모의 사망이라는 보험사고가 실제로 발생한 시점이 된다. 만약 보험금이 일시금이 아닌 연금 형태로 지급되었다면, 그 경우에는 연금 지급 개시일이 증여 시기가 된다.

✎ 증여 대상은 보험료 납입액일까, 보험금 수령액일까?

그렇다면 증여세 과세 대상이 되는 금액은 보험료 납입액일까? 아니면 실제로 수령한 보험금일까? 이에 대한 기본 원칙은 명확하다. 증여세의 과세 대상은 '보험료'가 아니라 **'보험금 수령액'**이다. 보험사고가 발생해 보험금이

지급되는 순간, 그 보험금 자체가 증여된 것으로 보기 때문이다.

다만, 여기서 한 가지 더 짚어볼 점이 있다. 바로 보험료를 실질적으로 누가 부담했는지에 따라 과세 구조가 달라질 수 있다는 사실이다. 겉으로 드러난 계약 형태만으로 판단할 것이 아니라, 보험료의 실제 부담 주체까지 함께 확인해야 증여세 과세 여부를 정확히 판단할 수 있다. 이에 대하여 자세히 살펴보도록 하자.

📝 보험금의 증여재산가액의 계산

- 보험료를 전액 타인이 불입한 경우: 보험금 전액
- 보험료 일부를 타인이 불입한 경우: 보험금×(타인 불입 보험료/불입한 보험료 총액)
- 보험료를 타인으로부터 증여받아 불입한 경우: 보험금−재산을 증여받아 납부한 보험료(∵증여받은 재산으로 불입한 보험료는 당초 증여 당시 이미 증여세가 과세되었을 것이므로)
- 보험료 일부를 증여받아 불입한 경우: 보험금×(재산을 증여받아 납부한 보험료/불입한 보험료 총액)−재산을 증여받아 납부한 보험료(∵증여받은 재산으로 불입한 보험료는 당초 증여 당시 이미 증여세가 과세되었을 것이므로)

실제로 보험계약에서 계약자와 보험료 납입자가 서로 다른 경우는 의외로 흔하다. 이때 보험금에 대한 증여세 과세 여부와 과세 금액은 '보험계약 형태' 자체보다 보험료를 누가 실질적으로 부담했는지에 따라 결정된다. 위 사례에서도 만약 M씨가 계약은 체결했지만, 보험료를 M씨의 자녀가 본인의 자금출처가 확인되는 돈으로 실제 부담한 것이라면, 그 보험금에 대해 증여세는 과세되지 않는다.

☑ 보험계약자가 먼저 사망했다면?

M씨가 피보험자인 노모보다 먼저 사망하여 상속이 개시되는 경우 해당 보험계약 자체가 M씨의 상속재산으로 보아 상속재산에 포함된다. 즉, 보험사고가 아직 발생하지 않았더라도, 계약자 지위와 그에 따른 경제적 가치가 M씨의 재산으로서 상속의 대상이 되는 것이다.

그러나 한 가지 중요한 예외가 있다. M씨가 계약자는 맞지만, 보험료를 실제로 부담한 사람이 자녀이고, 그 자녀의 자금출처가 명확히 입증되는 경우다. 이처럼 보험료의 실질적인 부담 주체가 자녀로 확인된다면, 계약 명의가 M씨 이름으로 되어 있더라도, 상속 개시 시점에서 해당 보험계약은 M씨의 상속재산으로 보지 않는다.

☑ 장애인을 보험금 수익자로 하면?

만약 M씨의 자녀가 장애인이라면, 활용할 수 있는 폭은 한층 더 넓어진다.

「상속세 및 증여세법」에서는 소득세법상 장애인을 보험금 수령인으로 하는 보험계약에 대해 특별한 비과세 규정을 두고 있는데, 이를 통해 **연간 4천만 원 한도** 내에서 보험금에 대한 증여세 비과세를 적용받을 수 있다. 이 규정은 보험을 단순한 재산 이전이나 위험보장뿐 아니라, 장애인의 장기적인 생계 보장을 위한 사회적 보호 장치로 보고 마련된 것이다.

또한 보험금이 일시금이 아니라 연금 형태로 지급되는 구조라면, 연금 수령 개시 후 매년 4천만 원까지 비과세된다. 즉, 장애인이 장기간 안정적으로 생활 자금을 확보할 수 있도록 제도가 설계되어 있어, 장애인 자녀를 둔 가정이라면 보험 비과세구조를 활용하여 재산을 보호하며 자녀의 미래 설계를 준비할 때 중요한 축으로 삼을 수도 있을 것이다.

부모와 자식 간 전세 계약, 증여세 없이 가능할까?

M씨는 마곡에 있는 엠밸리 아파트를 15억 원에 구매할 계획을 세우고 있었다. 현재 M씨가 보유한 자금은 예금 5억 원, 대출 3억 원으로, 부족액은 7억 원이었다. 한참 고민하던 M씨는 문득 아이디어가 떠올랐다. 부모님에게 아파트를 전세로 내주고, 전세보증금 7억 원을 자금으로 활용하면 부족한 금액을 충당할 수 있다는 것이었다. 과연 자금출처 및 세금에서 안전한 방법일까?

최근 대출 규제와 갭투자 증가로 부모 전세보증금 등 자금 활용 편법 거래가 늘고 있다. 국세청은 30억 원 이상 고가 아파트와 증여 거래에 대한 자금출처 검증을 강화하고, 2025년 11월부터 부동산 자금조달계획서를 실시간으로 공유받아 의심 거래 발생 시 즉시 탈세 혐의 분석에 활용할 계획이다. 자금조달계획서는 부동산 취득자금 출처를 기록한 서류로써 적정성 검증의 기초자료가 된다. 사실과 다른 기재나 불분명한 출처는 자금출처조사 대상으로 선정된다. 최근 대학생이 허위 전세 계약으로 아파트를 취득한 사례가 적발되었다.

✍ 부모와 자식 간 전세 계약은 실질과 시세 산정이 중요하다.

부모와 자식 간 전세 계약은 단순한 임대차를 넘어, 자녀의 주택 취득 시 자금 출처를 입증하는 중요한 근거가 된다. 자녀가 부모 전세금을 활용했다고 주장하려면 계약이 실제로 존재하고 정당하게 체결되었음을 명확히 보여야 하며, 형식적인 계약일 경우 국세청은 이를 증여로 볼 수 있다.

실무상 쟁점은 세 가지로 나뉜다. 첫째, 자녀 소유 주택에 부모가 전세로 입주하는 경우로서 전세금의 실제 지급 여부와 시세 적정성이 문제 된다. 둘째, 자녀가 주택을 취득하면서 부모 전세금을 활용하는 경우 계약 시점과 자금 흐름에 대한 검토가 특히 엄격하다. 셋째, 전세금 수준이 과도하게 높거나 낮은 경우 증여세 문제가 제기될 수 있다. 결국 부모와 자식 간 전세 계약을 통한 자금 조달은 계약의 실체와 금액의 적정성, 시세 반영 여부를 모두 갖춰야 세무 리스크를 줄일 수 있다.

✍ 전세보증금을 자금출처로 인정받기 위한 요건들

부모와 자식 간 전세 계약을 통해 자금 출처를 인정받기 위해서는 다음 다섯 가지 요건을 반드시 갖추어야 한다. 이는 세무 당국이 가족 간 거래를 객관적이고 합법적인 임대차 계약으로 인정하기 위한 필수 조건이다.

첫째, 전세 계약서 작성

계약서는 가장 기본적인 증빙자료다. 가족 간 거래라는 이유로 계약서를 간략하게 작성하거나 생략하면, 세무조사 시 계약 자체를 부인당할 수 있다. 따라서 임대차 조건, 전세금, 기간, 반환 조건 등을 명확히 기재해야 한다.

둘째, 부모 전세금 출처 증명

전세금이 부모 소득, 저축, 재산처분 등 합법적인 방법으로 마련되었음을 입증해야 한다. 부모가 자금을 마련할 능력이 없거나 출처가 불명확할 경우, 국세청은 이를 자녀 증여로 간주할 수 있다.

셋째, 금융거래 기록 확보

전세금은 반드시 통장을 통한 이체 방식으로 지급하고 기록을 보관해야 한다. 현금 거래는 증빙이 어려워 세무조사에서 인정받기 어렵다. 금융 기록은 자금 흐름을 객관적으로 입증하는 결정적 증거가 된다.

넷째, 부모의 실질 거주

계약서 작성만으로는 충분하지 않다. 부모가 실제로 해당 주택에 거주하며 별도의 세대를 구성해야 한다. 주민등록을 옮기고 실거주 사실을 증명해야 한다. 다만, M씨가 부모와 같이 거주한다면 전세보증금을 인정받기 어려우며 증여로 볼 가능성이 크다. 그 이유는 자식의 부양의무로 보기 때문이다.

다섯째, 전세금 반환 보장

계약 종료 시 부모에게 전세금을 반드시 반환해야 한다. 반환 과정 역시 금융거래 기록으로 남겨야 하며, 반환되지 않으면 국세청은 이를 증여로 간주하여 증여세를 부과할 수 있다.

전세보증금이 자금출처로 입증되면 국세청은 부채 사후관리를 통하여 반환 여부를 주기적으로 확인한다.

✒️ 신규 주택 취득 시 부모 전세금을 활용하는 경우 국세청은 실시간 검증한다.

신규 주택 취득 시 부모 전세금을 활용하는 경우 과세관청의 관심이 특히 집중된다. 과세관청은 부모가 사실상 집값을 지원한 것으로 의심하기 때문이다. 따라서 앞서 언급한 요건들을 철저히 갖춰야 한다.

자금 출처 조사는 주택 취득 후 시간이 지나 진행되는 경우가 많아 과거 거래 내역과 증빙자료를 완벽히 준비해야 한다. 부모가 이미 이사했더라도, 전세금 반환을 입증할 금융거래 기록을 반드시 확보하고 있어야 한다.

또 전세금이 과도하게 설정되면 신규 세입자나 담보대출 등을 통해 부모에게 반환됐음을 증명할 자료를 확보해야 한다. 이러한 준비가 선행되어야 세무 당국의 의심을 줄이고, 부모 전세금을 안전하게 자금 출처로 인정받을 수 있다.

✒️ 전세 금액의 시세는 얼마로 하여야 하나?

전세금 설정은 부모와 자녀 간 거래에서 증여세 과세 여부를 결정하는 핵심 기준이다. 지나치게 높으면 부모가 자녀에게 재산상 혜택을 준 것으로, 지나치게 낮으면, 자녀가 부모에게 혜택을 준 것으로 볼 수 있다. **시가와 실제 지급 대가 차이가 시가의 30% 이상**이면 증여세가 부과된다.

겉보기에는 부모 전세금을 활용해 아파트를 마련하는 방법이 효율적이다. 그렇지만 자금 출처가 불명확하거나 친인척의 지원까지 개입되면, 과세관청은 증여로 볼 수 있다. 따라서 전세 계약 전 세무사 상담과 자금 흐름·계약 구조를 명확히 문서화해야 세금 리스크를 줄일 수 있다. 다만, 토지거래허가구역 내 아파트의 경우에는 매수자가 반드시 실거주 의무가 있으므로 사실상 부모 전세금을 활용하여 취득자금으로 사용하는 방법은 불가능하다.

증여재산 원상회복하고 싶은데 또 증여세, 취득세 내야 할까?

M씨는 남편 사망 당시 자신의 법정상속분을 아들에게 양보하여 딸에게 미안한 마음을 가지고 있다가, 자신이 가진 작은 상가를 딸에게 증여하기로 하고 계약을 체결하였다. 그러나 몇 달 뒤, 증여 사실을 몰랐던 장남이 여동생에게만 상가를 준 것에 강하게 반발했다. 딸은 "지금 상가를 관리할여력도 없고, 오빠가 불만이라면 다시 원래대로 돌려놓겠다"라고 말했다.

하지만 M씨는 예전에 상속재산 재분할 과정에서 취득세를 다시 낸 경험이 있어, 증여를 되돌릴 때도 세금이 나올까 걱정되었다. 이에 법무사에게 문의하자 "이 경우는 새로운 취득으로 보지 않기 때문에 취득세가 나오지 않는다. 단순한 원상회복으로 본다"라고 설명했다.

✏️ "되돌림"은 새로운 취득이 아니다. 증여의 합의해제에 따른 취득세 과세

이 사례는 지방세법상 흥미로운 지점이 있다. 상속재산 재분할처럼 등기 후 소유권이 이전되는 경우와 달리, 증여가 해제되어 재산이 원상회복되는 상황에 대해 "다시 증여로 본다"라는 규정은 없다.

상속에서는 특정 상속인이 기존 상속분을 초과 취득하면 증여로 보지만, 증여 해제로 인한 원상회복은 새로운 취득으로 보지 않는다. 판례도 합의 해제에 따른 등기 말소로 소유권을 되찾은 것은 새로운 취득이 아니라고 명시한다. 따라서 수증자가 처음 등기할 때 성립한 취득세는 환급되지 않지만, 원상회복 시 다시 취득세를 부과하지는 않는다.

한편, 「지방세법」상 무상 취득(증여계약)에서 **계약일로부터 3개월 내** 등기가 이루어지지 않은 상태에서 해제될 경우, 법은 이를 처음부터 취득하지 않은 것으로 본다. 다만, 화해조서·공정증서·해제신고서 등 명확한 서류로 입증해야 하며, 이 요건이 충족되면 이미 납부한 취득세를 환급받을 수 있다. 반대로 등기가 완료된 뒤 증여가 해제되면, 설령 3개월 이내라도 납부한 취득세는 반환되지 않는다.

✒ "다시 증여한 거 아니냐?" 증여세는 어떻게 볼까?

증여재산 반환과 관련해 증여세와 취득세는 서로 다른 기준으로 과세한다.

증여세의 경우, 증여 후 3개월 이내에 재산을 돌려주면 처음부터 증여가 없었던 것으로 보고 과세하지 않는다. 신고기한 이후 3개월 내 반환 시 원래 증여에 대해서는 증여세가 부과되지만, 반환 자체는 새로운 증여로 보지 않아 추가 과세는 없다. 그러나 반환 시점이 신고기한 경과 후 3개월을 넘기면, 원래 증여와 반환 행위 모두 증여로 보므로 별도의 증여세가 부과된다.

　반면 취득세는 '재증여 의제'를 두지 않는다. 등기 이전 일정 기간 내 계약 해제 시 취득이 없었던 것으로 보는 예외 규정이 있을 뿐이며, 증여세 체계와 동일하게 판단해서는 안 된다. 따라서 취득세는 별도의 기준에 따라 과세 여부를 판단해야 한다.

〈부동산의 증여계약 해제 시 증여세의 과세 체계〉

증여 해제의 시기	당초 증여	증여 해제에 따른 반환
증여세 신고기한 내 (증여한 달의 말일부터 3개월 이내)	과세 ×	과세 ×
증여세 신고기한 경과 후 3개월 이내	과세 O	과세 ×
증여세 신고기한 경과 후 3개월 이후 (증여한 달의 말일부터 6개월 이후)	과세 O	과세 O

아빠·엄마·할아버지·할머니가 각각 2천만 원씩 주면 정말 세금이 없을까?

M씨는 초등학생 아들과 딸을 둔 가장으로, 부모님까지 모두 건강한 화목한 가정을 이루고 있었다. 어느 날 고등학교 친구를 만나 대화를 나누던 중, 친구가 딸에게 2천만 원을 증여해 애플 주식을 사주었지만, 증여세는 한 푼도 내지 않았다는 이야기를 들었다. 그 말을 계기로 M씨는 부모와 조부모가 각각 2천만 원씩 주면 아이 한 명당 8천만 원을 세금 없이 줄 수 있겠다는 생각을 하게 되었다. 그는 그 돈으로 엔비디아 주식을 사주면 아이들의 미래 자산을 크게 불릴 수 있을 것이라 기대했다.

확신을 얻기 위해 M씨는 친구 세무사에게 기대에 부풀어 이 계획을 설명했다. 세무사의 대답은 어떠했을까?

증여세는 재산이 무상으로 이전될 때 과세하여 조세 형평성을 유지하고, 부의 과도한 집중과 세대 간 이전을 완화하는 목적을 가진다. 따라서 단순히 금액만으로 과세가 결정되지 않으며, 수증자나 증여 시점 또는 증여자가 법상 '동일인'인지에 따라 세금 부담이 달라진다.

「상속세 및 증여세법」 제47조 제2항은 '동일인 합산과세 원칙'을 규정한다. 증여일 전 10년 내 동일인으로부터 1천만 원 이상을 증여받으면, 모든 증여액을 합산해 과세표준을 산정하도록 해 누진세 회피를 방지한다.

문제는 '동일인' 범위가 복잡해 부모, 배우자, 친족 관계에 따라 합산 여부가 달라진다는 점이다. 이 규정을 제대로 이해하지 못하고 신고하면 의도치 않게 과소신고하게 되고, 추후 가산세 부담으로 이어질 수 있다.

✏️ 부모·조부모 증여 시 동일인 판단 기준

증여세는 원칙적으로 증여자와 수증자별로 계산되지만, 동일 증여자가 여러 차례 나누어 증여하면 누진세 회피 가능성이 생긴다. 이를 방지하기 위해 수증자가 증여일 기준 과거 10년 내 동일인으로부터 1천만 원 이상 증여받았다면, 모든 증여재산을 합산해 과세한다. 즉, 증여 시점이 달라도 증여자가 같으면 하나로 묶어 세금을 계산한다.

예를 들어 아버지가 아들에게 2016년에 1억 원, 2024년에 2억 원을 증여했다면, 총 3억 원을 기준으로 증여세를 산출한다. 이때 증여재산공제는 수증자 기준으로 직계존속을 통틀어 10년간 1회만 적용되므로, 이미 공제를 사용했다면 이후 증여에는 공제가 적용되지 않는다. 부모를 각각 별도 증여자로 보지 않고 동일인으로 취급하여 합산한다는 점이 실무에서 혼동되는 부분이다.

✎ 동일인을 어떻게 판단할까?

증여세에서 말하는 '동일인'은 단순히 한 사람을 뜻하는 것이 아니라, **가족 관계를 하나의 단위**로 묶어 판단한다. 부모는 아버지와 어머니를 합쳐 하나의 동일인으로 보며, 조부모나 외조부모도 부부 단위로 동일인으로 간주한다. 따라서 부모 각각으로부터 증여받아도 세법상 합산해 과세한다.

반대로 아버지와 조부, 계모, 이혼한 생모, 장인·장모, 숙부·숙모 등은 동일인으로 보지 않는다. 예를 들어 자녀가 아버지와 조부로부터 각각 1억 원씩 증여받으면, 동일인 증여가 아니므로 각각 별도로 증여세를 계산한다.

✎ 동일인으로 보지 않는 아빠와 할아버지로부터 각각 증여받으면 어떨까?

아버지와 할아버지는 세법상 동일인이 아니므로, 각각 증여받아도 증여재산은 합산되지 않는다. 예를 들어 자녀가 아버지와 할아버지로부터 각각 1억 원을 받으면, 증여세는 별도로 계산된다.

하지만 실제 세 부담은 증여재산공제와 세대생략 증여 규정을 함께 고려해야 정확히 판단할 수 있다. 직계존속으로부터 미성년자가 받는 증여는 10년간 2천만 원 공제가 적용되며, 이미 아버지로부터 공제를 사용했다면 할아버지로부터의 증여에는 추가 공제를 적용할 수 없다. 또한, 할아버지로부터의 증여는 세대생략 증여에 해당해 세액이 30% 가산된다.

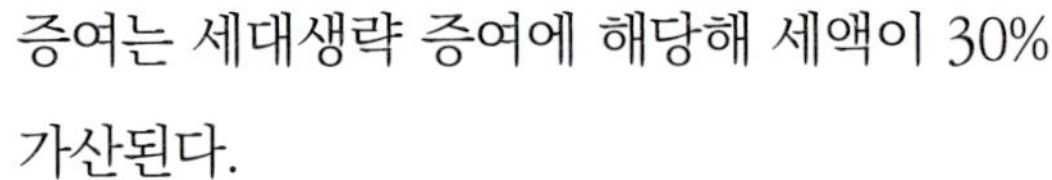

결국 동일인 여부만으로 유리함을 판단할 수 없으며, 공제 한도와 세대생략 규정까지 종합적으로 검토해야 한다. 증여 설계 시 전

체 구조를 고려하는 접근이 필수적이다.

〈수증자 기준으로 각 증여자 그룹당 증여재산공제액〉

구 분	증여재산공제액
배우자	6억 원
직계존속(조부, 조모, 외조부, 외조모, 부모 등)	5천만 원
직계비속(자녀, 손주)	5천만 원(미성년자 2천만 원)
기타친족(삼촌, 외삼촌, 고모, 이모, 형제 등)	1천만 원

☑ 동일인 합산과세를 잘못 적용하면 가산세가 부과될까?

증여세 신고에서 흔히 발생하는 오류 중 하나는 동일인 합산과세를 잘못 적용하는 경우다. 「상속세 및 증여세법」 제47조 제2항에 따라 동일인으로부터 10년 이내 받은 증여재산은 합산 과세해야 하지만, 부모는 동일인으로 보고 아버지와 조부는 별개로 보는 등 판단이 복잡해 신고 단계에서 혼란이 생기기 쉽다.

이에 따라 과세표준을 낮게 신고하면 원칙적으로 과소신고가산세가 부과되지만, 단순 착오나 법규 해석상의 오류라면 일반적으로 가산세는 면제된다. 다만, 신고 오류 자체가 사라지는 것은 아니어서 본세 추징은 피할 수 없다. 참고로 「상속세 및 증여세법」상 과소신고가산세가 면제되는 사유는 재산평가액 차이로 인하여 미달 신고하였거나 소유권에 대한 소송으로 인하여 상속·증여재산이 확정되지 않았거나 공제 적용의 착오로 인하여 미달 신고한 경우이다.

📝 M씨의 계획은 성공했을까?

　M씨는 증여 계획이 생각보다 복잡하다는 사실을 깨달았다. 아버지가 미성년 자녀에게 2천만 원을 증여하면 증여세가 없지만, 어머니가 추가로 2천만 원을 증여하면 부모를 동일인으로 보기 때문에 총 4천만 원을 기준으로 증여세를 계산해야 한다. 여기에 증여재산공제 2천만 원을 적용하고 나머지 금액에 세금을 내야 한다.

　또한, 조부모가 직접 증여하면 세대를 건너뛴 '세대생략 할증'이 적용되어, 부부 단위로 합산 후 산출세액에 30%(증여재산가액 20억 원 초과 증여 시 40%)가 추가된다. 주식계좌 역시 명의가 자녀여도 부모가 투자 결정을 전적으로 한다면 국세청이 증여나 차명거래로 판단할 수 있다. 결국 증여세는 단순 금액 계산이 아니라 주체와 구조, 자금 흐름까지 종합적으로 고려해야 하는 복잡한 문제임을 M씨는 깨달았다.

결혼자금 마련, 혼인·출산 증여공제 활용으로

한국의 출산율은 세계 최저 수준으로 극히 저조한 상황에 놓여 있으며, 이에 따라 일부 지역에서는 인구소멸론까지 제기되고 있다. 고령화의 가속과 생산가능인구 감소는 경제 전반과 지역사회 유지에 심각한 부담으로 작용하고 있다. 이러한 위기 인식 속에서 정부는 출산과 양육에 대한 사회적·경제적 부담을 완화하기 위한 다양한 정책을 추진하고 있다. 그중 하나로 출산 증여재산공제 도입과 같은 세제 지원책이 마련되어 부모나 조부모의 재산 이전을 통해 출산 가정의 초기 부담을 덜어주고자 한다. 이러한 출산 지원 정책들이 실질적인 효과를 거두기 위해서는 주거, 일·가정 양립, 보육 환경 개선 등과 함께 종합적으로 추진될 필요가 있다.

✎ 혼인·출산 증여재산공제 양가 부모, 조부모로부터 받은 1억 원 증여세 없어

2024년 1월 1일부터 거주자가 부모나 조부모 등 직계존속으로부터 혼인

신고일 전후 2년 이내 또는 자녀의 출생·입양일로부터 2년 이내 증여받는 경우, 혼인공제·출산공제를 합산하여 평생 최대 1억 원까지 일반증여공제와는 별도로 적용받을 수 있다. 만약 최근 10년 이내에 증여받은 사실이 없다면, 기존 일반증여공제까지 활용하여 양가에서 각각 1억 5천만 원씩, 최대 3억 원까지 증여세 없이 증여받는 것도 가능하다. 이는 혼인과 출산으로 인한 초기 경제적 부담을 완화하기 위한 실질적인 세제 지원책이라 할 수 있다. 다만, 최근 결혼식 이후에도 혼인신고를 미루는 사례가 늘고 있는데, 혼인공제를 적용받은 후 2년 이내에 혼인신고를 하지 않으면 공제가 부인되어 증여세가 추징될 수 있으므로 각별한 주의가 필요하다. 따라서 공제 요건 충족 여부와 혼인신고 시기를 반드시 함께 관리해야 한다.

혼인과 출산 중복공제 안 된다.

해당 공제는 혼인과 출산을 모두 합산하여 최대 1억 원까지만 적용되는 구조이다.

따라서 혼인 시점에 이미 1억 원 전액을 공제받았다면, 이후 출산하더라도 추가적인 공제 혜택은 받을 수 없다.

이는 혼인 공제와 출산 공제가 별도로 누적되는 것이 아니라 하나의 한도 내에서 관리되기 때문이며, 공제 한도를 초과한 부분에 대해서는 세제 혜택이 인정되지 않는다.

✍ 미국에 거주하고 있는 딸이 결혼하는데 혼인증여공제 가능할까?

수년간 국외 직장에서 근무하고 있던 비거주자인 자녀가 국외에서 결혼하고 계속 국외에 거주할 예정인데 혼인·출산공제 적용이 가능할까?

해당 공제는 **수증자가 국내 거주자**인 경우에만 적용될 수 있으므로 계속 국외에 거주하여 비거주자인 자녀는 공제받을 수 없다.

여기서 거주자란 국내에 주소를 두거나 1 과세기간 동안 또는 2 과세기간에 걸쳐 계속하여 183일 이상 거소를 두고, 생활 관계상 계속 국내에 거주할 것으로 인정되는 자를 말한다. 반면 비거주자는 국내에 주소나 거소가 없고 생활의 근거지가 국외에 있는 자를 의미한다.

거주자 여부는 국적이나 주민등록 유무가 아니라 실질적인 생활 관계와 증여 시점의 거주 상태를 기준으로 판단한다.

따라서 혼인이나 출산이라는 사유가 있더라도, 수증자인 자녀가 비거주자라면 혼인·출산공제는 적용되지 않는다.

✍ 파혼·이혼·재혼의 경우 혼인증여공제 어떻게 될까?

결혼 예정자가 증여받고, 혼인증여공제를 적용받은 뒤 파혼하면, 파혼 사유 발생 월 말일부터 3개월 이내에 증여재산을 반환하면 처음부터 증여가 없었던 것으로 본다. 기간 내 반환하지 않으면 증여일로부터 2년 되는 달 말일부터 3개월 이내에 수정신고를 해야 하며, 본세와 이자만 부담하고 가산세는 일부 또는 전부 면제된다.

한편, 증여 후 2년 내 혼인해 공제를 정당하게 적용받았다가 이후 이혼하더라도, 단순히 혼인 관계가 종료되었다고 공제가 취소되거나 추가 과세가 되지는 않는다. 다만, 조세회피 목적의 형식적 혼인·이혼이 확인되면 공제를 적용받을 수 없다. 재혼인 경우에도 혼인·출산공제 적용은 가능하며, 세법은 결혼 전후 2년 요건만 규정하고 혼인 횟수에는 제한을 두지 않는다.

✎ 혼수비용, 결혼 축의금도 증여세 과세 될까?

최근에는 남녀 구분 없이 양가가 경제적 여건에 맞춰 결혼 비용을 합리적으로 분담하고, 결혼식·혼수 비용을 줄여 주택 마련 자금으로 활용하는 경향이 있다. 세법상 사회 통념상 타당한 결혼식 비용과 일반 가전·가구 혼수는 증여세 과세 대상이 아니지만, 사치품이나 고가 물품, 부동산·전세자금 등은 과세한다.

결혼 축의금도 통상적 범위 내라면 비과세지만, 부모 하객이 준 금액을 결혼 당사자에게 이전하면 증여세가 부과될 수 있으며, 입증 책임은 결혼 당사자에게 있다. 따라서 축의금은 결혼 당사자 명의 계좌로 입금받고, 방명록 작성과 자금 귀속을 명확히 하는 것이 안전하다.

✎ 부족한 자금 부모에게 빌린다면 차용증을 작성하라

가족 간 계좌이체는 기본적으로 증여로 추정된다. 따라서 이를 대여로 인정받으려면 수취인이 직접 입증해야 하며, 차용일에 **차용증과 같은 처분문서**

를 작성하고 공증·확정일자 또는 이메일·카톡 기록을 남기는 것이 중요하다.

또한 약정한 이자를 정기적으로 지급하고 필요시 원금도 상환하는 등 금융 거래의 실질을 보여야 한다. 사후에 차용증을 작성하는 경우 인정받기 어려우며, 법적 문제로 이어질 수 있다. 처분문서는 권리 발생·변경·소멸과 관련된 법적 문서를 의미하며, 차용증은 거래 진정성을 입증하는 핵심 자료로 세무조사 시 중요한 역할을 한다.

미국 주식 자녀에게 사줘도 될까?

> 평촌에 사는 M씨(58세)는 30년간 직장생활을 하며 매달 월급을 꼬박꼬박 저축해 내 집 마련까지 해냈지만, 노후 준비는 생각보다 부족했다. 최근 회사 동료들과 지인들이 "미국 주식, 특히 AI·로봇주는 놓치면 후회한다"라고 투자 이야기할 때마다 불안감이 커졌다. 자연스럽게 M씨는 자녀의 미래를 위해 현금이나 주식을 증여하는 방법을 고민하게 되었지만, 주식을 증여한 뒤에도 부모가 직접 운용할 때 발생할 수 있는 세무 리스크에 대한 걱정이 문득 스며들었다.

요즘은 투자의 시대다. 투자에 관심이 없으면 뒤처지기에 십상인 세상이다. 단순히 부모 자신의 재정적 안정을 넘어, 자녀도 미리 투자해 재정적 안정을 누릴 수 있도록 돕고 싶다는 생각이 커지고 있다. 이러한 상황에서 많은 부모가 물어보는 것이 있다. 바로 "자녀에게 미국 주식을 사주고, 부모가 대신 관리하면 증여세는 어떻게 되느냐?"이다. 투자 자체는 미래를 위한 현명한 준비처럼 보이지만, 부모가 자녀 명의로 주식을 사고 관리하면 과연 주식은 누구의 것일까? 증여하고 증여세 신고까지 했으니 자녀의 소유라고 생각할 수 있지만, 세법은 그렇게 단순하지 않다.

📝 주식 취득 단계의 선택

취득 단계에서는 먼저 현금을 증여한 후 자녀가 그 현금으로 직접 주식을 사도록 할 것인지, 아니면 부모가 먼저 주식을 구입한 뒤 이를 자녀에게 이전할 것인지에 대한 검토가 필요하다. 같은 금액이라도 현금 증여냐 주식 증여냐에 따라 증여세 부담이 달라질 수 있기 때문이다. 따라서 단순히 금액만 계산할 것이 아니라, 증여 방식·시점과 주식의 평가액 등을 종합적으로 고려해야 한다.

〈사례 1〉 현금 5천만 원 증여 후 자녀가 주식 취득

- 증여세 과세 가액: 5천만 원
- 증여세 과세표준: 5천만 원−5천만 원(성년 자녀 증여재산공제)=0원
- 증여세 산출세액: 0원

〈사례 2〉 상장주식 5천만 원 아버지가 구입 후 주식 증여

- 증여 당시 주식 가액: 5천만 원
- 증여일 전후 2개월(총 4개월)간의 종가 평균가액: 8천만 원
- 증여세 과세 가액: 8천만 원
- 증여세 과세표준: 8천만 원−5천만 원(성년 자녀 증여재산공제)=3천만 원
- 증여세 산출세액: 3천만 원×10%=3백만 원

<사례 2>에서 부모 명의 증권계좌에 있는 주식을 자녀 명의 계좌로 직접 대체하는 경우, 대체 시점이 곧 증여 시점이 된다. 다만, 증여세는 단순히 증여 시점의 주식 가액으로 계산되지 않고, 증여일 전후 2개월 동안 공표된 매일의 거래소 최종 시세 평균을 기준으로 산정된다. 즉, 총 4개월간 주가 변동에 따라 증여세액이 달라진다.

증여세는 원칙적으로 자녀가 부담해야 하는데, 증여세액이 확정되지 않은 상태에서 증여를 진행하면 여러 가지 문제가 발생할 수 있다. 극단적으로 증여 전후 총 4개월 동안 주가가 높았다가 신고·납부 시점에 급락하면, 주식을 증여받은 자녀는 불리하게 느껴질 수 있다. 반대로, 증여세 신고·납부 시점에 주식가액이 상승했다면, 같은 증여세라도 주식가액 대비 상대적으로 낮게 느껴질 수도 있다. 따라서 증여 시점과 주식가액 변동에 따른 세금 부담을 충분히 고려하는 것이 중요하다.

✎ 주식 운용 자녀가 직접 관리해야

증여한 후에도 부모가 계속적·반복적으로 직접 주식 투자를 하고, 자녀는 전혀 개입하지 않으면 **부모의 차명주식**으로 볼 수 있다. 따라서 자녀가 증권계좌 직접 운용이 어렵거나 미성년자라면 주식을 장기 보유하는 방식의 투자를 권장한다.

주택취득자금 조달계획서 대충 작성했다가 세무조사 부른다.

M씨는 요즘 뜨거운 화젯거리인 노량진 1구역의 단독주택을 20억 원에 계약했다. 계약 후 30일 이내에 자금조달계획서를 제출하라고 안내받았다. 하지만 대출금 5억 원과 자기 자금 7억 원으로, 총 8억 원이 부족한 상태였다. 자금조달계획서를 직접 작성하려고 보니 절차가 복잡하고 이해가 잘 가지 않았다. 그렇다고 대충 작성해서 제출하면 세무조사가 나올 수 있다는 이야기를 듣고 걱정이 깊어졌다. 결국 고민 끝에 M씨는 전문가의 도움을 받기로 하고 세무사를 찾았다.

요즘 납세자들의 모습은 예전과 많이 달라졌다. 부동산 취득을 위해 "소득세 신고 시 이익을 많이 잡아야 은행에서 대출을 더 받을 수 있다"는 이야기를 듣고 실제로 신경 쓰는 경우가 많다. 상환 능력이 있어야 대출이 가능하므로 틀린 말은 아니다. 또한 준비성이 철저한 부모나 조부모는 자녀·손자녀가 어릴 때부터 10년 단위로 증여세를 신고하며, 자금 출처를 관리하기도 한다. 일부는 증여세 절세를 위해 부모가 대신 부담하는 방식과 자녀 명의 재테크

계획까지 포함해 장기간 준비하기도 한다. 즉, 증여세를 줄이려면 오랜 기간
에 걸쳐 자금과 계획을 꼼꼼히 준비해야 한다는 의미다.

✍ 부동산 거래계약을 체결한 경우, 거래계약 체결일부터 30일 이내에 신고관청에 제출해야

「부동산 거래신고 등에 관한 법률」 제3조에 따르면 거래 당사자는 일정한 부동산 거래계약을 체결한 경우 그 실제 거래가격 등을 거래계약 체결일부터 30일 이내에 신고관청에 공동으로 신고해야 한다. 여기서 신고관청이란 해당 부동산의 소재지를 관할하는 시장·군수 또는 구청장을 말한다. 부동산 거래의 신고 대상에는 권리에 관한 계약이 포함되며, 이 경우에도 그 권리의 대상이 되는 부동산을 기준으로 신고해야 한다.

한편, 자금조달계획서 제출 대상은 다음과 같다. 첫째, 법인이 주택을 취득하는 경우이다. 둘째, 법인 외의 개인이 실제 거래가격이 6억 원 이상인 주택을 매수하는 경우와 투기과열지구나 조정대상지역(서울 전역 등)에 소재한 주택을 매수하는 경우가 이에 해당한다.

✍ 부동산을 취득하기 전에 자금조달계획서를 사전에 작성해 봐야!

부동산을 취득하는 경우 매매계약서 작성 전 반드시 「부동산 거래신고 등에 관한 법률」에서 규정한 자금조달계획서를 사전 작성해 보는 것이 중요하

다. 총매매대금 중 자기 자금, 대출, 증여 등을 미리 계획하면 취득자금의 윤곽을 파악할 수 있다. 자금이 부족한 경우 가족 차용, 증여, 공동명의 등 다양한 방법을 고려해야 하며, 실제 자금 소유주와 부동산 명의자가 정확히 일치해야 한다.

자금조달계획서는 부동산 계약 체결일로부터 30일 이내 제출해야 하며, 서식 작성 시 대강 하지 말고 세무 전문가 도움을 받아 구비서류까지 준비하는 것이 권장된다. 제출하지 않거나 거짓으로 제출하면 과태료 및 세무조사 대상이 될 수 있으며, 특히 투기과열지구의 주택 거래는 추가 증빙자료까지 첨부되어야 하므로 철저한 사전 준비가 필수적이다.

📝 자금조달계획서에 의심스러운 사항에 발견되면 자금출처 세무조사 실시

자금조달계획서가 접수된 신고관청은 검증 결과를 해당 부동산 소재지 관할 세무관서의 장에게 통보하여야 하며, 통보받은 세무관서의 장은 해당 신고 내용을 국세 또는 지방세 부과를 위한 과세자료로 활용할 수 있다.

부동산 등 재산을 취득하면 국세청은 취득자의 직업이나 연령, 소득 및 재산 상태 등을 고려하여 자력으로 이를 취득했다는 사실을 인정하기 어렵다고 판단되는 경우 자금출처에 대한 소명 및 세무조사를 실시할 수 있다. 주택 취득자의 직업, 연령, 소득 및 재산 상태 등으로 볼 때 재산취득자금의 출처에 대해 소명하지 못해 증여받은 것으로 추정하는 경우 증여세를 과세한다. 특히 미성년자나 전업주부 등이 고액의 부동산을 취득하거나 배우자 또는 부모 등 직계존비속 간에 부동산을 거래하는 경우 이를 증여로 추정하는 '증여추정' 규정을 두고 있는데, 증여세 과세를 피하려면 본인이 증여받지 않았다는 사실, 즉 소득 등 자금조달내역을 구체적이고 객관적 자료로 입증하여야 한다.

✎ 자금조달내역의 입증 방법

자금조달계획서 제출 시 갖춰야 하는 서류는 자금의 종류에 따라 구분된다. 먼저 자기 자금의 경우 금융기관 예금은 잔고증명서나 예금잔액증명서 등으로 확인할 수 있으며, 주식이나 채권 매각대금은 주식거래 명세서와 잔고증명서 등을 첨부해야 한다. 증여나 상속 등으로 마련한 자금은 증여·상속세 신고서나 납세증명서 등으로 증빙하며, 그 외 현금 등 기타 자금은 소득금액증명원, 근로소득원천징수영수증 등 소득을 입증할 수 있는 서류를 준비한다. 부동산 처분대금 등은 부동산 매매계약서와 부동산 대금 지급계약서 등으로 증빙한다.

차입금 등 대출금과 관련해서는 금융기관 원리금 확인서, 부채증명서, 금융기관 대출실행서 등의 서류를 준비해야 한다. 임대보증금 등 기타 차입금은 부동산 임대차계약서로 증빙할 수 있으며, 회사지원금이나 사채 등 그 밖의 차입금은 금전 차용을 입증할 수 있는 서류를 제출하면 된다.

✍️ 자금조달계획서에 아버지로부터 차입한 금액 3억 원이 있다면

자금조달계획서를 제출하고 나면 마무리되었다는 안도감에 사후관리에 소홀한 분들이 많다. 그러나 취득 이후 단계가 오히려 더 중요하다 해도 과언이 아니다.

특히 자금조달계획서의 차입금 항목에 기재된 금액이 많다면, 세무서에서는 이를 사후관리 대상으로 분류한다. 금융기관 대출의 경우 실제 소유자 명의로 이자와 원금을 상환하고 있는지 확인하며, 가족 등으로부터 차입한 그 밖의 차입금도 자세히 살펴본다. 차용증을 작성했다고 해서 무조건 차용거래로 인정되는 것은 아니며, 실제 상환 여부·상환 능력·소득 원천 등이 사후관리의 핵심이다.

실제 사례를 보면, 부모에게 빌린 돈을 처음에는 일부 갚다가 1년 정도 지나면서 '이제 괜찮겠지' 하고 이자와 원금 상환을 중단하는 경우가 있다. 이런 경우 차용거래가 부인되어 증여세가 추징될 수 있으므로 약정한 이자와 원금을 반드시 정확하게 갚아야 한다.

따라서 차용증 작성·이자율·변제 기간 등은 반드시 세무 전문가의 도움을 받고, 중간에 상환 상황을 점검하는 것이 필요하다. 철저한 서류 준비와 사후관리만이 증여세 과세를 피하는 방법임을 명심해야 한다.

증여와 양도의 결합, 자녀에게 저가로 아파트를 물려주는 절세비법

주말 저녁, 회사원 M씨는 초등학교 동창 모임에 나갔다. 술잔이 돌고 옛 추억이 오가던 중, 학창 시절 라이벌이 입을 열었다.

"나 강남아파트 샀어. 아버지가 싸게 넘겨주셔서 완전 득템했지."

모임은 술렁였지만, M씨 마음은 달랐다. '하필 저 친구가…' 불편함을 애써 숨겼지만, 동시에 귀가 솔깃했다. 얼마 전 아버지가 "이제 네 이름으로 아파트 하나 마련해줘야 하지 않겠냐?"라고 하신 말씀이 떠올랐기 때문이다.

집에 돌아와 증여세를 계산해보니, 수억 원에 달해 감당이 어려웠다. 결국 동창의 이야기가 떠올라, M씨는 아버지께 조심스레 물었다.

"아버지, 그냥 증여 말고… 싸게 파는 방법은 없을까요? 친구도 그렇게 했다던데요."

이 장면은 단순한 가족의 대화 같지만, 사실 우리 사회에서 흔히 벌어지는 세금 고민의 한 단면이다. 아파트 한 채가 인생의 큰 자산이 된 시대, 증여와 양도는 단순한 가족 간 거래가 아니라 세법의 복잡한 계산법과 마주하게 되는 순간이 된다.

라이벌의 자랑에서 시작된 M씨의 고민은 우리 모두에게 질문을 던진다. "과연 합리적인 절세 방법은 어디까지이고, 법이 허용하는 범위는 어디까지일까?"

✍ 가족 간의 저가 양도, 시가와 거래가액이 5% 이상 차이가 나면 시가로 양도세를 내야!

세법은 특수관계자 간의 변칙적인 증여를 막기 위하여 제3자 간의 합리적인 거래가액을 적용하여 양도소득세를 재산정한다. 이를 세법에서 "부당행위계산부인"이라 부른다. 예를 들어 시가가 10억 원이라면 9억 5천을 초과하여 거래하는 경우 그 금액으로 양도가액이 인정되나 9억 5천 이하로 하면 10억 원을 양도가액으로 하여 양도소득세를 계산한다.

저가로 양수받은 자녀는 시가와의 차액이 시가의 30%와 3억 원 중 적은 금액을 넘는 금액에 대하여 증여세를 낸다.

저가로 양수받은 자녀는 시가의 30%와 3억 원 중 적은 금액을 시가에서 차감하여 매도자에게 지급하면 증여세가 과세 되지 않는다. 사례를 들어 구체적으로 살펴보자.

✎ 가족 간 저가 양도 취득세의 과세표준은 시가인정액이다.

시가인정액은 취득 시점에 불특정 다수 간 자유로운 거래에서 형성되는 가액으로서 매매사례가액, 감정가액, 공매가액 등을 말한다. 거래가액과 시가 차이가 5% 이상이면 부당행위계산부인 규정이 적용되어, 취득세 과세표준은 실제 거래가액이 아닌 시가인정액으로 산정된다.

가족 간 저가 양도를 통한 절세를 위해서는 몇 가지 요건이 필요하다. 먼저, 자녀가 양도대금을 지급할 능력이 있어야 하며, 금융거래 증빙과 자금 출처를 명확히 입증해야 한다. 둘째, 부모가 1세대 1주택 비과세 요건을 충족하면 양도소득세 절세가 가능하다. 셋째, 감정평가나 매매사례가액 검토를 통해 시가를 최대한 낮춰 자녀의 자금 부담을 줄일 수 있다. 넷째, 특수관계자 간 저가 거래는 국토교통부 실거래가 검증 대상이 될 수 있으므로 사전 대비가 필요하다. 다섯째, 자녀의 취득가액이 낮으면 추후 양도차익이 커질 수 있으나, 1세대 1주택 비과세 요건을 충족하면 양도소득세 부담은 크지 않다.

저가 양도는 부를 이전하는 효과적인 방법이지만, 시가와 자금 조달 문제로 과세관청과의 다툼 가능성이 크므로 반드시 세무 전문가 상담 후 결정해야 한다.

재개발 대박의 꿈, 그리고 뒤따라온 증여세 악몽

"드디어 우리 동네도 재개발이다!" 강남구 개포동에 30년째 살고 있던 60대 M씨에게는 꿈만 같은 소식이었다. 20평 남짓한 낡은 다세대주택이 50평대 아파트로 바뀐다니, 평생 한 번 올까 말까 한 기회였다. 하지만 기쁨도 잠시, M씨의 머릿속에는 복잡한 계산이 시작되었다.

"아들에게 미리 넘겨줘야 하나?" M씨의 고민은 단순했다. 재개발로 집값이 오르기 전에 자녀에게 증여하면 세금을 적게 낼 수 있을 것 같았다. 하지만 현실은 그렇게 호락호락하지 않았다.

M씨가 보유한 주택의 현재 감정가액은 10억 원이었다. 평생 모아온 재산 전부나 다름없는 집을 아들에게 넘겨주려 했지만, 세무사가 계산해준 증여세 고지서를 보고는 깜짝 놀랐다. 무려 2억 2천 5백만 원의 세금이 나온 것이다.

✎ 재개발·재건축 세금 타이밍이 생명이다

문제는 재개발 진행 단계에 따라 세금 계산 방식이 완전히 달라진다는 점이었다. M씨의 경우 아직 관리처분계획 인가 전이라서 다행이었다. 만약 인가 후라면 입주권으로 분류되어 무조건 감정평가액으로 계산해야 했기 때문이다.

"그럼 지금이라도 빨리 증여해야 하는 건가요?" M씨가 급하게 물었지만, 세무사의 대답은 의외였다. 단순히 개별 증여보다는 분할 증여를 고려해보라는 것이었다.

✒️ 며느리까지 끌어들인 '분할 증여'의 마법

M씨의 아들은 다행히 결혼한 상태였다. 세무사는 며느리에게도 절반을 증여하는 '분할 증여' 방안을 제시했다. 아들과 며느리가 각각 5억 원씩 지분을 갖는 방식이었다.

놀라운 것은 세금 차이였다. 개별 증여 시 2억 2천 5백만 원이던 증여세가 분할 증여로는 1억 6천 8백만 원으로 줄어들었다. 무려 5천 7백만 원이나 절약되는 셈이었다.

"며느리도 가족이니까 괜찮겠지?" M씨는 망설였지만, 현실적인 절세 효과 앞에서는 선택의 여지가 없었다.

✒️ 세금은 줄었지만, 돈은 어디서 구하나?

하지만 또 다른 문제가 기다리고 있었다. 아들과 며느리가 당장 1억 7천만 원에 가까운 세금을 낼 형편이 되지 않았다. 젊은 부부에게는 너무나 큰 부담이었다.

다행히 연부연납 제도가 있었다. 세금을 연간 나눠서 낼 수 있는 제도였지만, 담보를 제공해야 한다는 조건이 있었다. 문제는 증여받을 입주권으로는 관리와 처분이 어려워 국세청에서 담보제공을 거부한다는 점이었다.

"그럼 우리 집 말고 다른 담보가 필요한 건가요?" M씨는 당황했다. 다행히 처가에 있는 작은 상가건물로 담보를 제공할 수 있어서 연부연납이 가능했지만, 만약 다른 부동산이 없었다면 계획 자체가 무산될 뻔했다.

📝 증여 후에도 계속되는 세금 고민

증여는 끝났지만, 이야기는 여기서 끝나지 않는다. 재개발이 완료되고 새 아파트를 받은 후에도 언제 팔아야 양도소득세를 최소화할 수 있을지가 또 다른 숙제였다.

세무사는 가능하면 10년간 거주한 후 양도하라고 조언했다. 1세대 1주택 비과세 혜택과 장기보유특별공제를 최대한 활용할 수 있기 때문이었다.

"결국 재개발 대박도 세금 계산부터 해야 한다는 얘기네요." M씨는 씁쓸하게 중얼거렸다.

📝 증여 시기, 관리처분 전·후 타이밍이 관건

TAX CLUB 17은 말한다. 재개발 소식으로 들뜬 마음에 성급하게 증여를 결정하지 말고, 반드시 진행 단계와 가족 상황을 종합적으로 고려해야 한다고. 특히 관리처분계획 인가 전후로 세금 계산 방식이 완전히 달라지므로 타이밍이 무엇보다 중요하다.

또한 단순히 개별 증여보다는 가족 구성원을 활용한 분할 증여로 상당한 절세 효과를 얻을 수 있으니, 무조건 서두르기보다는 전문가와 충분히 상의한 후 결정하는 것이 현명하다.

M씨의 이야기는 우리에게 중요한 교훈을 남긴다. 재개발이라는 행운도 제대로 된 세무 계획 없이는 오히려 가족에게 부담이 될 수 있다는 것이다. 작은 준비와 계획이 평생에 한 번뿐인 기회를 진짜 행운으로 만들 수 있다는 사실을 기억해야 한다.

아버지 소유 토지에 아들이 건물을 신축한다면 어떤 세금이 나올까?

M씨는 생전에 경기도에 토지를 소유하고 있었다.

10년 전, 아들 Y씨(당시 42세)는 그 땅 위에 건물을 지어 베이커리를 해보고 싶다고 말했다.

아버지는 흔쾌히 허락했고, Y씨는 아버지 자금과 일부 대출을 보태 건물을 지었다.

이후 임차인을 받아 월세를 관리하고, 세금 신고와 건물 관리도 모두 Y씨가 맡았다.

그렇게 별문제 없이 10년이 흘렀다.

하지만 아버지 사망 후 상속세 세무조사가 시작되면서, 조사관의 질문은 날카로웠다. "건물신축자금은 어디서 났느냐? 토지 사용에 대한 임대료를 지급했느냐"

순간 Y씨는 말문이 막혔다.

'우리 가족끼리 한 일인데… 이런 것까지 문제 삼는다고?'

✎ 아무리 가족이어도 경제적 이익을 누리면 증여세를 피할 수 없다.

세법은 가족관계보다 **경제적인 이익의 흐름**을 본다. 부모님의 토지를 아무 대가 없이 사용했다면, 그 자체로 증여로 볼 수 있다. 단순히 가족끼리 사용한다고 해서 증여세가 면제되는 건 아니다.

그리고 증여세 무신고의 경우 최대 15년 동안 과세가 가능하다. 지금처럼 10년 전에 건물을 지은 경우라도, 세무서는 그 자금의 출처나 토지 사용 관계를 다시 들여다볼 수 있다.

✎ 재산취득자금 출처조사와 증여세

최근 상속·증여 조사에서 세무서는 단순히 등기 명의만으로 판단하지 않는다. 자산을 실제로 취득할 수 있었는지, 객관적인 자금 흐름을 확인하는 것이 핵심이다. 즉, 예금·급여·사업소득·배당금·기존 자산 처분대금 등 입증할 수 있는 자금 근거가 있어야 '본인 자금으로 취득'했다고 설명할 수 있다.

반대로 자녀가 뚜렷한 소득이나 예금 없이 건물 신축이나 고가 주식 매수했다면 세법은 이를 정상적 경제활동으로 보지 않는다. 국세청은 부족한 금액을 부모 등으로부터 증여받은 것으로 추정해 증여세를 부과할 수 있다.

따라서 상속·증여 조사에서 핵심은 명의가 아니라 자금 흐름의 실질이며, 가족 간 지원이라도 객관적 근거가 없으면 과세 대상이 될 수 있음을 유념해야 한다.

✒️ 아버지 토지를 무상 사용하면 사용이익에 대하여 증여세 내야!

부모 소유 토지를 대가 없이 사용하는 경우 세법은 이를 단순 호의가 아닌 경제적 이익 이전으로 보고 증여로 간주한다. 다만, 모든 무상사용이 곧 증여세 과세로 이어지는 것은 아니다. 「상속세 및 증여세법」은 부동산 무상 사용이익에 일정 기준과 한도를 두고 있다.

세법상 무상 사용이익은 해당 부동산을 정상 임차했을 때 부담했을 사용대가를 기준으로 산정하며, 이 가액이 1억 원 이상일 때만 증여세가 부과된다. 즉, 1억 원 미만이면 과세하지 않는다.

무상 사용이익은 원칙적으로 5년 단위로 계산된다. 사용기간이 5년을 초과하면 최초 개시일로부터 5년이 지난 다음 날부터 새로운 5년 단위로 무상 사용이익을 산정하고, 이때도 1억 원 이상일 경우에만 증여세가 적용된다.

> 부동산 무상 사용이익=부동산 가액×2%×3.7908(이자율 10% 시 5년간 연금의 현가율)

✒️ 아버지는 토지임대업으로, 아들은 건물임대업으로 각각 사업자등록을 한다면

아버지의 토지 위에 건물을 올려서 타인에게 임대료를 받을 때 적당한 대가를 지급하면 어떨까? 이런 경우에는 아버지는 토지임대로 해서 사업자등록을 하고, 자녀는 건물임대로 해서 사업자등록을 각각 진행한다. 그리고 자녀는 적정 토지임대료를 아버지에게 지급하고 세금계산서를 받으면 된다. 이렇게 되면 아버지는 소득이 발생하고 관련 소득세 부담이 생긴다. 그렇다면, 대가를 얼마로 해야 적정할까? 인근 유사 토지 임대료 시세에 맞춰서 하면 된다. 만일 현금 여유가 있다면 전세로도 가능하다.

아버지와 아들이 공동으로 사업을 하면 증여세 피할 수 있을까?

가족 간 공동사업, 특히 부모의 토지와 자녀의 건물을 결합해 임대사업을 운영하는 구조에서는 겉으로 갖춘 형식보다 실제 사업이 어떻게 이루어지고 있는지가 훨씬 중요하다. 공동사업자라는 이름으로 등록되어 있더라도, 자금의 부담과 운영의 실질이 한쪽에만 집중되어 있다면 국세청은 이를 공동사업으로 보지 않고 명의만 빌려준 형태로 판단할 수 있다. 이 경우 다른 한쪽은 증여세나 부동산 무상 사용이익 과세라는 예상치 못한 세금 위험에 노출될 수 있다. 결국 가족이라는 관계는 세법 앞에서는 아무런 보호막이 되지 않는다.

✏️ 공동사업으로 인정받기 위해 가장 먼저 필요한 것은 동업계약서다.

말로 합의한 약속은 세무조사나 상속세 신고 과정에서 아무런 효력을 가지지 못한다. 계약서에는 토지와 건물이 어떻게 기여되었는지, 손익은 어떤 기준으로 나누는지, 누가 사업을 관리하고 운영하는지, 대출금과 각종 비용은 어떻게 부담하는지, 그리고 사업이 종료되면 자산을 어떻게 정리할 것인지까

지 구체적으로 담겨 있어야 한다. 이 계약서는 단
순한 형식 문서가 아니라, 훗날 무상사용이 아니
라 실질적인 공동사업이었다는 점을 입증하는 핵
심 자료가 된다.

✍ 손익 분배 비율은 자산 가액만으로 결정해서는 안 된다.

토지와 건물의 평가액이 같다고 해서 반드시 수익을 반반 나눠야 하는 것
은 아니다. 세법은 자산의 가치뿐 아니라 실제로 누가 사업을 운영하고 어떤
역할을 했는지를 함께 본다. 자녀가 임대차 계약 체결, 월세 수납, 세금 신고,
건물 유지보수 등 대부분의 실무를 전담하고 있다면, 그 노무와 관리 기여도
를 손익 분배 비율에 반영하는 것이 합리적이다. 자산 가액은 5 대 5이지만
손익을 부모 3, 자녀 7로 나누는 구조도 충분히 인정될 수 있다. 다만, 이러
한 비율 조정은 말이 아니라 증빙으로 설명되어야 하며, 계약 체결 주체·비용
지출 내역·관리 흔적 등이 명확하게 남아 있어야 한다.

✍ 동업 계약이 갖춰졌다면 공동사업자로 사업자등록을 해야 한다.

이때 토지나 건물을 현물로 출자하기보다는 사용권을 출자하는 방식으로
약정해야 불필요한 양도소득세 문제를 피할 수 있다. 사용권 출자란 토지나
건물의 소유권은 그대로 부모 또는 자녀에게 유지한 채, 공동사업을 수행하
는 동안 해당 부동산을 무상 또는 약정된 조건으로 사용할 수 있는 권리만을
공동사업에 제공하는 것을 말한다. 즉, 소유권은 이전되지 않고, 단지 사업에
필요한 이용권만을 출자하는 구조다.

✏️ 공동사업에서 무엇보다 중요한 것은 사업용 계좌를 통한 관리이다.

임대료 수입, 관리비, 수리비, 세금 납부 등 모든 거래는 공동사업 전용 계좌 하나로 처리해야 한다. 그렇게 해야 수입과 지출이 명확히 파악되고, 매월 손익을 계산해 정해진 분배 비율대로 개인 계좌로 이체하면 소득 귀속이 명확해진다.

반대로 개인 통장을 섞어 쓰면 경비 인정이 어렵고, 소득을 대신 사용한 것으로 오해받아 증여세 문제가 생길 수 있다. 실제로 자녀 명의로만 공동사업 계좌를 운영하고 부모 지분 소득을 이전하지 않는 경우 부모의 소득을 자녀가 사용한 것으로 간주하여 증여세가 부과되기도 한다. 따라서 매월 말 손익 분배에 따라 실제로 돈을 이전하는 것이 세무상 가장 안전한 방법이다.

✏️ 대출 관리 역시 공동사업의 관점에서 이루어져야 한다.

건물 신축이나 리모델링용 대출은 공동사업자 전원 명의가 이상적이지만, 현실에서는 신용도나 담보 문제로 한 사람 명의로 대출받는 경우가 많다. 이 자체는 문제가 되지 않지만, 이후 자금 관리가 핵심이다.

한 사람 명의 대출이라도 대출금은 반드시 공동사업계좌로 입금하고, 매월 이자와 원금 상환도 공동사업 전용 계좌에서 이루어지도록 해야 한다. 그래야 대출이 개인 채무가 아닌 공동사업 채무로 인정되어 임대소득에서 필요경비로 공제받을 수 있다.

이처럼 자금이 공동사업에 사용되고 계좌 관리가 일관되면, 향후 상속 발생 시 피상속인 지분에 해당하는 공동사업채무를 피상속인의 상속채무로 인정받을 근거가 된다. 결국 대출 명의보다 중요한 것은 자금 사용과 관리 흐름을 명확히 기록하는 것이다.

✎ 이자비용은 공동사업과 관련된 비용만 필요경비로

자녀가 공동사업 출자를 위해 개인적으로 대출받고 이자를 부담했다면, 그 비용은 공동사업 경비가 아니라 자녀 개인이 부담해야 하는 비용이다. 출자 과정에서 발생한 금융비용은 사업 운영과 직접 관련되지 않고, 출자자가 자신의 지분을 확보하기 위해 감수한 개인적 비용이기 때문이다.

공동경비로 인정되는 이자비용은 사업이 이미 시작된 후, 공동사업 명의로 대출받아 사업 운영에 사용되고 계좌를 통해 관리하는 경우로 한정한다. 예를 들어 임대사업 시작 후 리모델링, 시설 개선, 운영자금 확보를 위해 공동 대출받고, 상환과 관리가 공동사업 전용 계좌에서 이루어졌다면 이자는 사업 경비로 인정된다.

따라서 출자 단계와 사업 단계의 금융비용을 구분해야 한다. 먼저 각자가 자기 자금으로 출자하고, 이후 사업 운영자금은 공동으로 대출하는 방식이 바람직하다. 가족 공동사업은 신뢰로 시작되지만, 세법은 기록과 자금 흐름만을 기준으로 판단하므로 초기부터 구조와 관리 체계를 명확히 해 두는 것이 세무조사나 상속 과정에서 불필요한 분쟁과 세금 위험을 방지하는 현실적인 방법이다.

Part 11.

상속세의 신고와 납부

신고는 끝났는데, 상속세는 어떻게 내야 할까?

상속세와 증여세는 정부 부과 방식으로, 상속이 개시되거나 증여재산을 취득하면 납세의무자는 이를 신고해야 하고, 국세청은 조사를 거쳐 세액을 확정·통지한다. 신고는 단순 형식이 아니라 과세 확정의 필수 단계이며, 상속세는 상속개시일이 속하는 달의 말일부터 6개월(국외 주소자 9개월) 이내 신고·납부 해야 한다. 기한을 넘기면 무신고·납부지연가산세가 부과될 수 있어, 법정 기한 내 반드시 신고해야 한다.

납부는 원칙적으로 일시납이지만 분납·연부연납(최대 10년)·물납(부동산·유가증권)도 가능하며, 관할 세무서장의 허가가 필요한 때도 있다. 사전증여재산은 상속 개시 전 10년(상속인) 또는 5년(상속인 외) 이내 증여재산을 상속재산에 합산하며, 누락 시 상속세 추징과 가산세 위험이 있다.

신고 준비 단계에서 서류 확보가 중요하다. 인적 사항을 입증하기 위해 사망진단서, 제적등본, 가족관계증명서, 상속인 주민등록등본 등이 필요하다. 상속재산분할을 위해 협의서·상속포기 신고서·유언장 등도 필수이며, 이는 상속세 산정과 향후 분쟁 예방에 핵심 자료다.

부동산은 등기부등본, 토지·건축물대장, 주택 공급계약서를 준비해야 하며, 사망 전 증여한 부동산은 사전증여재산으로 포함해 신고해야 한다. 상장주식은 증권사 잔고증명서, 비상장주식은 회사 재무제표·결산서·주식 변동명세 등 자료를 확보해 객관적 평가가 필요하다. 금융재산은 최근 10년간 계좌 거래 내역과 보험 관련 서류까지 포함해 증빙을 갖추어야 사전증여 여부와 신고 적정성을 확인할 수 있다.

기타 재산으로는 금전, 주식, 채권, 퇴직금, 미수령 급여, 가상자산, 사업 영업권 등 모든 재산적 가치가 있는 권리와 자산을 포함하며, 항목별 증빙이 필수다. 채무는 공과금, 장례비, 금융채무, 미지급 급여, 임대보증금 등 객관적 증빙으로 확인해야 공제할 수 있으며, 단순 확인서만으로는 인정되지 않는다.

결국 상속세 신고는 재산 목록 작성과 평가, 증빙 확보, 채무 확인, 사전증여 점검 등 철저한 준비와 숫자 관리가 핵심이다. 신고와 납부를 정확히 마쳐야 상속 과정의 마침표를 찍고, 불필요한 추징이나 분쟁을 예방할 수 있다.

상속세 납부 자금
종신보험 등 금융상품으로
미리 준비해야

상속세 신고하다 보면, 돌아가신 부모님의 재산 대부분이 부동산으로 이루어진 경우를 자주 접하게 된다. 이럴 때 상속인들은 상속세를 납부할 현금이 부족해 급히 자금을 마련하느라 큰 부담을 안게 된다. 부모님을 잃은 슬픔을 충분히 애도할 시간조차 없이, 세금 문제부터 해결해야 하는 현실이 안타깝고 애처롭게 느껴질 때도 많다.

이처럼 상속세 납부 능력이 부족한 상속인들을 위해 세법은 **물납과 연부연납**이라는 제도를 마련해 두고 있다. 물납은 상속세를 현금으로 납부하기 어려운 경우, 부동산이나 유가증권과 같은 재산으로 세금을 대신 납부할 수 있도록 한 제도이다. 반면 연부연납은 납세담보를 제공하는 것을 전제로 상속세를 최대 10년에 걸쳐 나누어 납부할 수 있도록 허용하는 제도이다.

다만, 이 두 제도 역시 한계가 분명하다. 물납은 국가에 재산을 이전하는 방식이므로 실질적으로는 자산을 처분하는 것과 동일한 효과가 발생한다. 이 과정에서 양도소득세 문제가 함께 검토되어야 하고, 재산의 권리관계가 불분명하거나 관리·처분이 부적당하다고 판단되면 물납 허가가 거부될 수도 있다. 연부연납의 경우 납세담보를 반드시 제공해야 하며, 분할 납부 기간 동안

연 3.1%(2025년 기준)의 이자 상당액을 추가로 부담해야 한다는 점에서 결코 가벼운 선택은 아니다.

✏️ 상속세 납부에 필요한 자금을 금융상품으로 미리 준비해야

부모님의 재산을 지키면서 상속세 납부 자금을 미리 마련하는 방법으로 종신보험이 주목받고 있다. 종신보험은 피보험자가 사망할 때까지 보장되며, 사망 시 약정된 보험금이 지급되므로 상속세 일시 납부 재원으로 유용하다. 최근 국내에서도 부동산 가격 상승으로 상속세 부담이 커지면서 자산가들의 가입이 늘고 있다. 다만, 계약 구조에 따라 보험금이 상속세 과세 대상이 되거나 제외될 수 있으므로 주의가 필요하다.

종신보험의 핵심은 **계약자, 피보험자, 수익자 세 주체**를 이해하는 것이다. 계약자는 보험계약을 체결하고 보험료를 납부하며, 계약 변경·해지·수익자 지정 등 권리를 행사한다. 피보험자는 사망보험금 지급 기준이 되는 사람으로, 사망 시 보험금 지급이 확정된다. 수익자는 보험금을 실제로 받는 사람으로, 지정에 따라 상속세 과세 여부나 증여세 문제가 결정된다. 따라서 상속세 절세 목적으로 종신보험을 활용하려면 세 주체의 역할과 세법상 효과를 정확히 이해하는 것이 필수적이다.

〈보험계약 당사자에 따른 과세 체계〉

계약자	피보험자 (사망 시)	수익자	사망보험금	설　명
父	父	子 or 母	상속세 과세	
子	父	子	상속세 과세 제외	만일 타인으로부터 재산을 증여받아 보험료 납부 시 증여세 부과
子	父	母	상속세 과세 제외	母에게 증여세 과세
父	父	제3자(孫子)	상속세 과세	상속인 아닌 자가 유증을 받은 것으로 보는 것
子	父	제3자(孫子)	증여세 과세	제3자에게 증여세 과세
子	子	父	상속세 과세	– 父가 선순위상속인에 해당 시 상속인 상속세 – 父가 선순위상속인에 미해당 시 상속인 아닌 자가 유증을 받은 것으로 보아 상속세

　종신보험의 세금 효과는 계약 구조에 따라 크게 달라진다. 보험료를 피보험자인 부모가 납부하고, 수익자를 자녀로 지정하면 보험금은 부모 재산에서 형성된 것으로 간주하여 상속세 과세 대상이 된다. 반대로 보험료를 자녀가 직접 납부하고, 피보험자를 부모로 설정하면 보험금은 자녀 고유재산으로 인정되어 상속세 과세에서 제외된다.

　핵심은 보험계약자와 수익자를 자녀로 일치시키는 것과 보험료 납부 자금이 실제로 자녀의 소득에서 나왔음을 입증하는 것이다. 단순 명의 변경만으로는 절세 효과를 얻기 어렵다. 따라서 상속세 재원 마련용 종신보험을 설계할 때는 보험료 납부 능력과 자금 출처까지 고려해 상속세 전문 세무사와 함께 구조를 꼼꼼히 검토하여야 한다.

상속재산 5억 원 남짓,
상속세 신고 꼭 해야 할까?

상속세는 피상속인이 사망함에 따라 남긴 재산이 상속인에게 이전될 때 부과되는 세금이다.

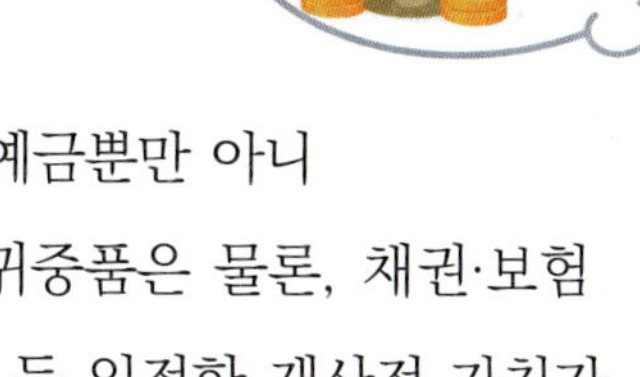

이때 상속재산에는 현금과 예금뿐만 아니라 부동산, 유가증권, 차량, 귀중품은 물론, 채권·보험금·임차보증금, 사전증여재산 등 일정한 재산적 가치가 있는 권리도 포함된다.

다만, 상속세는 단순히 상속재산의 총액에 대해 부과되는 것이 아니라 피상속인의 채무, 장례비용, 각종 상속공제를 차감한 과세표준을 기준으로 산정된다.

이처럼 공제와 차감 항목을 반영한 후 최종적으로 계산된 금액에 대해 상속인이 상속세를 신고·납부 하게 된다.

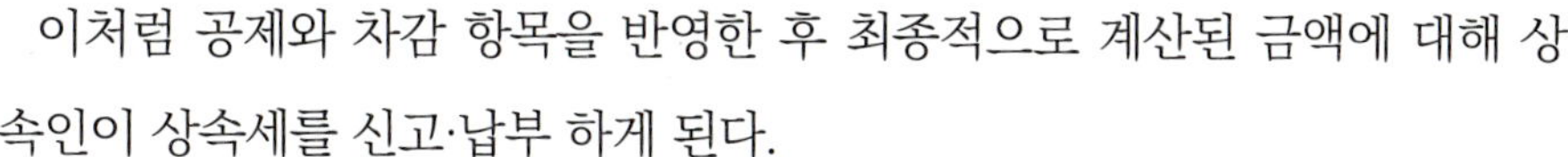

📝 '5억 원 기준'의 의미

일반적으로 "상속재산이 5억 원 이상이어야 상속세를 낸다"라고 알고 있다. 여기서 말하는 5억 원은 바로 상속세 일괄공제 금액을 의미한다. 즉, 상속재산가액에서 일괄공제 5억 원을 차감할 수 있기 때문에, 상속재산이 5억 원을 초과하지 않을 때는 실제로 세금을 납부할 가능성이 작다.

그러나 이러한 기준은 어디까지나 상속세 제도를 단순화한 설명일 뿐이며, 실제 상속세 계산 과정에서는 여러 변수가 함께 작용한다. 대표적으로 피상속인이 사망 전 10년 이내에 상속인에게 증여한 재산은 상속재산에 합산하여 과세표준을 계산한다. 겉으로 드러난 상속재산은 4억 원대에 불과하더라도, 과거 증여재산을 포함하면 총 상속재산가액이 6억 원 이상으로 늘어나 상속세가 과세되는 사례도 적지 않다.

또한 상속세는 실제로 세금을 납부하느냐 여부만이 중요한 것이 아니라, 신고를 통해 부동산의 평가액이나 적용할 수 있는 공제액을 확정적으로 인정받는 절차가 매우 중요하다. 따라서 단순히 **"5억 원 미만이니 괜찮다"**라고 판단했다가는 정당하게 받을 수 있는 공제를 놓치거나 추후 세무조사 등 불필요한 세무상 불이익이 생길 수 있다.

📝 상속재산이 5억 원 미만일 때 상속세 신고 안 해도 될까?

상속재산가액이 5억 원 미만이라도 상속세 신고를 생략하는 것이 항상 안전한 것은 아니다. 사전증여재산이 있거나 상속포기로 인해 후순위자가 상속받는 경우와 향후 양도소득세 절세를 고려할 때는 신고가 바람직하다.

①	부동산 가액 확정: 상속세 신고를 통해 감정평가를 해 두면, 향후 양도 시 취득가액으로 확정되어 양도소득세 부담을 줄일 수 있다. 신고를 생략하면 국세청 기준시가로 취득가액이 결정되어 추후 양도소득세 부담이 커질 수 있다.

②	증여재산 합산 확인: 사망 전 10년 이내 상속인에게 증여한 재산은 합산 대상이므로, 신고를 생략하면 추후 가산세 등 세무상 불이익이 생길 수 있다.

③	분쟁 예방: 상속세 신고를 통해 상속재산 범위와 평가액, 세금 관계를 공식화하면 상속인 간 오해나 법적 분쟁을 예방할 수 있다.

실제 사례에서 상속재산이 4억 5천만 원이었지만, 사망 3년 전 증여가 합산돼 7억 원이 되어 상속세가 과세된 경우도 있다. 따라서 재산 규모가 작더라도 전문가와 상담해 신고 필요성을 검토하고, 기한 내 신고하는 것이 안전하다. 신고기한은 상속개시일이 속한 달 말일부터 6개월(상속인 중 해외 거주자가 있는 경우 9개월) 이내다.

결론적으로 상속세 신고는 단순 납부 절차가 아니라 권리 보호, 분쟁 예방과 합법적 공제 적용을 위한 필수 과정이다.

시세 20억 원 아파트 상속세 냈는데, 경매로 10억 원에 팔렸다. 세금 돌려받을 수 있나?

아버지의 갑작스러운 죽음은 슬픔만으로 끝나지 않았다. M씨는 2025년 1월 20일, 아버지의 상속재산을 정리하면서 아파트 한 채를 물려받았다. 감정평가 결과 가치는 20억 원. 세법은 냉정하게도 상속재산을 사망일 당시의 시가로 평가하라고 규정하고 있다. 결국 M씨는 감정평가법인을 통하여 20억 원으로 감정평가하여 7월 말에 상속세까지 모두 납부했다.

하지만 인생은 늘 예기치 못한 방향으로 흘러간다. 사업 실패로 상속받은 아파트가 경매에 넘어갔고, 결국 12월 단돈 10억 원에 낙찰되고 말았다. "실제 가치가 10억 원인데, 왜 나는 20억 원 기준으로 세금을 내야 하느냐"며 억울함을 호소하는 M씨. 과연 그가 많이 낸 세금을 돌려 받을 방법은 있을까?

✎ 상속재산의 평가는 원칙적으로 시가로 한다.

시가는 불특정 다수인 사이에 자유롭게 거래가 이루어질 때 통상적으로 성립된다고 인정되는 가액으로 하고 수용가격·공매가격·감정가격 등 시가로 인정되는 것을 포함한다. 평가기간은 상속개시일 전후 6개월, 증여재산의 경우에는 평가기준일 전 6개월부터 평가기준일 후 3개월까지 이내의 기간을 말한다.

✏️ 세금을 잘못하여 많이 냈다면 경정청구를 하여 돌려받을 수 있다.

상속세 신고기한이 지난 후 5년 이내에 관할 세무서장에게 청구할 수 있다. 다만, 결정 또는 경정으로 인하여 증가한 과세표준 및 세액에 대하여는 해당 처분이 있음을 안 날부터 3개월 이내에 경정을 청구할

수 있다. 또한 소득이나 그 밖의 과세물건 귀속을 제3자로 변경시키는 결정 또는 경정이 있을 때 등은 그 사유가 발생한 것을 안 날부터 3개월 이내에 결정 또는 경정을 청구할 수 있다.

✏️ 상속세는 다음의 사유에 해당하면 6개월 이내에 경정청구 할 수 있다.

상속세를 신고한 자 또는 상속세를 조사 결정을 받은 자는 다음의 사유에 해당하는 사유가 발생하면 그 사유가 발생한 날부터 6개월 이내에 결정이나 경정을 청구할 수 있다.

① 상속재산에 대해 피상속인 또는 상속인과 그 외의 제3자와의 분쟁으로 인한 상속회복청구소송 또는 유류분반환청구소송의 확정판결이 있는 경우로 상속개시일 현재 상속인 간에 상속재산가액이 변동된 경우. 확정판결에는 재판상의 화해·조정 기타 판결과 동일한 효력이 있는 것을

포함한다.

② 상속 개시 후 1년이 되는 날까지 상속재산의 수용·경매(「민사집행법」에 의한 경매를 말한다) 또는 공매된 경우로서 그 보상가액·경매가액 또는 공매가액이 상속세 과세가액보다 크게 하락한 경우

피상속인의 유증을 받아 상속재산을 취득한 자가 「민법」 제1115조의 규정에 따른 법원의 판결에 따라 당해 상속재산 중 일부를 법정 상속인에게 반환하는 경우 확정판결이 있는 날부터 6월 이내에 상속세 경정청구를 통하여 당초 신고 시 냈던 상속세 일부를 돌려받을 수 있다. 다만, 상속 개시 후 1년이 되는 날까지 상속세를 신고한 가액보다 크게 하락하였으나 일반 매매를 한 경우 경정청구의 대상이 아니다.

✏️ 상속세나 증여세 신고 후 매매 등이 있는 경우 평가심의위원회 평가심의를 거쳐 매매 등의 가액을 시가로 인정받을 수 있다.

상속·증여받은 재산의 시가에 대한 평가심의위원회의 심의를 거치고자 하는 납세자는 상속세 과세표준 신고기한 만료 4월 전(증여의 경우 증여세 과세표준 신고기한 만료 70일 전)까지, 다만, 평가 기간이 경과한 후부터 상속(증여)세 과세표준 신고기한 후 9(6)개월 기한까지의 기간에 매매 등이 있는 경우에는 해당 매매 등이 있는 날부터 6개월 이내에 납세지 관할 지방국세청장에게 신청하여 심의를 거쳐 매매 등의 가액을 시가로 인정받을 수 있다. 따라서 상속세 신고 후 재산 가액이 급락하여 평가심의 기간 내에 매매하는 경우 평가심의를 통해 심의 결과에 따라 경정청구를 하여 세금을 돌려받을 수 있다.

연대납세의무의 그림자, '일시 납부와 연부연납의 갈림길에서의 갈등의 시작'

아버지의 사망으로 상속이 개시되었고, 상속인은 오빠 M씨와 여동생 K씨, 두 사람이었다. 상속세는 약 10억 원으로 계산되었다. 금융자산이 비교적 많은 M씨는 상속세 신고와 동시에 일괄 납부하는 방향을 원했지만, 현금 여력이 부족했던 K씨는 10년에 걸친 연부연납을 희망했다.

이를 두고 세무사는 중요한 사실을 설명했다. 상속세는 각자의 지분만큼만 책임지는 것이 아니라 상속인 전원이 연대납세의무를 진다는 점이었다. 즉, 한 사람이 자신의 몫을 제때 납부하지 않으면, 다른 상속인에게도 납부 책임이 돌아갈 수 있다는 것이다. 다만, 대신 납부한 금액에 대해서는 이후에 구상권을 행사하여 돌려받을 수 있다고 안내했다.

이 설명을 들은 M씨의 고민은 깊어졌다. 연부연납을 선택하면 이자를 추가로 부담해야 하고, 혹시라도 여동생이 제때 세금을 내지 못하면 세무서에서 본인에게 강제징수를 할 수도 있다는 사실이 마음을 무겁게 했다. '나 혼자 모든 위험을 떠안게 되는 것은 아닐까'라는 걱정이 꼬리를 물었다.

이제 M씨에게 남은 선택지는 생각보다 쉽지 않았다. 과연 이 남매는 어떤 결정을 내렸을까?

상속세 신고납부는 6개월 이내 일시납·분납·연부연납방법을 선택할 수 있다.

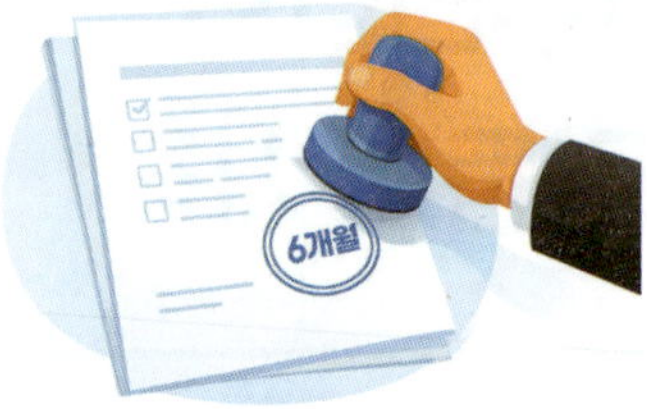

상속세 납부 의무가 있는 상속인 또는 수유자는, 상속이 개시된 날이 속하는 달의 말일부터 6개월 이내에 상속세 과세표준 및 세액을 산정하여 납세지 관할 세무서장에게 신고·납부 하여야 한다. 이는 「상속세 및 증여세법」에서 정한 기본적인 신고·납부 의무이다.

다만, 피상속인 또는 상속인 중 1인이라도 외국에 주소나 거소를 두고 있는 경우에는, 신고·납부 기한이 일반적인 기한보다 연장되어 상속개시일이 속하는 달의 말일부터 9개월 이내로 적용된다. 이는 해외 거주로 인한 재산 파악 및 절차상의 어려움을 고려한 특례 규정이다.

또한 상속세 신고기한까지 상속인이 확정되지 않으면 단순히 신고를 생략할 수 있는 것이 아니라 상속인이 확정된 날부터 30일 이내에 확정된 상속인의 성명, 상속 관계, 지분 관계 등을 명시하여, 납세지 관할 세무서장에게 별도로 제출해야 한다. 상속세 신고기한 내에 과세표준을 신고하면 상속세에서 100분의 3에 상당하는 금액을 공제한다. 다만, 신고세액공제는 추후 상속재산이 누락되어 상속세가 과세되는 경우에는 공제받을 수 없다.

상속세를 분납하면 2개월 동안 자금을 활용할 수 있고, 분납하더라도 이자가 붙지 않는다.

상속세 또는 증여세 등 국세에서 납부할 금액이 1천만 원을 초과하는 경우

일부 금액을 분할하여 납부할 수 있다. 이때 분할 납부는 최초 신고·납부 기한이 지난날부터 2개월 이내에 할 수 있도록 허용된다. 다만, 이미 연부연납에 대해 허가받으면 이러한 분납 제도는 중복으로 적용되지 않는다.

분할 납부가 가능한 금액의 범위는 납부해야 할 세액의 규모에 따라 달라진다.

우선, 납부할 세액이 2천만 원 이하이면 1천만 원을 초과하는 부분에 대해서만 분할 납부가 가능하다. 다시 말해, 최소 1천만 원은 기한 내에 납부해야 하며, 그 초과 금액만을 나누어 낼 수 있다.

반면, 납부할 세액이 2천만 원을 초과하면 납부할 세액의 50% 이내 금액까지를 분할 납부의 대상으로 할 수 있다. 이는 납세자의 일시적인 자금 부담을 완화하는 동시에, 국가 재정의 안정성을 함께 고려한 제도적 장치라고 볼 수 있다.

이와 같은 분납 제도는 상속세 납부로 인해 과도한 유동성 부담이 발생하는 것을 방지하고, 현실적인 자금 운용이 가능하도록 돕기 위한 장치로 활용되고 있다.

📝 **상속세 연부연납은 최장 10년까지 매년 1회 분할 납부 가능하나 연 3.1%의 이자 부담과 담보제공을 해야 한다.**

상속세 연부연납제도는 거액의 상속세를 한 번에 납부하기 어려운 경우 납세자의 부담을 완화하고 재산 이전을 원활히 하기 위해 마련된 제도다. 일정 요건을 충족하면 상속세를 최장 10년(가업상속 등 특수 경우

20년)까지 나누어 납부할 수 있으며, 잔여 세액에는 연부연납가산금이 부과된다.

연부연납 허가를 받으려면 국가에 담보(부동산, 유가증권, 보증보험증권 등)를 제공해야 하며, 담보가액은 허가 세액(연부연납가산금 포함)의 120%(보증보험증권의 경우 110%)이어야 한다. 이 제도는 상속재산의 강제 매각을 막고, 가업이나 부동산 등 주요 자산을 유지하면서 세금을 안정적으로 납부하도록 돕는 목적이 있다.

다만, 이는 편의 제도가 아니라 세무서장 심사를 거친 재량적 행정처분으로서 전(全) 재산 구조 분석과 장기 자금 계획이 필수적이다. 분할 납부 일정이 지켜지지 않으면 허가 취소와 즉시 징수도 가능하므로 신중히 활용해야 한다.

✍ M씨의 결정, 본인은 금융재산으로 일시납을, 여동생은 담보제공으로 연부연납을 선택

위 사례에서 남매는 상속세 납부 방식에 현실적 타협을 찾았다. 오빠는 자신의 상속세를 일시 납부하기로 하고, 여동생은 거주 중인 남편 명의 주택을 담보로 연부연납을 신청했다. 담보가 제3자 명의이지만 실질적으로 여동생 소유 주택에 설정되어 있어서 오빠는 동생이 체납하더라도 담보권 실행으로 조세 채권이 확보될 수 있다는 점을 고려해 동의했다.

이 사례는 상속세가 개인 문제에 그치지 않고, 연대납세의무 때문에 다른 상속인의 체납도 영향을 미칠 수 있음을 보여준다. 따라서 상속에서는 '누가 부담할 것인가'보다 '어떤 방식으로 납부할 것인가'에 대한 합의가 핵심이다. 상속인 각자의 자산 구조, 유동성, 담보 가능성 등을 종합적으로 고려하지 않으면, 예상치 못한 분쟁이나 재정적 위험이 발생할 수 있다.

실무적으로는 현금성 자산이 많은 상속인에게 납세 재원을 우선 배분하고, 환금성이 낮은 자산을 가진 상속인은 담보나 연부연납을 활용하는 식으로 세금 부담 구조를 재설계하는 것이 합리적이다. 결국 상속세 문제는 단순한 세무 이슈가 아니라 가족 간 신뢰와 합의를 기반으로 한 공동 재정 전략으로 설계해야 한다. 따라서 사전의 충분한 논의와 계획만이 분쟁을 예방하고 서로를 보호하는 장치가 될 수 있다.

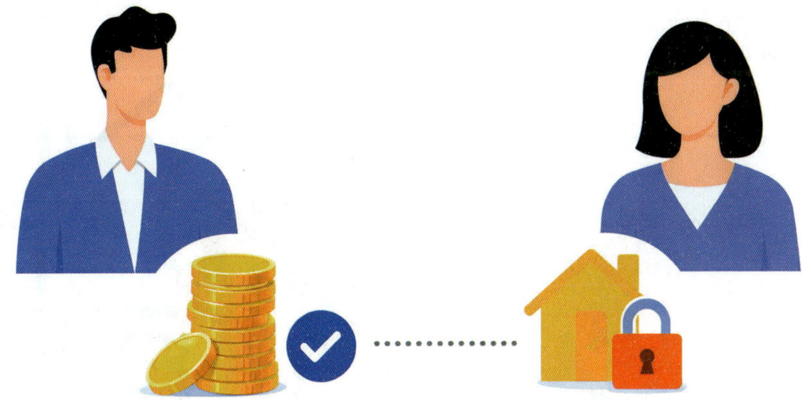

Part 12.

상속세(증여세) 세무조사

상속의 마무리,
피상속인의 삶의 흔적이 드러난다.

상속세는 납세자가 계산하여 신고한다고 해서 그 자체로 확정되는 세금이 아니다. 상속세는 전형적인 '정부부과결정세목'으로서 상속세 신고 이후 과세관청의 확인과 검증 절차를 거쳐 비로소 과세 관계가 확정된다. 즉, 신고는 출발점일 뿐이고 실질적인 마무리는 상속세 세무조사를 통해 이루어진다.

과세관청은 상속세 신고 내용에 대하여 상속재산이 적정하게 평가되었는지, 금융재산의 누락은 없는지, 각종 공제항목이 법정 요건을 충족하는지, 나아가 부과제척기간 내에 무신고 된 사전증여는 없는지를 종합적으로 검증한다. 이 일련의 절차가 바로 상속세 세무조사이다.

문제는 정보의 비대칭이다. 과세관청은 금융정보분석, 과거 신고 이력, 연결된 관련인의 거래자료까지 폭넓은 정보를 확보하지만, 상속인은 제한된 자료와 기억에 의존할 수밖에 없다. 이에 따라 상속세 세무조사 과정에서 상속인은 구조적으로 약자의 지위에 놓이게 되고, 결과적으로 수백만 원에서 수십억 원에 이르는 추징세액과 가산세까지 부담하는 사례가 적지 않다.

이러한 위험을 최소화하기 위해서는 상속세 세무조사의 전반적인 흐름과 핵심 쟁점을 정확히 이해할 필요가 있다.

✎ 상속세 세무조사의 진행 구조

상속이 개시되면 상속인은 상속개시일이 속하는 달의 말일부터 6개월 이내에 상속세를 신고·납부 해야 한다. 이후 국세청은 신고된 상속세에 대하여 서면 결정으로 종결할 것인지, 실지조사를 실시할 것인지를 검토한다.

실무상 상속세 실지조사는 상속세 신고 후 약 6개월에서 12개월 사이에 착수되는 경우가 많으며, 조사대상자로 선정되면 조사개시일 기준 20일 전에 세무조사 사전통지서가 발송된다.

세무조사의 일반적인 조사 기간은 90일이며, 사안의 복잡성에 따라 조사 기간이 연장되기도 한다. 이 과정에서 상속세는 「신고→조사→종결→사후관리」라는 일련의 흐름 속에서 장기간 관리되는 세목임을 인식할 필요가 있다.

〈상속세 세무조사 진행 흐름도〉

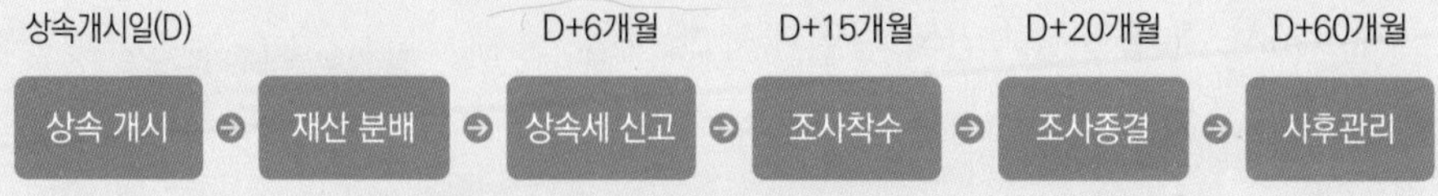

✎ 상속세 세무조사의 핵심 쟁점: 사전증여와 부과제척기간

상속세 세무조사의 핵심은 단순히 상속재산의 누락을 적발하는 데 그치지 않는다. 조사 과정에서 미신고된 사전증여재산의 적출, 피상속인이 사업을 운영하였으면 소득 누락 여부까지 조사 범위가 확대되는 경우가 빈번하다. 또한 조사 대상의 인적 범위 역시 피상속인에 국한되지 않고, 상속인 및 관련 사업체나 특수관계인까지 확장되는 사례가 많다.

세법상 과세관청이 세금을 부과할 수 있는 기간을 '부과제척기간'이라 한다. 증여세의 경우 무신고 시 부과제척기간은 15년, 소득세·법인세·부가가치세는 과소신고 시 5년이다. 상속세 세무조사에서는 통상 최근 10년간의 금융거래 내역을 중심으로 검증이 이루어진다. 하지만 15년 이내의 무신고 사전증여가 확인되면 소급하여 과세할 수 있다. 필자도 상속세 세무조사 대행을 하면서 실제로 경험한 적이 있다.

더 큰 문제는 가산세이다. 예컨대 10년 이상 지난 사전증여가 조사 과정에서 적발되면 본세보다 가산세 부담이 더 커지는 사례도 적지 않다. 또한 사업체의 매출 누락이나 임대료 미신고가 확인되면 관련 세목을 5년간 소급하여 추징당하는 위험도 존재한다.

✎ 세무조사 결과에 대한 불복 절차

세무조사 결과가 상속인의 관점에서 도저히 수용하기 어려운 경우, 세법은 납세자에게 조세 불복 절차를 허용하고 있다. 조세 불복은 크게 세 가지 단계로 구분된다. 먼저, 과세예고통지를 받은 날부터 30일 이내에 신청할 수 있는 과세전적부심사가 있다. 이후 납세고지가 이루어지면 행정심판(이의신청, 국세청 심사청구, 감사원 심사청구, 국세심판청구)을 거칠 수 있으며, 최종적으로는 행정소송으로 다툴 수 있다. 이론적으로 납세자는 과세전적부심사를 포함하여 행정심판 2회, 행정소송 3심까지 총 6차례에 걸쳐 권리구제를 시도할 수 있는 구조로 되어 있다.

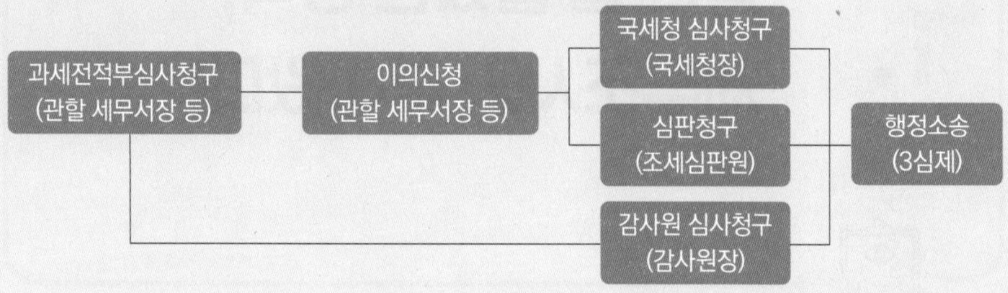

📝 상속세 사후관리의 중요성

상속세를 신고하고 세금을 냈다고 해서 모든 절차가 종료되는 것은 아니다. 예를 들어 가업상속공제를 적용받았으면 일정 기간 가업을 유지해야 하는 사후관리 요건이 존재하며, 이를 위반할 때 상속세와 이자 상당액까지 추징될 수 있다. 또한 상속재산 가액이 30억 원 이상인 고액 상속의 경우에는 상속개시일부터 5년이 되는 날까지 주요 상속재산과 부채의 변동사항에 대해 지속적인 관리 대상이 된다. 상속세는 단기간의 세금이 아니라 사후관리까지 포함한 장기 과세 영역임을 유념해야 한다.

상속세 세무조사는 신고 이후에 갑작스럽게 대응하는 영역이 아니다. 상속세 신고 이전 단계부터 세무 대리인과 상속인이 긴밀히 협조하여, 향후 세무조사에서 문제 될 수 있는 쟁점을 미리 점검하고 신고에 반영할지를 판단하는 것이 무엇보다 중요하다. 신고 단계에서의 선택 하나가 향후 세무조사 시 수억 원의 추징 여부로 이어질 수 있기 때문이다.

상속인의 불확실성을 줄이고 예측 가능성을 높이는 것이 상속세 세무조사에서 세무 대리인이 수행해야 할 가장 중요한 역할일 것이다.

끝난 줄 알았던 상속,
세무조사가 찾아왔다!

M씨는 갑작스러운 교통사고로 아버지를 떠나보내고, 슬픔이 채 가시기도 전에 상속이라는 현실적인 문제와 마주해야 했다. "상속세는 어떻게 하지?" M씨는 서둘러 지인의 소개로 상속 전문 세무사를 찾아가 도움을 받았다.

세무사의 조언에 따라 꼼꼼히 재산을 정리하여 빠짐없이, 법에서 정한 기한 안에 상속세 신고도 마쳤다. 그 순간만큼은 안도의 한숨이 나왔다. "이제 상속 문제는 끝났구나." 그렇게 2년이 흘렀다. 어느 날 집에 도착한 한 통의 우편물, 발신인은 세무서였다.

봉투를 뜯어본 순간, 눈앞이 아찔해졌다. "상속세 세무조사 사전통지서" M씨는 다시 불안에 휩싸였다.

"분명 제대로 신고했는데 왜 또 조사하는 거지? 혹시 뭔가 잘못된 게 있었나? 세무조사를 하면 다 털리는 것이 아닌가?" 가족들에게 말을 꺼내기도 어려웠다. 상속 문제로 마음고생을 이미 많이 했는데, 또다시 복잡한 일이 닥쳤으니 말이다.

✏️ 상속세는 신고만으로 끝나는 세금이 아니다.

　납세의무를 확정하는 방식은 **정부부과제도와 신고납세제도**가 있다. 신고납세제도는 납세자의 신고에 따라 세금을 확정하는 방식으로 주로 소득세와 부가가치세가 이에 해당한다. 다만, 이 경우에도 신고하지 않거나 탈세 사실 등이 확인되면 국세청이 세금을 다시 산정하여 결정한다. 정부부과제도는 납세자가 스스로 세금을 신고하면 국세청이 세무조사 등을 통하여 세금을 확정하는 방식으로 주로 상속세와 증여세가 이에 해당한다. 상속세와 증여세는 개인 간 거래로 탈세의 유인이 많아 이를 방지하기 위하여 정부에서 조사하여 세금을 결정하는 방식을 채택하고 있다.

✏️ 상속세의 결정 기간은 원칙적으로 상속세 신고기한 후 9개월 이내이다.

　상속세의 법정결정기간은 상속세 과세표준 신고기한부터 9개월 이내이다. 즉, 사망일이 2025년 6

월 1일이라면 상속세 신고기한은 2025년 12월 31일까지이고 국세청에서 세무조사를 통하여 결정하는 기한은 2026년 9월 30일이다.

　다만, 상속재산 또는 증여재산의 조사, 가액의 평가 등에 장기간이 걸리는 등 부득이한 사유가 있어 그 기간 이내에 결정할 수 없는 경우에는 그 사유를 상속인에게 알려야 한다.

　현실은 지방국세청은 6개월 이내, 세무서는 업무량에 따라 다소 다르며 1년에서 2년 이후 세무조사가 진행된다. 하지만, 상속재산이 적고 내용이 비교적 단순한 경우 간편한 서면조사로 종료된다.

✍ 상속세 세무조사 기간은 통상적으로 3개월 정도 진행된다.

상속세 세무조사는 일반적인 세무조사보다 기간이 길고 절차가 세밀하다. 이는 피상속인의 상속재산과 금융거래 내역을 면밀하게 확인하여 상속세를 추가로 부과할 필요가 있는지를 판단하기 위해서다. 우선, 상속재산 누락 여부를 검토하는데, 금융계좌·보험금·주식 등 금전적 가치가 있는 모든 재산과 권리뿐만 아니라 법률상·사실상 재산적 가치가 있는 권리까지 포함된다. 다만, 피상속인의 사망으로 소멸되는 일신에 전속된 권리는 상속재산에서 제외된다.

부동산 등 재산에 대해서는 신고된 공시가격이나 시가가 적절히 평가되었는지 국세청에서 감정평가를 통해 확인한다. 또한 사전증여재산의 합산 여부도 중요한데, 상속인에게 상속 개시 전 10년 이내, 상속인 외의 자에게 5년 이내에 증여한 재산은 상속재산에 합산된다. 이를 위해 국세청은 피상속인과 상속인의 금융거래 내역을 상속일로부터 소급하여 10년간 조사한다.

추정상속재산도 점검 대상이다. 사망 1~2년 이내에 발생한 큰 금액의 재산 처분, 예금인출, 채무 부담 등은 사용처가 입증되지 않으면 상속재산에 포함된다. 이와 함께 피상속인이 누락한 부동산 임대소득이나 사업소득은 종합소득세를 통해 추가 과세될 수 있으며, 상속개시일 전 특수관계인에게 저가로 양도한 부동산은 증여세 과세가액도 상속재산에 포함된다.

결국 상속세 세무조사는 재산과 거래 내역, 사전증여, 소득, 특수관계 거래까지 포괄적으로 검토하여 상속세를 확정하는 과정으로, 상속인의 권리 보호와 적법한 과세를 위해 필수적인 절차라고 할 수 있다.

✎ 상속세 조사가 끝난 후에도 상속채무와 30억 원 이상 되는 고액 상속재산은 사후관리 된다.

상속세를 결정할 때 공제받은 채무를 상속인이 스스로 변제하였는지 사후 관리를 한다. 만일 상속인이 변제할 능력이 없거나 변제한 경우 자금출처를 확인하여 증여받은 사실이 확인된 경우나 가공채무로 확인되면 증여세 또는 상속세를 부과한다.

결정된 상속재산의 가액이 30억 원 이상인 경우로서 상속 개시 후 5년 이 내에 상속인이 보유한 부동산·주식·금융재산·서화·골동품, 그 밖에 유형재산 및 무체재산권 등 주요 재산의 가액이 상속 개시 당시에 비하여 많이 증가하 였으면 그 결정한 과세표준과 세액에 탈루 또는 오류가 있는지를 다시 조사 할 수 있다.

명품 보석, 골드바, 코인, 부모 카드 절세비법일까? 아니면 세무조사 대상자로 선정되는 지름길일까?

30대 중반의 M씨는 평범한 직장인이었고, 자수성가한 아버지 덕분에 경제적으로 큰 어려움은 없었지만, 늘 '세금 없이 돈을 만드는 방법'에 관심이 많았다.

어느 날 술자리에서 친구 K씨가 "부모님 카드로 명품 가방과 시계를 사고 중고 거래로 현금화하면 증여세도 안 내고 돈을 만들 수 있다"며 "가상자산 지갑으로 받으면 국세청이 추적도 못 한다"라고 자신만만하게 말했다.

M씨는 이를 듣고 아버지 돈을 합법적으로 본인의 돈으로 만들 수 있다고 생각했지만, 아버지는 "이게 정말 괜찮은 방법일까?"라며 의문을 품었다. 결국 M씨는 세무사에게 상담받았다.

명품 구매 후 되팔기, 보석과 골드바 구매 후 현금화, 가상자산으로 자금 이동….

세무사의 대답은 단호했다.

"그건 절세가 아니라, 조사 대상으로 가는 가장 빠른 길입니다."

☑ 소득 대비 과다한 소비는 세무조사 위험성을 높인다.

　소득에 비해 과도한 소비는 단순한 생활 문제가 아니라 세무조사 선정의 핵심 위험 신호가 된다. 국세청은 신고된 소득과 실제 소비·재산 증가 수준의 차이를 분석해서 단기간 자산이 늘거나 고가 소비가 반복되는 납세자를 '소득 대비 소비 과다자'로 분류하고 조사 대상으로 선정할 수 있다.

　이때 활용되는 대표적 기법이 PCI 분석(Property·Consumption·Income)이다. 이는 신고 소득, 소비지출, 재산 증가를 종합 분석해 '현재 소비와 자산 형성이 소득으로 가능한지'를 판단하는 방식으로, 카드 사용 내역, 계좌 흐름, 부동산·주식 취득, 명품·귀금속 구매 기록은 물론 SNS 소비 흔적까지 분석 자료로 활용될 수 있다.

　분석 결과 [재산 증가액+소비 지출액>신고 소득액]의 구조가 반복되면, 국세청은 미신고 소득이나 증여 가능성이 큰 고위험군으로 분류한다. 특히, 부모나 친인척 자금이 반복 유입되었으나 차용증·이자 지급·상환 내역 등 객관적 증빙이 없으면 사전증여로 추정되어 증여세 과세로 이어질 가능성이 크다.

　결국 불명확한 자금 흐름은 PCI 분석을 통해 포착되어 자금출처조사, 증여세 및 가산세 부과로 연결될 수 있다. 따라서 고액 소비나 자산 취득이  예정되어 있다면, 자금 출처를 사전에 정리하고 금융거래의 실질을 입증할 수 있도록 준비하는 것이 가장 현실적인 리스크 관리 방법이다.

✐ 자녀가 챙긴 현금, 증여세 추징 대상이 될 수 있다.

자녀가 부모 자금으로 명품·보석·귀금속(골드바 포함)을 구매한 뒤 이를 되팔아 현금화하는 행위는 형식상 거래처럼 보일 수 있으나, 실질적으로는 경제적 이익이 자녀에게 이전된 것으로 해석될 가능성이 크다. 세법은 실질과세 원칙에 따라 외형이 아닌 실제로 누가 경제적 이익을 누렸는지를 기준으로 판단하며, 부모가 결제하고 자녀가 사용하거나 현금화했다면 증여세 과세 대상이 된다.

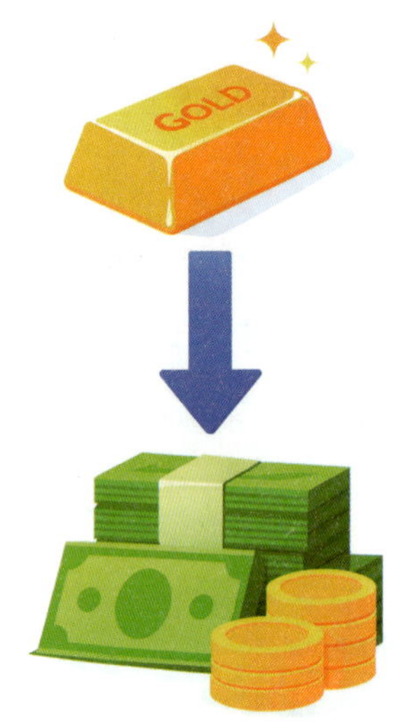

특히 골드바, 다이아몬드, 고가 시계 등 현금화가 쉬운 자산은 구매 목적과 합리적 사유가 입증되지 않으면 상속·증여세 과세 대상에 포함된다는 판례와 예규가 존재한다. 이러한 자산은 은닉이나 편법 이전에 활용되는 사례가 많아 과세당국이 엄격하게 판단한다.

민법상으로도 정상적인 생활비·교육비 범위를 넘어 재산상 이익을 이전하면 증여로 판단될 수 있으며, 이는 유류분 반환청구나 특별수익 산정 등 상속 분쟁의 핵심 쟁점이 된다. 문제는 이러한 거래가 생전에는 드러나지 않다가 사망 후 상속세 조사 과정에서 집중적으로 검증된다는 점이다.

상속세 조사에서는 과거 금융거래와 고가 소비, 자금 흐름이 분석되며, 사전증여로 분류되면 증여세와 가산세는 물론 상속재산가액 증가로 상속세 부담까지 커질 수 있다. 결국 이러한 방식은 절세가 아니라 과세 및 분쟁 리스크를 동시에 키우는 선택이 될 수 있으며, 고가 자산을 통한 자금 이전은 반드시 사전 검토와 문서화가 필요하다.

☑ 잦은 중고 거래, 사업성이 인정되면 부가가치세와 종합소득세도 내야 한다.

반복적으로 명품·보석 등을 매입해 되파는 행위가 일정 수준을 넘으면 단순 중고 거래가 아니라 영리 목적의 계속적 거래, 즉 '사업'으로 인정될 수 있다. 이 경우 사업자 등록 없이 영업하면 미등록 가산세가 부과

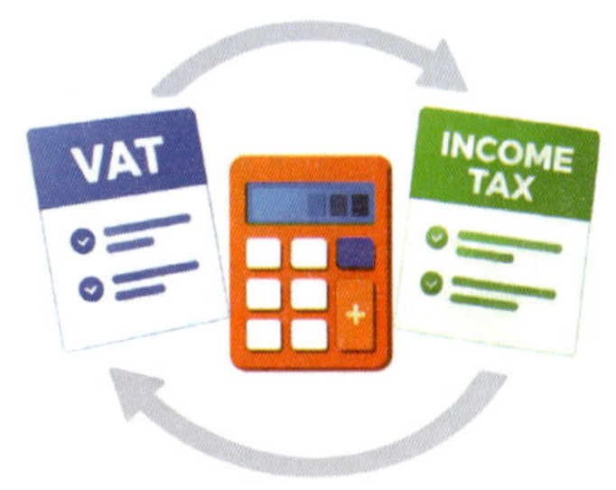

되며, 재판매 금액에는 부가가치세, 실제 이익에는 종합소득세를 부과한다.

특히 거래가 지속적·조직적으로 이루어지면 국세청은 이를 단순 소비가 아닌 과세 대상 경제활동으로 판단하며, 거래 플랫폼 기록, 계좌·카드 내역 등은 모두 과세자료로 활용된다. SNS 게시물과 중고 거래 활동 기록도 세원 관리 자료로 수집·분석되어, 반복적 고가 소비와 현금화 정황이 포착되면 소명 요구나 세무조사로 이어질 수 있다.

결국 반복적인 명품 재판매와 불명확한 현금 흐름은 증여세, 부가가치세, 종합소득세, 가산세 등 다중 과세 위험과 국세청 상시 모니터링 대상이 될 수 있음을 유념해야 한다.

☑ 가상자산 거래, 과연 세금의 사각지대일까?

2027년 1월 1일부터 가상자산 매매·대여로 생긴 소득 중 연 250만 원 초과분에는 22% 기타소득세가 부과된다. 국세청은 이미 거래 추적, 자료 수집, 과세 인프라 구축 등 준비를 상당 부분 진행 중이다.

가상자산을 아직 전면 과세하지 않는다고 해서 안전하지는 않다. 부모 명

의 코인을 자녀 지갑으로 무상 이전하면 거래 형식과 관계없이 사전증여로 보아 증여세가 부과될 수 있으며, 실제 거래 내역은 국세청 분석 대상이다.

결국 명품, 가상자산, 보석, 골드바 등을 통한 현금화는 안전한 절세가 아니라 고위험 탈세 시도로 판단될 수 있다. 이러한 행위는 증여세뿐 아니라 상속세 조사 과정에서 가산세, 추징, 자금출처조사로 이어질 위험이 있다. 자산 증식은 반드시 법과 세법 안에서 이루어져야 하며, SNS의 '절세 꿀팁'은 현실에서는 세무조사와 가산세로 돌아올 수 있음을 명심해야 한다.

갑자기 떠난 아버지,
그리고 뒤늦게 날아온
상속세 고지서

40대의 M씨는 개인사업으로 큰 성공을 거두며 누구보다 치열하게 살아온 사람이었다.

재산관리는 모두 본인 몫이었고, 아내는 가정과 아이들 곁을 지켜왔다.

해외 출장을 마치고 가족에게 돌아오려 했지만, 귀국길 비행기 추락으로 갑작스러운 죽음을 맞았다. 돌연사로 남겨진 가족에게 또 다른 충격이 닥쳤다.

수십억 원의 재산 중 상당액이 사용 내역이 없다는 이유로 상속재산으로 다시 계산되었다.

증빙 없는 생활비·병원비·사업 관련 지출은 추정상속재산으로 보아 상속재산에 포함되었다.

준비할 시간조차 없었던 가족들은 예상치 못한 막대한 상속세 부담을 떠안게 되었다.

사망 2년 이내에 재산처분, 예금인출, 대출받은 돈은 사용처를 밝혀야 한다.

사망 2년 이내에 재산을 처분하거나, 예금을 인출하거나, 대출받았을 때 상속인이 사용처를 밝혀야 한다. 구체적으로 사망일 전 1년 내 2억 원 이상, 2년 내 5억 원 이상의 재산처분·예금인출·채무가 있으면 사용 내역을 입증해야 한다.

현대사회는 핵가족화로 가족 간 경제생활이 개별화·비밀화되고, 상속인과 피상속인이 떨어져 사는 경우도 많다. 또한 우리나라 생활관습 상 영수증 등 증빙을 잘 보관하지 않고, 피상속인은 사망을 예상하지 않아 재산 상태를 자세히 알리지 않는 경우가 많다. 그 결과 재산 처분대금이나 채무 자금을 비밀스럽게 사용하는 경우가 있어, 돌연사나 불의 사고 시 상속인이 사용처를 입증하기 어렵다.

추정상속재산은 재산 종류별로 사망 전 1년 내 2억 원, 2년 내 5억 원

추정상속재산은 일정 금액 이상을 기준으로 판단하며, 현금·예금 및 유가증권, 부동산·부동산 권리, 기타 재산으로 구분한다. 예를 들어 사망일 전 2년 이내 부동산 처분대

금 5억 원, 예금인출 1억 5천만 원이 있었다면, 부동산 5억 원만 추정상속재산에 해당하며 사용처를 소명해야 한다.

입증 수준은 100%일 필요는 없다. 예를 들어 부동산 처분대금 5억 원 중 1

억 원만 입증했다면, 나머지 금액 중 재산처분액의 20%와 2억 원 중 적은 금액을 추정상속재산에서 차감해 준다. 사망 직전 상속인에게 일부 송금하거나 금고에 보관한 때도 기준 금액 미달이면 입증하지 않아도 되지만, 과세관청이 계좌추적 등을 통해 사전증여를 확인하면 상속세가 부과될 수 있다.

✎ 예금인출·재산 처분하는 때 사용처에 대한 입증 자료를 갖춰 놓아야!

세무 전문가들은 큰 금액을 인출하거나 자산을 처분할 때 반드시 영수증, 계약서, 송금 내역 등 증빙을 남기도록 권고한다. 이는 단순한 재산 관리가 아니라, 갑작스러운 사망 시 가족이 불필요한 세금을 부담하지 않도록 하는 안전장치다. M씨 가족 사례는 기록 없는 지출이 상속세 부담으로 이어지지 않도록 작은 기록 하나의 중요성을 보여준다.

✎ 사망 전 10년 금융거래와 세무조사

국세청은 상속세 조사에서 피상속인의 금융거래를 꼼꼼히 확인한다. 이는 사망 전 자녀나 배우자에게 재산을 증여하면서 신고하지 않았는지 확인하기 위해서다. 고액 인출, 반복 계좌이체, 특정 시점 집중 자금 이동 등은 주요 검토 대상이며, 단순 생활비나 의료비 지출도 규모·빈도·수령인 관계에 따라 사전증여로 판단될 수 있다.

상속개시일 전 10년 내 증여한 재산은 상속재산에 합산된다. 예를 들어 사망 3년 전에 아들에게 2억 원을 증여하고 신고하지 않았다면, 국세청은 이를 확인하고 증여세를 추징하며 해당 금액을 상속재산에 포함한다. 이미 납부한 증여세가 있으면 상속세에서 공제된다.

금융계좌 조사는 과거 10년간 거래를 대상으로 하며, 일정 금액 이상 반복 인출·이체, 가족 계좌 송금 내역, 증빙 없는 고액 자금 이동을 집중적으로 분석한다. 거래 목적이 명확하지 않거나 생활비·차용금으로 보기 어려운 금액은 사전증여 여부를 면밀하게 검토한다. 고의로 상속재산을 누락하거나 허위 신고가 확인되면 제척기간이 15년으로 연장되어 최대 15년간 거래까지 조사될 수 있다.

피상속인이 생전에 예금인출이나 재산처분 내역을 남기지 않으면 상속인이 큰 세금을 부담할 수 있다. 조사 과정에서 국세청은 사용처, 지급 대상, 금액 성격 등을 구체적으로 소명하도록 요구하며, 자료를 제시하지 못하면 사전증여나 상속재산으로 간주되어 상속세와 증여세가 동시에 부과될 수 있다.

모든 소액 거래를 기록할 필요는 없지만, 금액이 큰 거래는 반드시 증빙을 보관해야 한다. 자녀에게 돈을 빌려주었을 때 차용증 작성, 의료비·간병비 지출 시 영수증·이체 내역, 부동산 계약금·중도금 지급 시 계약서와 지급 내역을 준비하는 것이 바람직하다. 특히 사망 전 10년 이내 증여세 신고 없이 자녀 계좌로 송금하는 행위는 피해야 한다. 이렇게 하면 남은 가족의 세금 부담과 조사 스트레스를 줄일 수 있다.

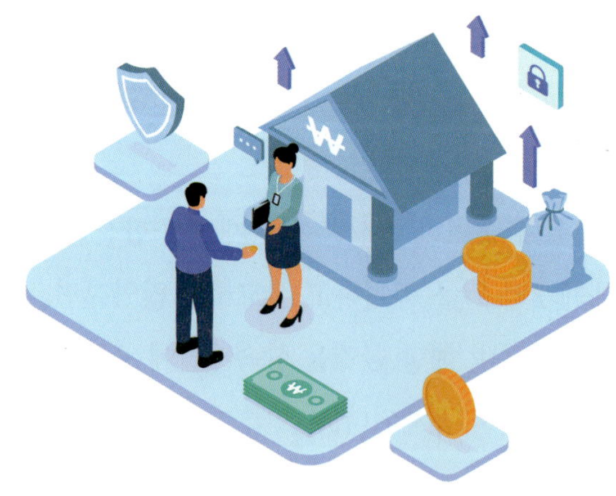

부부 공동재산의 범위,
어디까지 인정해야 하는가?
배우자 명의 계좌이체의 함정

〈사례 1〉 M씨는 수십 년 동안 건설업을 운영하며 가족의 생활 기반이 된 대부분 재산을 자신의 명의로 관리해왔다. 배우자인 A씨는 결혼 후 내내 전업주부로서 가정을 돌보았고, M씨는 생활비 명목으로 매월 500만 원을 A씨에게 송금하며 가계 살림을 전적으로 맡겼다. 결혼 이후 A씨 명의로 취득한 10억 원의 상가 한 채가 있었다. M씨가 사망하여 상속이 개시되었고 1년 후 국세청에서 세무조사가 나왔다.

〈사례 2〉 K씨는 오랜 기간 자동차 정비업소를 운영해왔으며, 자동차 정비업소의 대외적인 운영과 주요 의사결정은 대부분 본인이 직접 맡아 진행했다. 반면 배우자는 사무실 관리와 경리업무를 담당하며 내조 역할을 해왔다. 사업자등록은 일관되게 K씨 단독 명의로 되어 있었고, 부동산을 포함한 주요 재산 역시 대부분 K씨 명의로 관리됐다.
그 과정에서 배우자 명의로 약 5억 원 상당의 상가가 새로 취득되었고, K씨는 가계 유지비 명목으로 매월 500만 원씩 배우자에게 생활비를 송금해왔다.
이러한 상황에서 K씨가 사망하면서 상속이 개시되었고, 상속세 신고 후 1년이 지난 시점에 국세청에서 세무조사가 나왔다.

우리 사회의 상당수 가정은 여전히 '남편은 생활비를 벌고, 아내는 재정을 관리한다'라는 전통적 역할 분담 구조를 유지하고 있다. 이러한 환경 속에서, 많은 이들은 "부부가 함께 이룬 재산이라면 명의와 무관하게 공동재산 아니냐?"라는 인식이 있다.

자녀나 손주에게 생활비를 줄 때는 증여세를 고민하면서도, 정작 배우자에게 생활비를 이체하는 행위가 세법상 문제를 일으킬 수 있다는 점은 대부분 예상하지 못한다.

✎ 배우자에게 계좌 이체한 금액은 증여에 해당하는가?

배우자에게 생활비, 사업 관련 비용, 자산 취득자금 등의 명목으로 자금을 이체하는 것은 많은 가정에서 자연스럽게 이루어진다. 그러나 세법에서는 "배우자라서 당연히 증여가 아니다"라고 보지 않는다. 이체된 금전이 실질적으로 누구에게 귀속되는지, 그리고 지출 목적이 생활비인지 재산 형성인지가 핵심 쟁점이 된다.

통상 필요하다고 인정되는 생활비, 교육비, 의료비 등은 증여로 보지 않는다.

즉, 부부간에 생활비 명목으로 매월 일정 금액을 이체한 것은 일반적으로 증여에 해당하지 않는다. 그러나 생활비가 문제 되지 않는 것은 그 돈이 실제 생활비로 사용되었을 때로 한정한다.

만약 생활비 명목으로 이체한 자금이 재산 취득에 사용되면, 그 부분은 생활비가 아닌 자산 취득자금에 사용된 것으로 추정하여 증여로 과세한다.

✍ 배우자의 부동산 취득자금도 증여세 과세하는가?

부부는 경제적 공동체다. 함께 생활하고, 함께 자산을 형성한다. 그래서 많은 이들이 "배우자가 부동산을 취득했으면 당연히 부부 공동재산이지, 증여로 볼 수 있을까?"라는 질문을 던진다. 그러나 세법은 이 상황을 엄격한 시각으로 바라본다.

특히 배우자가 소득이 거의 없거나 자력으로 부동산을 취득할 능력이 없는 경우, 「상속세 및 증여세법」 제45조의 규정에 따라 '재산 취득자금 등의 증여 추정'으로 자금출처를 입증하지 못하면 증여로 과세한다. 다만, 2022년 1월 1일 이후 상속 또는 증여받는 금액은 합산재산에서 제외되었다. 즉, 자금출처로 미소명되어 증여세가 과세되는 금액은 상속세와 증여세에 합산되는 사전증여 재산으로 보지 않는다.

〈사례 1〉에서 매월 500만 원 생활비 송금은 실제 생계유지에 사용되면 증여로 보지 않는다. 그러나 배우자가 독자적 소득 없이 남편 자금으로 10억 원 상당 상가를 취득한 경우, 실질적으로 재산이 이전된 것으로 보아 증여세 과세 대상이 된다. 상속개시일 10년 이내 증여는 상속재산에 포함되며, 배우자 증여공제는 10년간 6억 원까지 허용된다. 공제를 초과해 증여세를 납부했다면 향후 상속세 계산 시 기납부 세액이 공제된다.

〈사례 2〉에서 K씨 부부는 재산이 공동 형성됐다고 주장했지만, 남편 단독 사업자등록과 배우자의 소득 부재로 국세청은 상가

취득자금을 '남편 재산이 이전된 것'으로 판단했다. 그러나 법원은 배우자가 경리·자금 관리 등 핵심 업무를 장기간 담당하며 사업에 실질적으로 이바지한 점을 인정해 증여세 부과를 취소했다. 상가 또한 부부 공동재산으로 판단했다.

이렇듯 부부 공동재산 형성의 현실을 반영하고, 과세형평성과 정책 목적을 고려한 합리적인 상속세 개편이 필요하다.

자녀가 읽어주는 상속·증여

2026년 2월 9일 초판 인쇄
2026년 2월 13일 초판 발행

지 은 이 | TAX CLUB 17 하이엔드 상속세 전략연구소

발 행 인 | 오연관

발 행 처 | 삼일피더블유씨솔루션

등록번호 | 1995.6.26. 제3-633호

주   소 | 서울특별시 용산구 한강대로 273 용산빌딩 4층

전   화 | 02)3489-3100

팩   스 | 02)3489-3141

가   격 | 25,000원

ISBN 979-11-6784-479-8   03320